기부 2.0

Giving2.0 : Transform Your Giving and Our World
Copyright ⓒ2012 by Laura Arrillaga-Andreessen
Authorized translation from the English language edition
published John Wiley & Sons, Inc. company.
All rights reserved.

Korean Translation Copyright ⓒ2013 by WMedia
Korean edition is published by arrangement
with John Wiley & Sons International Rights, Inc.
through Imprima Korea Agency

이 책의 한국어판 저작권은 Imprima Korea Agency를 통해
John Wiley & Sons International Rights, Inc.와의 독점계약으로 W미디어에 있습니다.
저작권법에 의해 한국 내에서 보호를 받는 저작물이므로
무단전재와 무단복제를 금합니다.

GIVING 2.0
TRANSFORM YOUR GIVING AND OUR WORLD

기부 2.0

로라 아릴라가 안드레센 지음 | 최성환·김치완·정하나·김종욱 옮김

W 미디어

머리말

> 자선가는 시간이나 돈, 경험, 기술 또는 네트워크 등 무엇이든 도움이 되는 것을 나눠줌으로써 보다 나은 세상을 만들어간다.

　남을 위해 뭔가를 나눠주는 사람들은 그 같은 행동을 하게끔 만든 계기와 사람, 사건, 경험 등을 가지고 있기 마련이다. 그 같은 계기와 사건들이 우리들에게 평소의 자신을 벗어나서 살 수 있는 기회를 주는 것이다. 우리는 감동을 받게 되면 불의와 잔인함, 불평등 등을 보고 더 이상 가만히 앉아 있지는 않는다. 보다 나은 세상을 만들기 위해 무엇인가를 해야 하는 것이다.
　나의 첫 번째 감동은 가족, 그 중에서도 어머니로부터 받았다. 어머니 프랜시스 아릴라가(Frances Arrillaga)는 내게 있어 최고의 친구이자 멘토, 정신적 동반자였다. 어머니의 삶은 나를 감동시켰고, 어머니의 죽음은 나에게 새로운 삶의 지평을 열어 주었다. 나는 어머니를 잃은 슬픔을 내 인생의 가장 큰 축복, 즉 나의 기부활동으로 바꾸었다.
　기부는 어머니에게 있어 삶 그 자체였다. 어머니는 여러 비영리단체의 대표 또는 이사직을 역임했으며, 2개의 비영리단체를 설립하는데 주도적 역할을 하셨고, 나의 아버지와 함께 만든 가족재단을 운영하셨다. 항상 웃는 얼굴의 어머니는 자신과 관련된 단체의 자원봉사자를 모으는데 전혀 어려움이 없었다. 무엇보다 자신이 하기 싫은 일을 남들에게 강요하지 않았기 때문이다. 그리고 목표의식이 뚜렷하기도 했지만 주변에 많은 친구들이 있다는 것이 큰 도움이 되었다.

어머니가 비영리단체를 방문하러 가는 것을 보는 자체가 내게는 큰 감동이었다. 누구랄 것 없이 모두들 어머니를 환영했다. 어머니가 새로운 단체를 설립하고 운영하는 것을 보면서 나도 언젠가는 어머니와 같은 일을 할 수 있을 것이라고 생각했다. 어머니의 환한 미소가 어떻게 사람들을 불러 모으는지를 보면서 어머니의 목표와 열정, 평화를 읽을 수 있었다. 그러면서 나는 어머니의 그런 목표와 열정, 평화를 사람들과 나누기 위해 어머니처럼 살기를 원하게 되었다.

하지만 우리 가족이 어머니의 병을 알게 된 날, 나는 다니던 직장을 그만두고 스탠퍼드대 MBA 과정도 뒤로 미룬 채 집에서 어머니를 간호하기 시작했다. 어떻게 해볼 수도 없는 엄청난 통증으로 고통을 받는 어머니를 보는 것은 내 인생에서 가장 힘든 역경이었다. 동시에 인간의 고통과 나약함을 깨닫는 계기가 되었다.

어머니의 병이 점점 더 악화되면서 나는 겁에 질리게 되었고, 스스로 나약하게 보이지 않으려고 남에게 도움을 요청하기를 꺼려하고 있었다. 나는 스스로 외톨이가 되는 기분을 느꼈다. 하지만 어느 순간 예상치 못한 변화가 일어났다. 그동안 어머니로부터 도움을 받은 사람들이 자신들의 경험을 나누기 위해 어머니를 찾아오기 시작했던 것이다. 그들은 손수 만든 음식이나 정원에서 키운 꽃은 물론 기도와 친절함으로 다가왔다.

내가 누군가에게 도움을 요청함으로써 그들로 하여금 뭔가 나를 도울 기회를 줄 수 있다는 것을 그 때 깨달았다. 어머니를 간호하면서 비로소 나는 내 자신을 벗어나서 살 수 있는 방법을 알게 되었다. 극도의 고통의 순간에도 어머니는 나와 주변사람들에게 자신이 가진 품위와 감사와 조건 없는 사랑을 보여주었다. 어머니를 잃는 슬픈 과정을 통해 나는 내 기부의 힘이 되고 있는 고통과 연민, 겸손, 이타심에 대해 깊게 이해할 수 있었다.

암 진단을 받은 지 20개월 만에 어머니는 하늘나라로 가셨다. 어머니의 죽음에 많은 사람들이 위로를 전해왔다. 대부분 내가 잘 알지 못하는 사람들이었지만 그들을 통해 어머니가 이 세상을 위해 얼마나 많은 헌신을 하셨는지, 사람들에게 아낌없이 베푼 시간과 에너지가 얼마나 많았는지를 알 수 있었다. 나는 이 마지막 며칠 사이에 내가 왜 이 가족으로 태어났는지를 알게 되었고, 앞으로 무엇을 해야 할지를 결정하게 되었다. 그리고 나는 어머니와 신(God)과 나 자신에게 약속했다. 어머니의 고통과 나의 슬픔을 긍정적인 것으로 바꾸어감으로써 어머니의 빛과 정신을 계속 이어가겠다고 다짐했다.

나는 결코 혼자가 아니었다. 나의 아버지 존 아릴라가(John Arrillaga Sr.) 또한 어머니 못지않은 자선가였고, 나는 그런 두 자선가의 딸이었다. 20여년 이상 아버지는 자신의 시간의 절반 이상을 기부하는데 헌신했다. 자신의 전공인 부동산개발 경험과 기술을 초등학교부터 대학교까지, 그리고 비영리단체의 건물 건립 프로젝트를 위해 기부해왔다. 또한 자신의 사업에서 벌어들인 돈의 많은 부분을 그러한 프로젝트의 운영비로 쓰기도 했다.

어머니가 돌아가신 후, 아버지와 나는 최고의 친구가 되는 동시에 자선사업에서도 가장 중요한 파트너가 되었다. 나의 남편 마크(Marc Andreessen) 또한 열성적으로 참여했다. 아버지는 매우 개인적이고 소심한 성격이어서 평생 많은 기부를 하면서도 자신의 이름을 밝히기를 꺼려했다. 아버지가 받은 유일한 상이 스탠퍼드 대학이 주는 자원봉사 분야의 최고상(Uncommon Man Award)이었는데, 통상 수백 명이 참석하는 수여식 만찬도 아버지는 스탠퍼드대 총장 부부와 학장 부부, 그리고 우리 직계가족 등 8명만 참석하는 게 좋겠다는 고집을 부려 관철시켰다. 아버지의 이 같은 무조건적 기부와 사랑은 우리 가족 간의 유대를 더 끈끈하게 만들었을 뿐 아니라 나의 기부에 대한 열정과 행동을 이끄는 원동력이 되었다.

부모님은 우리 가족재단인 아릴라가 재단(Arrillaga Foundation)의 설립과 운영에 헌신하셨다. 두 분은 서로 도와주고 격려하면서 하나의 팀처럼 움직였다. 어머니가 기부활동의 전면에 나섰다면, 아버지는 어머니 뒤에서 힘을 보태는 조용하면서도 적극적인 후견인이었다. 이제 아버지는 나에게도 그 같은 역할과 사랑을 주고 계신다. 나의 부모님은 내 자선활동의 영웅이시다.

기부(giving), 즉 우리가 남에게 뭔가 주려는 마음은 가슴에서 우러나온다. 때문에 우리의 가슴은 행동을 가능케 하는 가장 힘 있는 엔진이라고 할 수 있다. 남에게 뭔가를 준다는 것 자체가 우리의 기분을 좋게 하고, 우리를 행복하게 만든다. 실제로 기부가 맛있는 음식을 먹거나 남녀 간에 사랑을 속삭일 때 얻는 만족감을 주는 뇌(腦)의 부위와 같은 부분을 자극한다는 의학적 실험 결과가 있기도 하다.

경제위기로 세상이 살기 어려워지면서 도움을 필요로 하는 곳은 점점 늘어나고 있다. 우리들은 시간에 쫓기고, 지갑은 얇아지고 있지만 자신보다 못한 사람들을 외면할 수는 없다. 글로벌 금융 위기 직후인 2009년처럼 어려웠던 시기에도 미국인의 가구당 평균 기부액은 2천 달러를 유지했다. 놀랍기만 한 이 같은 결과의 이유는 무엇일까? 기부가 가져다주는 강력하면서도 아름다운 힘이 작용하기 때문이 아닐까!

기부는 우리의 기분을 좋게 만든다. 그러나 기분이 좋아진다는 것만으로 더 좋은 세상을 만든다는 우리의 궁극적인 목표를 달성할 수는 없을 것이다. 가장 큰 문제는 우리를 기부하게 만드는 따뜻한 감정이 지식이나 연구, 전략에 기반하지 않는 경우가 대부분이라는 점이다. 우리가 기부를 하면서도 그것이 도대체 어디에 어떻게 사용되는지를 알지 못하는 경우가 다반사다. 돈을 기부하기는 쉽지만, 그 돈을 효과적으로 사용하기는 어렵기 때문이다. 따라서 기부를 많이 하도록 하는 분위기를 만들어가는 것 이상으로 그 기부금의 효과적인 사용을 위한 노력이 병행되어야 할 것이다. 그래야 기부하는 사람들도 더 기분 좋게 기부할 것이기 때문이다.

어머니가 돌아가신 후, 나는 자선사업에 본격적으로 뛰어들었다. 하지만 당시만 해도 무엇을 어떻게 시작하고, 누구와 협력해야 하는지를 가르쳐 줄 기관은 어디에도 없었다. 예를 들어 기부를 할 때 어떤 목표를 가지고, 어떤 전략으로 접근해야 하는지, 보다 큰 효과를 내기 위해 어떻게 기부의 풀(pool)을 만들어야 하는지 등에 대한 의견과 열정을 나눌 사람조차도 찾기 어려웠다. 그래서 내가 설립한 자선단체가 '실리콘밸리 벤처 펀드(Silicon Valley Venture Fund)'였다. 내가 'SV2'라고 부르는 이 단체는 파트너로 참여한 기부자들이 다른 파트너는 물론 재단의 간부들과 함께 일하고, 함께 고민하면서 이끌어가고 있다. 돈만 내고 마는 것이 아니라 사업과 운영 계획을 짜는데 함께 참여하고 있다. 이를 통해 우리들이 얻은 결론은 작은 돈과 노력이지만 모이면 큰 영향력을 미칠 수 있다는 것이었다.

이 같은 경험은 내가 2001년 스탠퍼드대 경영대학원 교수로 취임한 후 '전략적 자선(strategic philanthropy)'이라는 과목을 개설해 가르칠 때 큰 도움이 되었다. 특히 스탠퍼드대에서의 강의 경험과 자선사업 영역에서의 경험을 통해 나는 학문적인 자선사업과 현장에서의 자선사업 사이에 많은 차이가 있음을 알게 되었다. 이 두 분야의 간극을 좁히는 동시에 그들의 지혜를 나누기 위해 나는 스탠퍼드대에 자선·시민사회 센터(Center for Philanthropy and Civil Society, PACS)를 설립했다. 센터장을 하면서 나는 자선사업의 현장과 학문을 넘나드는 이른바 '프라카데믹(pracademic)'이 되었다고 자부한다. 한편으로는 현장에서 자선사업(part practitioner)을 하면서, 다른 한편으로는 자선에 대한 학문적 연구(part scholar)도 한다는 뜻이다. 자선 또는 자선사업을 보다 실용적으로 만들기 위해서는 학문적 연구가 뒷받침되어야 했기 때문이다. 특히 개인 기부자들이 더 기분 좋게 기부를 하고, 기부를 받은 기관과 단체는 더 효율적으로 기부를 사용할 수 있도록 만드는 노력이 필요하다는 점은 누구도 부인하지 못할 것이다.

그러한 노력의 결과가 이 책이다. 그간 수많은 기부자들이 내게 한 많은 질문과 그에 대한 답이 이 책에 들어 있다. 하지만 이 책은 왜 기부를 하는가에 대한 책이 아니다. 이 책을 읽기 시작한 당신은 이미 기부 마인드, 즉 기부를 하겠다는 마음을 가지고 있는 것이다. 대신 이 책은 어떻게 기부를 해야 하는지, 어떻게 하는 것이 보다 효과적으로 기부를 하는지에 대해 말해줄 것이다.

책의 이름을 〈기부 2.0(Giving 2.0)〉으로 한 것은 이 책을 쓰면서 나 자신도 기부에 대한 새로운 접근과 혁신과 함께 새로운 에너지를 불어넣는 기회라고 생각했기 때문이다. 수동적인 기부를 보다 능동적으로 바꾸는 것은 물론 과거의 통상적인 기부와 자선을 벗어나 새로운 전략적 접근을 시도해보자는 의미다. 특히 나의 지난 15년 동안의 경험을 바탕으로, 기부하는 사람과 기부 받는 단체를 대상으로 더 많은 기부를 할 유인(誘引)을 제공하는 동시에 그들을 교육하는 것도 이 책의 또 다른 목적이다.

보다 효과적인 기부는 더 많은 기부를 이끌어낼 수 있을 뿐 아니라 보다 자율적인 자선단체의 운영을 가능하게 만들 것이다. 이같은 나의 노력이 보다 효율적인 자선활동에 조금이라도 도움이 될 수 있도록 이 책의 인세를 모두 자선사업에 쾌척할 계획이다.

차례

머리말 | 4

제1장

당신 자신을 기부하라
: 돈보다 훨씬 더 가치 있는 당신 자신을 기부하라 | 15

- 당신 자신을 위한 선물 | 19
- 함께 하는 열정의 가치 | 25
- 인생은 아름답다 | 28
- 세상은 넓고 할 일은 많다 | 30
- 의기투합하기 | 34
- 찾으라, 그러면 구할 것이니 | 37
- 비영리단체의 이사로 활동하기 | 41
- 좋은 일하기 | 45

  실천과제 | 52

제2장

기부자 연결하기
: 세상을 변화시키는 새로운 방법들 | 57

- 인터넷의 영향력 | 62
- 대를 이어가는 자선 | 72
- 작아지는 세계 | 76
- 진화하는 기부 모델 | 79
- 자선정보를 제공하고 공유하기 | 82

  실천과제 | 87

제3장

나의 기부활동 짚어보기
: 당신이 가진 돈의 현명한 선택 | 89

- 십일조의 힘 | 91
- 나의 기부활동 돌아보기 | 96
- 나만의 기부방식 찾기 | 104
- 기부금을 보내기 전에 체크해야 할 일 | 110
- 해외 기부 | 115
- 좀 더 쉬운 기부방법 | 120

실천과제 | 124

제4장

기부 전략 세우기
: 당신의 열망과 영향력을 평가하라 | 131

- 삶의 질을 개선하고 생명을 살리기 | 138
- 평가 전략 세우기 | 146
- 효율적인 기부방법 선택하기 | 152
- 양적 기부에서 보다 의미 있는 기부로 | 156
- 지식 기부 | 162

실천과제 | 165

제5장

게임을 바꾸는 사람들
: 아이디어 공유로 세계를 변화시켜라 | 169

- 기부가 비즈니스 모델을 만나다 | 172
- 자금제공자에게 자금을 제공하라 | 180
- 차별화된 투자 | 189
- 돈 이상의 것 | 192
- 복제의 힘 | 195

실천과제 | 202

제6장

모험이 필요한 세상
: 함께 기부하면서 배우기 | 205

모험적인 자선가가 되자 | 210
모험가로서의 삶 | 213
함께 하는 기부 | 219
배우고 또 배우자 | 224
성공한 기부 파트너들 | 227

실천과제 | 230

제7장

생각 바꾸기
: 변화로 가는 지름길 | 233

전쟁터로 나가기 | 237
복권에 당첨된 것처럼 | 240
다양한 기부방식 활용하기 | 242
자선가의 입장에서 배우기 | 249
측정과 협력, 공동작업 | 256
보다 장기적인 안목으로 바라보기 | 260

실천과제 | 264

제8장

가족 참여의 중요성
: 가족은 기부를 지속하게 만드는 선물이다 | 267

목적과 과정 | 270
큰 부츠 채우기 | 277
멋진 유산 | 281
당신은 혼자가 아니다 | 285
당신의 흔적 남기기 | 288

실천과제 | 294

제9장

참호에서
: 작은 비영리단체에서 큰 결과 얻기 | 297

우리들의 영혼 찾기 | 302
네트워크의 힘 | 306
사업에 착수하기 | 311
알을 깨고 나오는 것을 도와주기 | 317
산을 옮기기 | 324
떠나기 | 327
실천과제 | 330

에필로그 지금 바로 나서라 | 333

옮긴이의 말 | 339

제1장

당신 자신을 기부하라

: 돈보다 훨씬 더 가치 있는 당신 자신을 기부하라

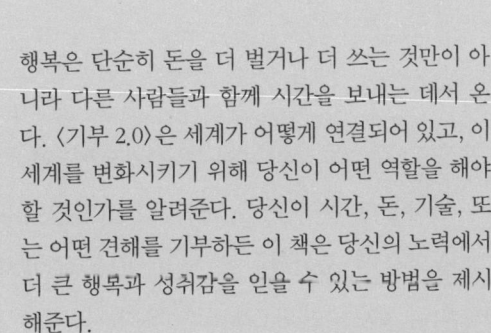

행복은 단순히 돈을 더 벌거나 더 쓰는 것만이 아니라 다른 사람들과 함께 시간을 보내는 데서 온다. 〈기부 2.0〉은 세계가 어떻게 연결되어 있고, 이 세계를 변화시키기 위해 당신이 어떤 역할을 해야 할 것인가를 알려준다. 당신이 시간, 돈, 기술, 또는 어떤 견해를 기부하든 이 책은 당신의 노력에서 더 큰 행복과 성취감을 얻을 수 있는 방법을 제시해준다.

- 제니퍼 에이커, '잠자리 효과'의 공동 저자이자
스탠퍼드대 경영대학원 교수

> 뛰어들어 참여하라. 당신의 시간과 경험, 기술, 네트워크가 가치를 배가시킨다.

기부는 누구에게나 주어지는 보편적인 기회이다. 나이, 직업, 종교, 소득 수준, 배경과 관계없이 당신은 변화를 만들 능력을 가지고 있다. 당신의 즉흥적인 친절함이든 몇 시간의 봉사활동이든 당신이 하는 모든 것을 기부라고 할 수 있다. 당신의 기술과 열정으로 기부하는 그 몇 시간이 바로 우리가 사는 세상을 긍정적으로 바꾸는 강력한 수단이 된다.

헥터 차우(Hector Chau)는 노동현장에서 물러나고 있는 수백만 명 중의 한 사람이다. 그는 현재 은퇴한 후 로스앤젤레스 서부에 있는 웨스트체스트에 살고 있으며, 연금으로 생활하고 있어서 자선활동에 많은 돈을 낼 수 있는 형편이 아니다. 하지만 그는 매우 활발하게 자선활동을 하고 있다. 돈이 아닌 자신의 시간으로 말이다. 그는 현재 '세금 도우미(Tax-Aide)'라는 프로그램의 자원봉사자로 활동하고 있다. 세금 도우미는 전미은퇴자협회(AARP)가

1968년에 시작한 프로그램으로, 주로 60세 이상의 중산층과 저소득층의 세금신고를 도와주고 있다. 미국의 복잡한 세금신고 서류와 과정을 헥터와 같은 자원봉사자들이 도와주는 것이다.

멕시코에서 태어난 헥터는 1977년 가족과 함께 멕시코시티에서 미국의 산타모니카로 이민왔다. 어느 해, 아내와 9, 11, 13세인 세 아이가 함께 캘리포니아에서 휴가를 보낸 다음 아내와 아이들이 미국에서 살기를 원했기 때문이다. 헥터는 "우리 가족은 민주적이었기 때문에 투표로 결정하기로 했다."면서 "투표 결과 내가 4:1로 지고 말았다."고 말했다.

헥터는 멕시코 만(灣) 해변에 있는 투스판이라는 고향마을을 떠나 장로교회가 후원하는 텍사스의 한 고등학교를 거쳐 오스틴에 있는 텍사스 대학을 졸업했다. 그리고는 다시 멕시코시티로 돌아가서, 텍사스에서 태어난 대학동기와 결혼하고 회계법인에 취직해서 16년을 보냈다. 그 뒤에는 설비제조 회사의 영업사원으로 일했는데, 사람들을 만나 그들의 이야기 듣기를 좋아하는 자신의 적성에도 맞는 일이었다.

은퇴 후 자원봉사자라는 새로운 역할을 하면서 헥터는 자신의 직업에서 얻고 배우고 좋아했던 많은 것들을 다시 즐길 수 있게 되었다. 세금 도우미는 그를 다시 회계업무로 돌아가게 했을 뿐 아니라 많은 친구들을 사귈 기회를 제공해 주었다. 세금신고 시즌이 끝나면 자신의 도움을 받았던 사람들과 다음 신고 시즌까지 농담과 편지를 주고받는 것은 물론 새로운 자원봉사자들과 이메일을 주고받는다. 또한 세금 도우미의 도움을 받는 많은 사람들과 직접 만나기도 했다. 102세의 노익장이 90대 여자 친구를 데리고 직접 차를 몰고 센터로 찾아오기도 한다. 보다 나은 배역을 맡기 위해 유방 확대 시술을 하고 그 비용을 세금공제 항목으로 처리하려던 젊고 열정적인 여배우도 있다. "때로는 우리의 심금을 울리기도 하고, 때로는 단순히 재미있기도 하다."고 헥터는 말한다. 쾌활하면서도 적극적인 성격의 그는 다른 부류의 사람들을 만나면서 그들의 생활을 엿보는 것을 좋아한다. 영업직으로 근무한 경험이 이 같은 일을 가능케 하는 동시에 자원봉사가 은퇴 후에 그런 경험을 살릴 수 있게 만들어준 것이다. 헥터는 "도움을 필요로 하는 사람들을 도와주고 난 다음 다시 만났을 때 그들이 만족하고 있는 것을 보는 게 가장 즐겁다."고 한다.

이처럼 헥터는 수백만 명에 달하는 베이비부머(1946~65년 사이에 태어난 사람들) 중에서 자원봉사를 하면서 자신의 은퇴생활을 즐기는 사람이다. 자원봉사는 어떤 이들에게는 그간에 받은 혜택을 사회로 되돌려주는 것이고, 또 어떤 이들에게는 새로운 사람들을 만나면서 배우고 개발하고 새로운 지평을 열어가는 것이다. 이 같은 기회는 아직도 힘차고 열정적인 수많은 은퇴자들에게 자부심을 가지게 하는 것은 물론 급여를 받는 일을 그만두었을 때 느끼는 공허감을 채워주기도 한다.

수천, 수만 개의 새로운 자원봉사 기회가 계속해서 생겨나고 있는데, 반드시 은퇴자들을 위한 것만은 아니다. 자원봉사는 비영리단체를 간헐적으로 도와주는 것에서부터 개발도상국의 도서관을 짓는 일까지 매우 다양하다. 이런 기회들이 인터넷 덕분에 여기저기서 생겨나고 있는 것이다. 누구나 웹(Web)을 통한 연결과 온라인 검색을 통해 지역사회 서비스라는 새로운 세계로 들어가 자신의 기술과 맞아떨어지는 자선활동이나 자신의 목표와 맞는 자선기관을 쉽게 찾을 수 있다.

자원봉사는 반드시 일생 동안 꾸준히 해야 하는 일이어야 할 필요는 없다. 물론 그렇게 할 수도 있지만 어르신들과 일주일에 두어 시간 도미노 게임을 하거나 아프리카의 가난한 시골마을에 6개월 동안 학교를 짓는 프로젝트에 참여할 수도 있다. 사람들과 직접 만나서 당신의 열정과 관심을 쏟을 수도 있고, 당신이 가진 법률과 재무, 또는 마케팅 지식으로 비영리단체를 도와줄 수도 있다. 당신이 하고자 하는 자원봉사에 조금만 더 관심과 시간을 기울이고, 어떻게 당신의 기술과 경험을 효율적으로 사용할 것인가를 조금만 더 생각한다면 훨씬 더 많은 영향을 줄 수 있고, 당신도 또한 더 많이 얻을 수 있을 것이다.

어떤 형태의 자선활동이든 '계획과 검토, 점검(planning, tracking and taking stock)'은 매우 중요한 첫 관문이다. 당신이 만약 제대로 된 자원봉사 관계를 맺을 수 있다면 당신의 참여는 기부활동으로의 가장 바람직한 개인적 연결을 제공해줄 것이다.

당신 자신을 위한 선물

행복을 추구하는 과정에서 우리는 다음과 같은 질문에 대한 답을 구하기 위해 책을 읽는다. 우리의 삶을 어떻게 단순화시킬 것인가? 어떻게 스트레스를 피하고, 잘 먹고 잘 운동할 것인가? 어떻게 하면 긍정적인 사람들과 만날 수 있을까? 등등이다. 누가 행복하기를 원하지 않겠는가? 이 때 당신을 행복하게 만드는 한 가지가 기부이며, 자원봉사 또한 예외가 아니다. 게다가 자원봉사는 우리의 건강에도 좋다.

자원봉사는 우리에게 보다 적은 약을, 그것마저도 덜 찾게 만드는 것은 물론 병원 가는 횟수를 줄여줄 것이다. '2010 좋은 일 하며 잘 살기 연구(Do Good Live Well Study 2010)'에 따르면 자신의 직장을 통해 자원봉사를 하는 사람들은 자원봉사를 하지 않는 사람들에 비해 신체적으로나 정서적으로 훨씬 건강한 것으로 나타나고 있다(뉴욕타임스 2010. 1. 16일자). 자원봉사자 중에서는 92%가 현재의 건강 상태에 만족한다고 대답한 반면, 비(非)자원봉사자 중에서는 76%에 불과했다. 72%의 자원봉사자가 자신의 삶을 낙관적으로 내다보는 것에 비해 비자원봉사자는 그 비율이 60%에 그치고 있다. 더욱이 68%의 자원봉사자는 자원봉사가 자신들을 신체적으로 더 건강하게 만들고 있다고 대답하고 있다.

다른 여러 보고서들도 다른 사람들을 도와주는 것이 도움을 주는 사람에게도 많은 이로움이 있다는 증거를 내놓고 있다. 유명한 생물윤리학자 스티븐 포스트(Stephen Post)는 브라운 대학병원에서 행해진 연구 자료를 인용하고 있다(American Express Charitable Survey, Fall 2007). 연구자들은 알콜 중독자 갱생모임(Alcoholics Anonymous·미국에서 가장 큰 자활단체)의 회원을 대상으로 다른 알콜 중독자를 돕고 있는 사람과 그렇지 않은 사람과의 차이를 평가해 보았다. 그 결과 다른 알콜 중독자를 도와준 사람들은 다음 해에 알콜 중독 치료를 받는 경우가 크게 줄어든다는 것이다. 포스트 교수는 또 자원봉사를 하는 10대 소녀들의 임신과 마약중독의 가능성이 크게 낮아진다고 주장한다. 그리고 자원봉사를 하는 10대 소녀들이 성적도 좋을 뿐 아니라 졸업 가능성도 높다고 한다. 전미 커뮤니티 서비스 조합(Corporation for National and Community Service, CNCS)에서 실시한 연구보고서에서는 자원봉사 비율이 높은 주(州)가 심장질환 비율도 낮다는 결과를 내놓았다. 포스트 교수는 특히 자원봉사를 하는 사람들의 경우, 우울증 징후가 크게 낮아지고 있다고 지적한다.

당신이 이미 건강한 마음과 신체, 심장을 가지고 있다 하더라도 자원봉사 정신은 엄청나게 많은 보상을 가져다줄 것이다. 기부함으로써 얻는 행복감은 당신의 직장에서 생산성을 높여주고, 당신의 가족관계를 향상시켜줄 것이다. 아울러 당신 자신의 문제를 다른 사람들의 더 큰 문제와 비교함으로써 보다 넓은 시각으로 볼 수 있도록 해줄 것이다.

자원봉사는 또한 다른 어떤 곳에서 찾기 어려운 황홀감 또는 설렘을 가져다준다. 이를 가리켜 마이클 롬바르도(Michael Rombardo)는 "어떤 자원봉사자들은 불꽃이 튀는 스파크, 또는 펑 하고 터지는 소리를 보거나 들을 수 있다."고 말한다. 그는 '책 읽기 파트너(Reading Partner)'라는 비영리단체를 운영하는 최고경영자(CEO)인데, 이 단체는 저소득 계층의 초등학교 6학년들을 대상으로 1:1 교육을 실시하고 있다. 이 단체는 머리말에서 언급한 SV2가 초기부터 지원한 기관 중 하나이면서 사회개혁 펀드(Social Innovation Fund)로부터도 도움을 받고 있다. 은퇴자와 주부, 고등학생, 전문직 종사자들로 이뤄진 이 단체의 자원봉사 선생님들은 대상 학생들과 일주일에 두 번씩 만나 공부를 하면서 개인적으로도 가까워지는 기회를 가지게 된다. 이를 통해 학생들이 좌절과 소외로부터 이해와 흥분과 긍지를 가지게 되는 것을 목격하게 되는데, 마이클은 "우리는 아이와 어른 할 것 없이 우리가 이해하고자 했던 무언가를 얻는 순간들을 기억할 수 있다. 자원봉사자들은 아이들이 매주 변하는 모습을 보면서 오히려 그들 자신이 정서적으로 큰 위안을 얻고 있다."고 말한다. 아이들이 공부뿐만 아니라 자신감에서도 커다란 변화를 보여주기 때문이다.

지역사회에서의 이 같은 서비스는 당신에게 정서적 위안 말고도 당신의 기술을 연마할 수 있는 기회를 부여한다. 만약 당신이 실업 상태로 직장을 찾고 있다면 자원봉사가 당신이 두드려볼 수 있는 네트워크를 넓혀 주는 역할을 할 것이며, 고용주에게는 당신의 에너지와 진취적인 면을 보여줄 기회가 되기도 할 것이다. 또한 시립박물관에서 자원봉사를 하면서 인재를 찾고 있는 회사로부터 나온 자원봉사자를 만날 수도 있을 것이다. 뿐만 아니라 자칫 의기소침해질 수도 있는 환경에서 자원봉사를 통해 보다 생산적인 감정을 느낄 수 있다면 그보다 더 당신의 사기를 높여주는 경우는 없을 것이다.

자원봉사에 따르는 이 같은 부수적인 혜택은 좀 더 짚고 넘어갈 가치가 있다. 자원봉사는 많은 친구를 만나게 해주고, 생각이 비슷한 사람들을 묶어준다. 그리고 자원봉사가 아니었다면 어디에 가서 그런 강의와 행사를 듣거나 볼 수 있겠는가? 자원봉사가 새로운 직장을 구하게 해주거나, 다른 일을 하도록 이끌어줄 수도 있지 않은가? 자원봉사의 가장 큰 혜택은 이처럼 당신의 지평을 넓혀주는 것이다. 남을 도움으로써 내가 도움을 받는 것이다.

앞서 언급한 헥터의 경우, 세금 도우미 프로그램은 그의 회계 지식을 계속 업그레이드 하는 기회는 물론 그 이상의 가치를 준다. "매번 다른 사람들을 만나 세금 신고를 도와주고, 또 그 신고가 제대로 되었는지를 다른 도우미가 봐주는 4~5분 동안 이런 저런 이야기를 하는 순간이 가장 즐겁다."는 게 헥터의 자랑 아닌 자랑이다.

한 가족이 함께 하는 지역사회에 대한 서비스는 자녀들에게 기부에 대한 마인드를 새롭게 하는 동시에 타인에 대한 이해와 관심을 키우는 기회가 된다. 아울러 아이들이 지역사회의 문제를 해결하는데 어떻게 도움이 될 것인가도 생각해보게 될 것이다. 당신의 아이들이 방치된 길에 나무를 심거나 자선기금 모금을 위해 50마일 자전거 타기를 하는 등의 새로운 도전을 시도할 때, 그들은 새로운 기술을 배움은 물론 자긍심을 키우면서 보다 책임감 있는 아이로 성장할 것이다. 그러나 이때 보다 바람직한 결과를 얻기 위해서는 아이들이 그 같은 사회적 모험에 나서기 전에 과연 어떤 일이 시간을 투자하기에 더 좋을 것인가를 가족 차원에서 의논하고 결정해야 할 것이다. 4~5가지의 가능성을 놓고 가족 사이에 투표를 하는 것도 좋은 방법이다. 앞서 언급한 헥터 차우가 그랬던 것처럼 그 과정을 통해 민주주의를 배울 수도 있기 때문이다.

가족 차원에서의 자원봉사는 다양한 형태가 가능하다. 가족 전체가 참여할 수도 있고, 일부만이 참여할 수도 있다. 하루짜리 또는 그 이상의 모험도 생각해볼 수 있다. 새로운 이민자 또는 가까운 친인척이 없는 노인을 돕는 프로그램에 참여할 수도 있다.

가족 차원에서의 자원봉사가 주는 가장 큰 장점은 가족이 함께 시간을 보낼 수 있다는 점이다. 하지만 그에 못지않게 중요한 것은 자원봉사를 통해 아이들에게 가치관을 가르칠 아주 좋은 기회를 가진다는 점이다. 단순히 기부의 중요성을 가르치고 강조하는 이상으로 아이들에게 강력하면서도 오래 가는 영향을 미칠 것이기 때문이다. 이는 2011년에 나온 '기부자의 가슴(Heart of the Donor)'이라는 연구에서도 밝혀진 것이다. 부모가 자주 자원봉사에 나서는 것을 본 아이들은 어른이 된 지금, 지난 한 해 동안 자원봉사를 한 비율이 거의 절반(49%)에 달했다. 반면 부모들이 어쩌다가 자원봉사를 한 집의 경우 31%, 부모들이 거의 자원봉사를 하지 않은 집의 경우 불과 20%만이 자원봉사에 나선 것으로 나타났다.

　당신이 혼자서 자원봉사를 하든, 가족과 함께 하든 당신 자신과의 진정한 약속이 무엇인가를 먼저 생각해야 한다. 당신이 하는 일에 대해 금전적 보상을 받지 않는다는 사실이 오히려 더 의무감을 가지게 할 것이다. 따라서 당신의 약속에 대해 훨씬 더 현실적이어야 한다.

　수많은 비영리단체에는 자원봉사자들이 오고 간다. 그들 중 상당수는 흥미를 잃거나 더 흥미 있는 것을 발견하면 다른 곳으로 떠나기도 한다. 하지만 자원봉사는 하나의 진지한 사업이다. 머리말에서 언급한 SV2와 PACS에서 일할 때 나는 한 푼도 받지 않았다. 그럼에도 나는 우리가 하는 일의 영향력을 잘 알고 있었기 때문에 내가 할 수 있는 한 열심히 했다.

　당신도 나처럼 열정이 당신의 약속을 얼마나 풍요롭게 만들어

주는지를 목격하게 될 것이다. 만약 당신이 금전적 보상을 받는 직장을 떠나지 않고 있다면 당신의 시간과 경험을 기부하는 것을 더 진지하게 고려하는 것이 보다 현실적이다.

함께 하는 열정의 가치

프랑스의 철학자이자 정치사상가인 토크빌(Alexis de Tocqueville)은 1831년에 미국을 여행하면서 자원봉사에 대해 깊은 감동을 받았다. 그는 미국인들이 지역사회의 삶을 향상시키기 위해 함께 모여서 공동으로 문제를 해결하는 것을 목격했다. 그로부터 200년이 조금 못 되는 지금, 더 많은 미국인들이 불의에 맞서는가 하면 환경보호 등을 위해 자신들의 시간과 에너지, 지식, 경험 등을 기부하고 있다. CNCS의 2009년 통계에 따르면 총 인구의 21%에 해당하는 6,300만 명의 미국인들이 자원봉사 활동에 나서고 있다. 이는 2008년보다 160만 명이 늘어난 수치이다. 특히 젊은 층일수록 자원봉사에 더 열심인 것으로 나타나고 있는데, 1989년 이후 16~19세 사이의 청소년 중 자원봉사 비율은 총 봉사시간으로 볼 때 거의 2배나 늘어났다.

만약 당신이 이들 수백, 수천만 명의 자원봉사자 중의 한 사람이라면 당신의 자원봉사를 금전적 기부로 생각하지는 않을 것이다. 하지만 어떤 면에서는 당신도 금전적 기부를 하고 있는 셈이다. 수백, 수천만 시간에 달하는 자원봉사를 금전으로 환산한다면 아마 수조 달러가 될 것이기 때문이다. CNCS에 따르면 2009

년 한 해 동안의 자원봉사를 모두 합하면 81억 시간으로, 돈으로 환산하면 1,690억 달러에 달한다는 계산이 나온다. 시간당 가치를 대략 20달러 정도로 본 것인데, 자원봉사자들의 시간과 전문성을 따진다면 그 이상의 가치가 있을 것이다.

자원봉사자들이 기부하는 시간과 그 금전적 가치는 헥터 차우와 같은 개인들이 기부한 시간과 재능이 가져다주는 선물이다. 전미회계사협회(National society of Accountants)의 2009년 설문조사에 따르면 세금신고 건당 평균 수수료는 229달러였다. 세금신고 시즌 동안 헥터가 처리한 세금신고는 하루에 보통 7~10건이다. 헥터와 같은 세금 도우미가 도와준 세금신고를 모두 더하면 총 260만 명에 달한다. 이를 돈으로 환산하면 무려 6억 달러가 된다. AARP의 세금 도우미 프로그램을 통해 3만4,600여 명의 세무사와 회계사들이 자원봉사에 나선 결과인 것이다.

자원봉사는 어려울 때 더 힘을 발휘하는 법이다. 허리케인 카트리나, 리타, 윌마가 멕시코 만(灣)을 휘젓고 갔을 때 64만8천 명의 지역 자원봉사자 외에도 11만 명에 달하는 자원봉사자들이 미국 전역에서 달려와 960만 시간을 봉사했다. 이들 자원봉사자들은 인명구조 및 구호와 복구, 재건 등에 매달렸다. 잔해를 치우는 것은 물론 집을 잃은 사람들을 위한 임시주택을 만들고, 도움을 요청할 수 있는 콜센터를 운영하고, 모금을 하고, 청소년을 위한 학교와 프로그램을 만들었다. CNCS는 이 같은 노력이 해당 지역에 2억 달러 이상의 경제적 가치를 남긴 것으로 추정했다. 우리는 또한 군인들의 해외파병과 해외에서 돌아온 군인들을 위한 자원봉사도 계속 늘어나고 있는 것을 볼 수 있다.

이 같은 통계와 사례들이 보여주는 것처럼 당신이 변호사든 건설근로자이든 그냥 부모이든 당신의 시간과 지식, 경험을 기부함으로써 다른 누가 할 수 없는 기본적 서비스를 제공하고 있는 것이다. 만약 당신이 아니었다면 그들은 그 같은 서비스를 돈을 주고 샀어야 했을 것이다.

물론 당신의 서비스를 값으로 환산하기가 쉬운 일은 아니다. 어떤 이는 그렇게 돈으로 따지는 것 자체가 잘못된 것이라고 말하기도 한다. 자원봉사를 돈으로 따지면 자원봉사의 값어치를 오히려 떨어뜨린다는 주장이다. 금전적 보상을 받는 사람을 대체하는 것이 자원봉사니까 인간적으로 훨씬 더 가치 있는 선물로 보자는 것이다.

맞는 말이다. 자원봉사 서비스는 무언가로 측정하기에는 너무 귀한 것이다. '누구도 혼자 죽지 않는다(No One Dies Alone)' 프로그램을 한 번 생각해보자. 이 프로그램은 회복 가망이 없는 환자가 병원이나 호스피스 병동에서 가족이나 친구도 없이 혼자 임종을 맞게 될 경우, 자원봉사자가 동반자 서비스를 해주는 것이다. 자원봉사자들이 이들 외로운 환자들과 이야기를 나누고, 위로도 하고, 시를 읽어주기도 하고, 나직하게 노래도 불러주는 것이다. 때로는 그들의 손을 잡고 가만히 있기만 해도 된다. 그 같은 선물을 어떻게 돈으로 환산할 수 있을까? 가장 인간적인 친절함이 들어 있는 선물을 말이다.

인생은 아름답다

자원봉사와 지역사회 서비스를 생각할 때마다 나는 내가 13세 소녀였을 때를 떠올린다. 그 때 나는 처음으로 자원봉사를 가기 위해 하얀 블라우스와 푸른 치마에다 무릎까지 올라오는 양말을 신고 어머니 손을 잡고 있었다. 팔로 알토의 캘리포니아 애비뉴에 있는 '가족과 아동 서비스(Family & Children Services)'라는 비영리단체의 로비에서 기다리면서 나는 어머니에게 말했다. "왜 우리가 여기에 왔어요? 저는 집에 가서 숙제를 해야 하는데." 그 때 나는 중학교 1학년이었다. 학교가 시작되는 첫 번째 주였고, 수학과 영어, 역사 공부를 위해 적어도 4시간이 필요했다. 나의 물음에 어머니는 오직 부모만이 자식에게 보여줄 수 있는 인내심으로 미소 지으면서 대답했다. "언젠가는 왜 내가 널 여기에 데려왔는지 이해할 때가 올 거야."

나는 어머니 옆에 붙어서 두어 시간을 보냈다. 그 때 나는 양부모로부터의 파양(罷養) 경험으로 정신적 혼동을 겪고 있는 아이, 신체적 정신적으로 학대받는 아이, 마약중독자 부모로부터 격리된 아이들에 대해 알게 되었다. 그 때 나는 처음으로 아이들이 모두 나처럼 행복하고 사랑받는 가정에서 자라지 못하고 있다는 것을 알게 되었다. 세상에 태어나서 처음으로 많은 사람들이 갖기 어려움을 가지고 있다는 사실을 직시하게 된 것이다.

이제 어른이 된 나는 지역사회 또는 더 넓은 세상에 보다 많은 시간을 기부한다는 것의 중요성을 잘 이해한다. 그 중요성을 어머니가 처음으로 깨닫게 해준 것이다. 내 어머니가 아버지를 만난 것은 초등학교 6학년 선생님이었을 때였다. 어머니는 결혼 후에도 계속 학교에서 가르치다가 나의 오빠가 태어나면서 일을 그만두었다. 학교를 그만두고 집에서 우리를 돌보기 시작하면서 어머니는 자원봉사를 시작했다. 자신이 돈을 벌지 않아도 될 만큼 풍족함을 축복으로 여기면서 어머니는 남을 돕기 시작했다.

어머니의 자원봉사 여정은 유아원에서 아이 돌보기와 학교에서 문법을 가르치는 일에서 시작되었다. 그러다가 내가 중학교에 다닐 때에는 학교 학부모협의회 회장으로 활동하면서 학교의 기금 모금에 앞장섰다. 어머니는 내가 중학교 1학년 때부터 학교 이사회와 비영리단체 이사를 맡기 시작했다. '가족과 아동 서비스'도 그 중 하나였고, 나중에는 그 경험을 살려 2개의 비영리단체를 남들과 함께 설립하기도 했다.

스탠퍼드대에서 2개의 석사학위를 받은 이후 어머니는 자신의 시간에 더해 재능도 기부하기 시작했다. 어머니는 아침 7시에 시작해 때로는 밤 11시까지 일하는 등 주당 80시간 이상을 돈도 받지 않는 일에 헌신했다. 물론 두 아이와 남편을 돌보는 데도 소홀하지 않았다. 당시 어머니가 자원 봉사하는 곳들은 이름 있는 유명한 단체가 아니었다. 하지만 어머니는 사회적 혜택을 제대로 받지 못한 사람들이 사회에서 성공하도록 도와주는 기본적 서비스를 제공하는 것이 무엇보다 중요하다고 믿었다.

어머니는 계획을 가지고 자신의 시간을 기부했다. 그 중에서도 교육이 최우선이었던 어머니는 우리가 다니는 학교를 포함해 여러 학교를 위해 봉사하셨다. 특히 시각장애인 학교인 비스타 센터(Vista Center)를 통해 시각장애인들이 보다 나은 활동적인 삶을 살 수 있도록 헌신했다. 어머니의 봉사활동에서 가장 인상적인 점은 스스로 자신의 활동 범위를 키워나갔다는 것이다. 주위의 불쌍한 사람을 돕는 쉬운 일에서 시작해 범위를 넓혀가며 비영리단체에서 일하고, 또 비영리단체를 설립하면서 지역사회의 리더가 되었다.

이 같은 어머니의 자원봉사는 나에게도 똑같은 영감으로 와 닿았다. 학교에서 나는 어머니의 연설에 자부심을 가졌고, 나도 어머니처럼 되고 싶었다. 학교 이사회가 무엇을 하는 곳인지도 모르면서 "나도 학교 이사회 이사가 돼야지" 하는 막연한 생각을 가졌다. 내 어머니와 아버지의 자선활동에서의 리더십은 나로 하여금 누구나 어른이 되면 그들과 같은 서비스 정신을 가지는 것이 당연하다고 여기게 만들었다. 세 살 버릇이 여든까지 간다는 말처럼 어릴 때 배우고 각인된 것이 우리의 인생을 좌우하는 법이다.

세상은 넓고 할 일은 많다

공원에서 쓰레기를 줍고 노숙자들을 위한 음식을 만들 것인가? 아니면 환경보호를 위해 설립된 비영리단체의 법률 서비스 또는 회계 서비스를 도와주거나 기아구제 프로그램을 운영할 것인가? 지역사회 뉴스 웹의 편집을 맡거나 광고를 수주하고 기금 모금을 위한 TV에 출연할 것인가? 당신이 어떤 좋은 기술을 가지고 있다면 제조 또는 관리 분야에서 일하는 것도 좋을 것이다.

가난의 현실을 직시하려면 노숙자들의 임시거주지에서 2~3일 동안 일할 수도 있다.

물론 이런 일들에 무턱대고 뛰어들 수는 없는 노릇이다. 또 자원봉사 기회가 너무 많이 널려있는 것도 사실이다. 이러한 현실에서 사회 정의 프로그램을 위한 홍보지를 돌리거나 무료 건강센터에서 환자 접수를 맡는 일처럼 우선은 작게 시작하는 게 좋다. 응급지원센터에서 자료처리를 하거나 생필품을 나눠주는 일도 좋을 것이다. 여러 가지 가능성을 놓고 가장 먼저 해야 할 일은 이 같은 사회적 요구가 당신의 열정과 얼마나 맞아떨어지는가를 세심하게 살펴보고 평가하는 일이다. 이 과정은 당신의 자원봉사를 보다 영향력 있게 만들어줄 뿐 아니라 즐기면서 할 수 있도록 만들어줄 것이다. 이는 또한 자원봉사에 더 많은 시간을 할애하게 하는 원동력이 될 것이다.

이때 첫 번째로 고려해야 할 점은 당신이 무엇을 줄 수 있는가를 생각하는 일이다. 누구나 남들에게 나눠줄 무엇인가를 가지고 있다는 점을 기억하라. 당신의 전문적 기술이나 지식을 나누는 능력은 자신의 직업적 경력이나 경험과는 직접적인 관련이 없다. 당신이 변호사라 하더라도 자신이 가난에 관심이 많고 또 그에 대한 지식이 풍부하다면 학교에 가서 어린이들에게 가난에 대해 이야기하면 된다. 정치평론가인 당신이 만약 야외에 나가서 활동하는 것을 좋아한다면 그럴 기회가 거의 없는 도시 아이들의 야생 관찰 프로그램을 지도할 수도 있을 것이다. 결국 자원봉사는 당신의 전문적인 경험 또는 지식 외에도 당신의 흥미와 취미 중에서 좋은 일에 사용할 수 있는 것을 찾아내 활용하는 것이다. 당신이 기부할 특별한 기술이 없다 하더라도 당신의 네트워크를 이용해 친구들을 불러 모으고, 또 그들로 하여금 자원봉사에 참여토록 할 수도 있는 것이다.

두 번째는 당신이 큰 부담 없이 가능한 봉사활동의 수준에 대해 생각하는 것이다. 한 달을 할 것인지 1년을 할 것인지, 한 달에 몇 번 정도 할 것인지, 한 번에 어느 정도 할 것인지 등을 결정해야 한다. 물론 수시로 할 수도 있을 것이다. 이런 결정은 당신이 학생이거나 직장을 가지고 있는지 아니면 은퇴한 상황인지, 혼자인지 아니면 배우자와 아이들이 있는지 등에 따라 달라질 것이다.

당신이 한 주에 평균적으로 하는 모든 일들을 한 번쯤 적어보면 자원봉사를 어떤 요일, 어느 시간에 할 수 있는지를 계산해낼 수 있을 것이다. 이 때 TV를 보거나 마트에서 쇼핑하는 시간을 줄여야 할 수도 있다. 만약 학생이라면 캠퍼스 카페에서 노닥거리는 시간을 줄일 수도 있을 것이다. 그런 시간을 줄여서 어린이들을 상대로 아침 강의를 할 수도 있고, 지역사회의 오염된 강을 청소할 수도 있다. 실업 상태에 있는 전문직이라 하더라도 직장을 구하는 시간을 좀 줄여서 비영리단체의 예산 운영을 도와주거나 마케팅 캠페인을 디자인할 수 있을 것이다.

사실 일상에서 자원봉사를 위한 시간을 짜내기란 쉬운 일이 아니다. 그렇지만 당신이 직장 또는 집에서 스트레스를 받고 있을 때 남을 위한 자원봉사 활동으로 그 같은 스트레스에서 벗어나거나 크게 줄일 수 있다는 점을 알게 된다면 당신 자신도 놀라게 될 것이다. 당신이 어린 아이들을 돌보느라 집을 비우기가 어려울 때, 또는 건강이 허락하지 않을 때도 당신만의 갇힌 세상에서 보다 넓은 세상으로 나가는 것이 당신의 시각과 도전을 키우는데 도움이 될 것이다.

집에서도 자원봉사는 가능하다. 인터넷이 재택근무를 가능케 하는 것처럼 새로운 개념의 가상세계에서의 자원봉사를 하는 것이다. 원격강의를 하거나 마케팅 캠페인 자료를 만들거나 비영리 단체의 기부자들에게 감사편지를 쓸 수도 있지 않은가? 당신이 만약 저널리스트라면 여자들 또는 흑인이나 히스패닉(스페인어를 쓰는 남미계 미국인)들이 신문의 외부기고란에 처음으로 자신의 기고가 실리도록 도움을 줄 수도 있을 것이다. '외부기고 프로젝트(Op-Ed Project)'는 주요 신문에 실리는 외부기고 또는 외부 오피니언의 80%가 남자들이라는 점에 착안해 보다 많은 다른 의견 또는 새로운 의견을 싣고자 하는 프로그램으로, 많은 전현직 저널리스트들이 멘토 편집자로 참여하고 있다. 그밖에도 전 세계 고아들을 위한 곰 인형 만들기에 참여할 수도 있을 것이다. 이처럼 특별한 기술이나 전문지식 없이도 당신이 집에서 할 수 있는 일을 얼마든지 찾을 수 있다.

당신이 얼마나 많은 시간을 할애할 수 있고, 어디에 기부할 것인가를 정확하게 파악하면 당신의 개인적 또는 직장에서의 스케줄에 맞는 봉사 기회를 더 잘 찾을 수 있다. 이 때 너무 의욕적이거나 해서 당신에게 큰 부담으로 다가오거나 봉사 약속을 지킬 수 없게 되는 일은 피해야 한다. 무슨 일이나 그렇지만 당신의 봉사와 일상생활이 균형을 이루는 것이 급선무라고 할 수 있다. 하지만 아무리 바빠도, 아니면 바쁘다고 생각하더라도 그런 가운데 언제나 시간은 할애할 수 있는 것이다. 모든 자원봉사자들이 이미 알고 있는 것처럼 자원봉사는 하면 할수록 더 많이 할 수 있는 것이다.

의기투합하기

자원봉사에서 첫 단추는 당신이 무엇을 나눠줄 수 있는가를 인식하는 것이다. 그런 다음에는 사람들에게 무엇이 필요하며, 당신이 가진 기술과 지식, 경험이 어떻게 부족함을 채울 수 있나를 찾아내는 것이다. 따라서 당신이 제공할 수 있는 것과 당신이 함께하고자 하는 비영리단체가 당신에게 요구하는 것이 맞아떨어지는지를 생각해볼 필요가 있다. 당신이 다양한 경험과 기술을 가지고 있지만 막상 당신이 찾아가는 비영리단체는 그 같은 경험과 기술을 필요로 하지 않을 수도 있기 때문이다. 당신이 전문직에 종사하고 있다면 법률, 재무, 회계, 마케팅 또는 전략 기획 등과 같은 분야에 경험과 지식을 가지고 있을 것이다. 하지만 아무리 당신이 전문직이라 하더라도 비영리단체에서 함께 일하는 동료들보다 자신이 더 많이 알고 있다고 생각해서는 안 된다. 자원봉사 영역에서는 당신이 더 배워야 할 것도 많다는 것을 기억해야 한다.

비영리단체들은 보통 열악한 환경에서 시작하는 경우가 많다. 그들은 대부분의 회사들이 가지고 있는 IT 데스크, 비디오 컨퍼런스 시스템 등을 마련하지 못하고 있다. 반면 무슨 일이든 하나 하려면 지방정부는 물론 다른 비영리단체나 재단, 대학, 지역사회와 실제 대상으로 하는 고객 등 많은 이해당사자들과 대화하고 접촉해야 한다. 게다가 돈이 아니라 목표를 가지고 움직이는 기관이기에 다양한 의견을 모아 서로 협력하는 문화를 만들어가는 것은 무척이나 어렵다.

이익을 위해 일하는 기관과는 달리 비영리단체의 기금분배 결정은 훨씬 더 감정적인데, 재무적 또는 경제적 고려가 아니라 보다 복잡한 사회적, 문화적 요인들을 감안해야 하기 때문이다. 당신이 이런 비영리적 환경에서 자신의 전문 지식과 경험을 유용하게 활용할 수 있다면 그보다 더 바람직한 경우는 없을 것이다. 그리고 비영리단체에서의 경험이 직장에서도 큰 도움이 될 것이다. 물론 그것이 해당 비영리단체에게도 큰 힘이 될 것이다. '자원봉사연결(VolunteerMatch)'이라는 단체는 250만 명을 등록회원으로 보유하고 있으면서 1998년 이후 450만 명의 자원봉사자들을 연결시켰다.

다음으로는 당신이 자원봉사로부터 무엇을 얻기를 원하는지를 생각해보라. 만약 당신이 사람들이나 잠재적 인생의 동반자를 만나기를 원한다면 청소년 센터를 새로 짓는 프로젝트에 팀으로 참여하거나 교회나 성당에서 자원봉사를 하는 것도 좋을 것이다. 만약 혼자서 일하기를 원한다면 비영리단체의 페이스북(Facebook) 운영을 위한 IT 지원을 도울 수도 있을 것이다. 이처럼 자원봉사는 당신의 지식과 경험을 넓힐 수 있는 가장 좋은 길이기도 하다. 자원봉사를 통해 건강이나 교육과 같은 산업 분야에서 경험과 지식, 기술을 배우는 기회를 가짐으로써 당신의 이력서를 잘 만들어 취업에 도움이 될 수도 있다. 자원봉사는 또한 당신에게 여행할 기회를 주기도 할 것이다.

마지막으로, 당신의 자원봉사가 어떤 형태가 되면 좋을지를 생각해보라. 비영리단체의 도움을 받고 있는 사람들 또는 비영리단체에서 일하고 있는 사람들과 직접적으로 일하기를 원하는가? 다운증후군의 사람들에게 수영을 가르치는 일처럼 자신의 열정을 다른 사람들을 돌보거나 보살피는데 주기를 원하는가? 아니면 지역 운동장에 페인트칠을 하거나 기름 유출로 고통 받고 있는 새들을 구하러 가는 것처럼 육체적인 일을 할 것인가? 새로 온 이민자들에게 법률적 기본지식을 가르치는 일을 할 것인가?

거절당하는 일에도 익숙할 필요가 있는 게 자원봉사의 특징이다. 많은 비영리단체, 특히 이름이 잘 알려진 단체들의 경우 이미 충분한 자원봉사자들을 확보하고 있다. 비영리단체가 요구하는 것과 당신의 전문성 또는 하고자 하는 분야가 맞아떨어지지 않을 수도 있다. 따라서 자원봉사를 통해 당신 자신의 또 다른 기술을 만들어가는 것이라는 접근방식이 필요하며, 비영리단체가 필요로 하는 요구조건에 당신을 맞춰가는 노력이 없어서도 안 될 것이다. 의도가 좋다고 해서 반드시 결과가 좋은 것은 아니기 때문이다.

최근 들어 비영리단체들도 자원봉사자들을 선발하고 운영하는데 있어 매우 전문적이 되어가고 있다. 어떤 비영리단체는 특별한 기술이나 법률적 문제가 예상되는 분야에 대해서는 일반기업들처럼 당신의 이력을 조사해보기도 할 것이다. 당신이 하고자 하는 자원봉사가 특별한 기술을 요하지 않더라도 새로운 자원봉사자를 교육하기 위해 시간과 에너지를 할애하는 비영리단체들도 있다는 사실을 잊지 말자. 어떤 경우에는 새로운 자원봉사자를 받을 여력이 없을 수도 있을 것이다.

그러나 이런 것들이 당신의 자원봉사 기회를 막아서더라도 좌절해서 포기하지는 말자. 당신의 기술과 에너지를 필요로 하는 곳을 찾는 노력을 조금만 더 하면 되기 때문이다. 아니면 사전에 해당 비영리단체의 설립 및 운영 목표, 필요한 자원봉사자의 조건 등에 대해 미리 공부를 하는 것도 좋은 방안이다. 당신의 시간을 유용하게 사용할 기관은 얼마든지 있다. 당신의 도움을 간절히 원하는 기관에서 일하는 것이 당신은 물론 다른 모든 관계자들을 만족시키는 일일 것이다.

찾으라, 그러면 구할 것이니

자원봉사를 하고자 하는 사람들에게 적절한 자원봉사 기회를 찾는 일이 점점 더 쉬워지고 있다는 사실은 반가운 소식이다. 먼저 당신의 지역사회부터 돌아보자. 바로 가까운 곳에 있는 비영리단체가 당신이 관심을 가지는 이슈와 맞아떨어지는지, 그리고 그 기관이 추가적 도움을 필요로 하는지 알아보는 것이다. 지역사회재단(우리나라로 치면 주민센터나 구청)이나 청소년 축구 리그, 로터리 클럽 등이 당신이 가볼 만한 비영리단체를 소개해줄 수도 있다.

당신이 만약 은퇴가 가까워지고 있어서 자원봉사를 시작하거나, 또는 더 많은 자원봉사를 원한다면 당신이 현재 근무하고 있는 회사가 도움이 될 수도 있다. 상당수의 대기업들은 직원들이 은퇴 후 비영리단체로 옮겨가서 일하는 프로그램을 가지고 있다. CNCS가 설립한 '시니어 봉사단(Senior Corps)'은 55세 이상인 사람들을 상대로 자원봉사에 필요한 훈련과 교육을 통해 이들이 보다 효율적으로 자원봉사에 나설 수 있도록 도와주고 있다.

많은 재단들이 은퇴 후 자원봉사에 나서는 사람들에게 동기를 부여하면서 도와주고 있다. 시빅 벤처스(Civic Ventures)에 의해 설립되고 존템플턴 재단(John Templeton Foundation)과 아틀랜틱 필라트로피(Atlantic Philathropies)로부터 재정적 지원을 받고 있는 '목적 상(Purpose Prize)'은 어려운 사회문제를 다루는데 혁신적인 방안을 찾아낸 60세 이상의 10명에게 10만 달러씩의 상금을 지급하고 있다. 또 '앙코르 경력(Encore Career)'이라는 프로그램은 은퇴 후 인생 2차전을 뛰려는 사람들을 도와주고 있다. 특히 금전적 보상을 받아 직업만족도가 높은 동시에 남을 도울 수도 있는 새로운 일자리를 찾아주고 있다. 젊은이들을 위해서는 '글로벌 시민(Global Citizen Year)'이 고등학생들이 졸업 후 대학에 진학하기 전에 개발도상국에서 사회적 문제 해결을 위해 일하는 프로그램을 운영하고 있다.

물론 다양한 사람들과 대화를 나누는 것이 가장 좋은 방법이다. 헥터 차우는 "나는 은퇴하자마자 내 이웃들에게 가서 자원봉사 기회에 대한 도움을 청했다. 그 중 한 사람이 이미 '세금 도우미' 프로그램에 참여하고 있어서 나에게도 참여하라고 권했다."고 말한다. 그 이웃은 프로그램에 매년 교육과정이 있다고 알려줬고, 9월에 은퇴한 헥터는 그 교육과정을 거쳐 시험에 당당하게 합격해 세무 도우미 대열에 합류했다.

인터넷을 통해서도 얼마든지 지역사회에서 좋은 기회를 찾을 수 있다. 인터넷 홈페이지가 기업들의 채용에 혁명적 변화를 가져온 것처럼 온라인은 서로 도움이 필요한 비영리단체와 자원봉사자들을 잘 연결해주고 있다. '캐치어파이어(Catchafire)'를 예로 들어보자. 뉴욕에 있는 이 회사는 사회적 영리기업이자 'B형 기업(B-corporation)'으로 인증 받은 기업이기도 하다. B형 기업은 영리를 목적으로 하는 동시에 사회적 공헌도 함께 하는 기업을 말하는데, 'B 랩(B Lab)'이라는 비영리단체에서 엄격한 심사를 거쳐 인증서를 수여하고 있다. 이 캐치어파이어의 홈페이지에서 당신의 기술과 비영리단체의 요구에 맞는 봉사 자리를 찾아볼 수 있다. CNCS도 홈페이지에 당신이 원하는 자선 분야와 주소를 입력하면 가능한 자원봉사 자리를 찾는데 도움을 주고 있다. '자원봉사연결(VolunteerMatch)'은 구글과 야후에서 자원봉사 관련 검색에서 가장 많은 조횟수를 기록하기도 했을 정도로 유명한 서치엔진이다. '유니버설기빙(UniversalGiving)'은 사전에 잘 검증된 해외 자원봉사 기회를 제공하고 있다. 젊은 층을 위해서는 '두섬씽(DoSomething.org)'이 매우 다양한 자원봉사를 연결해주고 있다.

인터넷은 단순한 연결 이상의 역할을 하고 있다. 사회적 네트워크 형성을 통해 자원봉사자들이 자원봉사를 하면서 스스로 기금도 모금할 수 있는 것이다. '크라우드라이즈(Crowdrise)'를 대표적인 예로 들 수 있는데, 2010년에 배우이자 자선가인 에드워드 노턴(Edward Norton)과 감독인 쇼나 로버트슨(Shauna Robertson), 그리고 로버트와 제프리 울피(Robert and Jeffrey Wolfe) 부부가 시작한 비영리단체이다. 이 중 울피 부부는 독특한 온라인 수매상 '무스조(Moosejaw)'를 설립한 사람들이다. 크라우드라이즈의 슬로건은 "당신이 기부를 하지 않으면 아무도 당신을 좋아하지 않는다"이다. 크라우드라이즈는 직접 기금을 모금하고 있지만 동시에 자원봉사자들의 기금 모금 잠재력도 키워주고 있다. 자선걷기대회 또는 자선마라톤대회에서 참가자들이 친구들과 함께 기금 모금에 참여하듯이 자원봉사자들도 같은 방법으로 기금을 모금할 수 있다는 것이다. 개인이나 팀으로 노숙자 쉼터에서 일하거나 아프리카에서 학교를 지으면서도 기금을 모금할 수도 있는 것이다. 크라우드라이즈는 이 같은 경우를 '후원하는 자원봉사(Sponsored Volunteerism)'라고 부르고 있다.

당신은 인터넷을 통해 자신은 물론 동료들의 자원봉사 활동에 대한 안내 또는 기고, 사진, 비디오 등을 올릴 수 있다. 이메일이나 페이스북, 트위터 등을 통해서도 친구와 가족들에게 당신이 무엇을 하고 있는지 알려주거나 그들이 기금 모금에 참여할 의향이 있는지 등을 물어볼 수도 있다. 당신도 다른 사람들의 인터넷을 통해 자원봉사 또는 기부에 대해 알아볼 수 있을 것이다. 마찬가지로 당신의 자원봉사 관련 인터넷 페이지를 통해 누구나 당신의 팀에 참여할 수 있고, 또 기부도 할 수 있다. 당신의 시간을 기부하면서 다른 사람들의 흥미는 물론 기부도 이끌어낼 수 있는 것이다. 이것이야말로 온라인을 통한 사회적 네트워킹이 자원봉사에 가져다주는 엄청난 동력이라고 할 수 있을 것이다.

알리샤 차스타인(Alicia Chastain)은 샌프란시스코에 사는 디자이너로 크라우드라이즈에 한 페이지를 가지고 있다. 그녀가 이사로 활동하고 있는 '베이키즈(BayKids)'라는 비영리단체는 다른 비영리단체의 비디오를 편집하는 자원봉사를 하고 있다. 베이키즈는 지역 병원의 어린이 환자들에게 디지털 영화 제작 기술을 가르치고 있는데, 이를 통해 아이들이 자신을 표현하는 새로운 길을 찾는 일을 도와주고 있다. 알리샤는 홈페이지에서 집으로 가는 길에 눈물을 흘린 적이 한두 번이 아니라고 말한다. 슬퍼서 운 것이 아니라 아이들이 가지고 있는 순수함과 용기에 울었다는 것이다. 그녀는 자신이 오히려 겸손해지는 것을 느꼈다고 한다. 알리샤는 자신의 홈페이지와 비디오를 통해 더 많은 사람들이 베이키즈에 기부하기를 격려하고 있다.

후원하는 자원봉사라는 개념은 빠르게 확산되고 있다. 인터넷은 당신의 시간을 기부할 자리를 찾거나 봉사하면서 기부도 하는 자리를 찾는 일을 점점 더 쉽게 만들어주고 있다. 자원봉사와 기부는 어디에나 널려 있다. 인터넷 마우스만 클릭하면 당신도 그 일원이 될 수 있다.

비영리단체의 이사로 활동하기

자원봉사의 다른 중요한 형태는 비영리단체 또는 재단을 위해 봉사하는 것이다. 물론 모든 자선활동이 그렇지만 당신의 결정은 신중해야 한다. 어떤 비영리단체의 이사회를 선택할 것인가, 또 어떤 방식으로 참여할 것인가 등은 자신은 물론 해당 비영리단체의 효율성에 크고 작은 영향을 미칠 것이기 때문이다.

먼저 하나의 이사회에 참여해보고 나면 다른 이사회의 업무도 순조롭게 해나갈 수 있을 것이다. 나의 경우, 오빠와 내가 각각 다닌 멘로 학교(Menlo School)와 카스틸레야 학교(Castilleja School)

의 이사회에서 일하면서 배운 것을 다른 사립학교인 이스트사이드 칼리지 준비학교(Eastside College Preparatory School)에 적용할 수 있었다. SV2 참가 기업을 방문하는 길에 처음으로 이스트사이드를 만나게 되었고, 나중에는 이 학교가 SV2의 첫 번째 수혜자가 되었다. 카스틸레야와 멘로와는 달리 이스트사이드에서는 모든 학생들이 장학금을 받고 있었고, 그들은 가족 중에서 처음으로 대학 진학을 앞두고 있었다. 이스트사이드 외에도 다른 학교와 비영리단체에서의 경험은 내가 SV2와 스탠퍼드 PACS 이사회를 운영하는데 큰 도움이 되었다.

비영리단체의 이사회에 참여하는 것은 엄청난 책임감을 요구한다. 이사회에 참석하고 행사에 얼굴을 내미는 것은 시작일 뿐이다. 이사로서 그 비영리단체의 일에 깊숙이 관여해야 하는 것은 물론이고 당신의 시간과 전문성이 그 단체의 발전에 기여할 수 있도록 노력해야 한다. 비영리단체의 운영진과 긴밀하게 일하면서 목표를 달성하는 동시에 새로운 도전에 나서도록 해야 한다. 그렇게 해야 당신의 헌신이 단순한 기부 또는 자원봉사를 넘어 당신의 자선 활동의 매우 중요한 부분이 될 수 있다. 이 때 얻은 지식과 경험은 당신의 기부는 물론 당신의 직장에도 소중한 선물이 될 것이다.

당신이 활발하게 자선활동을 하고 참여하다 보면 비영리단체나 재단으로부터 자연스럽게 이사회에 참여해 달라는 요구를 받게 될 것이다. 사실 그 같은 요구는 큰 영광이다. 그러나 그런 요구를 받아들이기 전에 반드시 자신에게 몇 가지 질문이 필요하다. 그 단체나 재단이 당신과 가치관을 공유하고 있는가? 그 단체의 설립 목적에 열렬히 찬성하는가? 현재 이사로 있는 사람들이 당신과 협력할 수 있는 사람들인가? 최고경영자(CEO) 등 최고경영진이 강한 리더십을 가지고 있고, 미래에 대한 청사진이 있는가? 당신이 제공할 수 있는 특별한 기술과 전문성을 필요로 하는가? 자원봉사와 마찬가지로 기술과 경험, 지식, 네트워크 등에서 볼 때 당신이 무엇을 내놓을 수 있고, 그것들이 단체나 재단의 요구와 맞아떨어지는가? 또한 어떤 종류의 이사회인지, 당신에게 어느 정도의 노력을 요구하는지, 이사회의 활동 범위가 어느 정도인지 등도 짚어봐야 한다. 기금 모금만 하는 것인지, 단체와 재단의 신뢰도를 높이기 위해서 유명 인사들을 불러 모으는지, 아니면 이사들이 재단의 발전과 미래를 위한 청사진을 만드는 곳인가 등등이다.

한 가지 더 고려해야 할 점은 어떻게 당신이 그 기관을 재정적으로 지원할 것인가 하는 문제이다. 비영리단체의 이사회이기는 하지만 그 단체의 활동을 위해 이사들이 재정에 상당한 기여를 해야 한다. 이사회의 기능 중의 하나가 기금 모금인 데다 다른 기부자들에게 이사가 모범을 보여야 한다는 점에서 솔선수범해야 하기 때문이다. 비영리단체의 성공 여부는 때로는 이사회 이사들의 기부가 연간 총 모금에서 얼마나 차지하는가로 평가받기도 한다. 뿐만 아니라 새로운 기금 모금과 행사비용 지원 또는 영구기금 모금 등에서도 이사들이 얼마나 기여했는가를 따지기도 한다. 실제로 대다수 비영리단체들이 명시적으로 이야기는 하지 않지만 연간 운영비용의 상당 부분을 이사들의 기부로 충당하고 있다. 따라서 이사로 참여할 때는 이 모든 것들을 종합적으로 고려해야 할 것이다. 또한 당신이 다른 사람에게 이사회 참여를 요구할 때도 이 같은 점들을 염두에 두어야 할 것이다. 많은 비영리단체들은 자선가나 전문가 외에도 그들이 봉사하는 사람 또는 보다 다양한 그룹으로부터 이사를 선임하고 있다. 당신이 만약 전문가 또는 봉사하는 그룹을 대표하는 이사로 선임된다면 다른 이사들에 비해 직접적인 재정 부담은 줄어들 것이다. 하지만 이사로서 다른 이사들과 총 모금액에 있어 비슷한 수준을 요구받을 수도 있다. 결론적으로 당신이 그 단체의 목표를 달성하기 위해 이 같은 여건을 충분히 수행할 수 있을 때 이사직을 수락하는 것이 바람직할 것이다.

비영리단체의 이사로서 당신의 역할이 무엇이든 간에 당신의 흥미가 줄어들거나 다른 쪽으로 쏠리거나 시간이 안 나거나 아니면 그냥 하기 싫어질 경우가 발생할 수도 있다. 그런 가운데서도 다른 이사들이 계속 새로운 에너지와 자원, 전문성을 불어넣을 것이다. 따라서 정해진 임기를 채우기 위해 유야무야할 필요는 없다. 오히려 기술과 경험을 가진 다른 사람들에게 기회를 주는 것이라고 생각하면 된다. 비영리단체도 끊임없이 새로운 흐름이 요구되기 때문이다.

어떤 이사회는 보고회로 전락하기도 한다. 운영진들이 와서 단순히 사전에 배포한 자료를 가지고 중언부언하는 것은 사실 유능한 사람들을 모아만 놓은 채 시간과 재능, 돈의 낭비일 뿐이다. 이럴 때는 회의를 어떻게 효율적으로 운용해서 중요한 이슈에 대해 논의할 시간을 많이 가질 수 있는지 방안을 찾아내야 한다. 전략적 기획 또는 핵심 의사결정에서 이사회 모임이 어떤 역할을 할 수 있는지, 회의 이슈에 대해 어떻게 새로운 아이디어 또는 다른 방식을 제시할 수 있는지를 강구해야 할 것이다. 이사회 의장일 때 나는 회의에 모인 사람들의 지식과 재능이 십분 발휘될 수 있도록 의안 소개와 보고는 될수록 간단히 하고 그룹 토의와 브레인스토밍에 보다 많은 시간이 할애될 수 있도록 노력했다. 의장이 이 같은 역할을 하지 못할 경우 이사들의 전문성과 경험을 충분히 활용하지 못하면서 단체의 사명과 목표 달성에도 차질을 빚게 될 것이다. 이사회 의장은 이 같은 점에 특히 유념하면서 이사회가 가장 생산적으로 운영될 수 있도록 노력해야 한다.

좋은 일하기

IBM의 영업담당 이사인 벤 아마바(Ben Amaba)는 매우 열성적인 자원봉사자이다. 그는 몇몇 대학과 연구소의 이사회 이사일 뿐 아니라 '주간 엔지니어(Engineers Week)'와 플로리다에 있는 여러 학교의 직업안내 강좌에서 강의를 맡고 있다. 그가 가장 좋아하는 활동은 수학과 과학, 공학에 매료된 어린 학생들을 만나 이야기하는 일이다. 벤이 자신의 강의를 들은 학생들로부터 받은 감사편지 중에는 8살의 브라이언(Bryan)이 보낸 것이 있다. 손으로 직접 쓴 편지에서 브라이언은 "선생님의 강의는 마치 지진처럼 교실을 흔들었습니다."라고 썼다. 벤의 귀에는 이 같은 말들이 감미로운 음악처럼 들린다. "이게 바로 내가 남의 인생에 차이를 만들고 있다는 증거가 아닌가? 나는 이런 편지를 받을 때의 감동을 말로 다 표현할 수가 없다."고 벤은 말한다.

벤은 필리핀 이민자의 아들로, 미군으로 근무하면서 사회생활을 시작했고, 나중에는 미 해군의 물류와 재무 담당자로 일했다. 그의 아버지의 이야기는 그가 왜 자원봉사에 그렇게 열심인가를 말해준다. 당시 미국은 필리핀인들의 삶의 질을 높이는데 도움이 되도록 그들이 미 해군에서 일하게 하는 프로그램을 운영하고 있었다. 미국이 그의 아버지와 다른 필리핀 사람들에게 기회를 준 것처럼 그도 누군가에게 그 같은 기회를 주고 싶다는 생각이 벤을 움직였다.

대부분이 자원봉사자들로 구성된 장교와 병사들이 이민 온 소수민족을 가르치는 교육과 훈련을 통해 벤의 가족은 많은 기회를 얻을 수 있었다. "수표가 무엇인지도 몰랐던 아버지는 해군 장교가 집에까지 찾아와서 해주는 특별 프로그램을 받았다."고 벤은 말했다. 그가 단순히 돈을 기부하는 것을 넘어 자신의 시간을 할애하는 가장 큰 이유가 바로 그런 경험과 기억 때문이다.

벤은 자신이 직장에서 배운 지식과 경험을 학생들에게 전달한다. 유치원은 물론 대학을 졸업한 학생들을 대상으로 과학과 기술 분야를 그들의 장래 직업으로 생각해보게 만드는 것이다. '과학·기술·공학·수학(Science, Technology, Engineering and Mathematics, STEM) 교육연합'을 위해 봉사하면서 벤은 정기적으로 학생들에게 자신의 열정을 쏟아내고 있다. 어떤 때는 유치원 학생들을 박사 후 과정을 밟고 있는 학생들에게 데려가기도 한다. 다섯 살짜리 아이들을 대학에 데리고 가서 뭔가를 만들게 하기도 하고, 인공기관과 인체공학 쪽을 견학하게 하기도 한다. 이때 그 조그만 아이들이 우리가 생각하는 것 이상으로 듣고 이해하기도 한다는 사실을 깨달았다.

벤은 자신의 지식과 경험을 학생들에게 전달하면서 자신도 배우고 있다고 말한다. 처음에는 강의를 준비하느라 많은 시간을 소비했지만 지금은 매우 숙련된 강사 중의 하나다. 자신이 젊은 이들의 미래를 바꾸는데 도움이 되는 능력을 가지고 있다는 사실에 벤은 늘 놀라워한다. 브라이언으로부터 감사편지를 받은 6개월 후 벤은 길거리에서 우연히 그를 만났고, 8살 꼬마는 벤의 이야기가 얼마나 좋았는지를 또 다시 설명하면서 자신은 원래 기술이나 수학 또는 과학 쪽에는 흥미가 없었다고 털어놓았다. 브라이언은 변호사가 되고 싶었지만 벤의 강의를 듣고 난 다음, 자신도 행복하고 벤 선생님도 행복하기 위해서는 어떻게 하면 될까를 고민했다고 한다. 그 결과 특허변호사가 되기로 결론은 내렸다는 것이다. 벤은 놀랄 수밖에 없었다. 아이가 그의 강의를 듣고 난 후 수개월 동안 자신의 직업에 대해 진지하게 고민을 했다는 것도 그렇지만, 8살 꼬마가 특허변호사가 무엇을 하는지에 대해 알게 되었다는 것도 신기할 뿐이었다. "그것은 경이로움 그 자체였고, 나는 들고 있던 식료품 봉투를 떨어뜨리고 말았다."고 벤은 말했다.

강의와 프레젠테이션에 능숙해지는 것은 당신의 직업과 관련된 자원봉사를 통해 얻을 수 있는 또 하나의 수확이다. 또한 직장에서 접할 수 없는 경험과 지식을 얻을 수도 있다. 예를 들어 당신이 로펌에서 신출내기 변호사로 일하고 있다면 어느 정도 경력이 쌓일 때까지는 고객을 직접 만나는 일이 거의 없을 것이다. 반면 비영리단체에서 무료로 봉사할 때는 직접 고객과의 만남을 통해 고객관리는 물론 리더십, 프로젝트 운영 등 직장에서 신입이 얻을 수 없는 귀중한 경험을 쌓을 수 있다. 그런 경험들이 당신의 업무 능력 향상으로 이어지고, 직장에서 상사와 동료들에게 그것이 드러남으로써 보다 책임 있는 과제를 맡을 수도 있을 것이다. 홍수 피해자들을 위한 집짓기나 저소득층 어린이들을 대상으로 한 책 읽기와 같은 지역사회 프로젝트는 다양한 분야의 사람들이 모여서 하는 것이므로 팀워크를 배우기에 더없이 좋은 기회이며, 또한 당신의 네트워크를 확대할 수 있는 기회이기도 하다. 2년차 은행원으로서 당신이 근무하는 은행의 전략 담당 최고책임자와 함께 못을 박게 될 수도 있지 않을까?

기업 차원에서는 자원봉사에 돈보다 훨씬 많은 것을 기여할 수 있다. 팰린드롬 어드바이저(Palindrome Advisors)가 2011년에 주도한 '팰린드롬 서약(Palindrome Pledge)'은 100명의 세계적 기업가들이 비영리단체의 운영과 이사회 경영 등에 기업적인 노하우와 경험을 접목하는 등 이전보다 훨씬 더 적극적으로 참여하기로 한 서약이다. 대기업들은 자원봉사를 기업 차원의 자선활동에 더해 임직원들의 경험과 기술을 쌓는 좋은 기회로 인식하기도 한다. 따라서 임직원들의 자원봉사 활동을 효율적으로 조직하고 운영하는 시스템을 개발하고 있다. 세계 각국에 퍼져 있는 임직원들이 총 110만 시간 이상의 자원봉사에 참여하는 IBM은 웹 시스템을 통해 이를 효율적으로 진행하고 있다. 벤 아마바와 그의 동료들은 IBM이 제공하는 '온디맨드 커뮤니티(On Demand Community)'를 통해 자신의 기술과 경험에 맞는 자원봉사 자리를 찾아낼 수 있다. 그런 다음 얼마의 시간을 어떻게 봉사할 것인지를 결정할 수 있는 것이다. 사전준비가 필요하면 온라인 훈련과정을 택할 수 있고, 자신들의 자원봉사 이력을 올려놓을 수도 있다. 이에 따라 올라온 각종 서류와 비디오와 온라인 강의자료 등을 통해 임직원들은 새로운 기술을 배우거나 시간을 최대한 효율적으로 사용할 수 있게 될 것이다. 또한 다른 봉사자들과 지식을 나누고, 먼저 활동했던 사람들의 경험을 배울 수도 있다. "다른 봉사자들이 올려놓은 자료를 내가 이용할 수도 있고, 내 것을 남들이 이용할 수도 있다."고 벤은 말한다.

물론 모든 기업들이 IBM과 같은 시스템을 운영하는 것은 아니다. 그러나 당신이 작은 기업에 근무하고 있다 하더라도 IT 부서에 인트라넷(직원 전용 웹사이트)을 만들자고 건의하면 어떨까? 이미 인트라넷이 만들어져 있다면 자원봉사란을 신설하자고 건의하면 될 것이다. 만약 둘 다 안 된다면 당신이 스스로 닝(Ning·내 남편이 공동창업자이자 대표로 있다)이나 페이스북을 이용해 회사 전용 페이지를 만들 수도 있을 것이다. 그런 페이지를 만든 다음에 임직원들로 하여금 자원봉사 활동을 올리게 하면 여러 가지 유용한 정보를 함께 공유할 수 있을 것이다.

이 경우에도 당신의 회사 또는 고용주가 무엇을 제공하고 있는가를 짚어봐야 한다. 많은 회사들이 임직원들의 자원봉사 활동을 지원하고, 또 그런 일을 할 수 있도록 시간(유급)을 할애해주기도 한다. 어떤 기업은 당신이 자원봉사 하는 시간만큼 당신이 관계하는 비영리단체에 일정 금액을 기부하기도 한다. 한 걸음 더 나아가 어떤 컨설팅 회사는 임원을 해외봉사단으로 보내 개발도상국의 비정부기구(NGO) 또는 비영리단체의 프로젝트를 수행하게 하기도 한다. 당신의 직장에서 적절한 자원봉사 기회를 찾을 수 없다면 당신의 기술과 전문성을 살릴 수 있는 다른 기회를 찾으면 된다. '탭루트 재단(The Taproot Foundation)'은 전문직 종사자들이 전략 기획, 인사관리 및 교육, 마케팅, 디자인, IT 등과 같은 기술을 기부할 수 있는 기회를 찾도록 도와주고 있다.

당신이 만약 기업을 운영하고 있다면 임직원들에게 자원봉사 기회를 주는 것은 여러 가지로 좋은 점이 많다. 그들의 기술과 팀워크를 발전시킬 수 있는 것은 물론 새로운 직원을 채용하고 기존 직원을 유지하는 데도 도움이 된다. 기업이 이익을 많이 올리는 것도 중요하지만 지역사회에 대한 공헌도 기업 이미지 향상을 위해 갈수록 중요해지고 있기 때문이다. 특히 청년들은 기업 이미지를 무엇보다 중시하는 경향이 있다. 이처럼 자원봉사 프로그램은 지역사회를 넘어 전국적 또는 전 세계적 브랜드를 구축하는 데도 도움이 된다. 또한 임직원들의 삶에 중요한 축을 형성하면서 회사에 대한 충성심을 높이는 디딤돌이 될 것이다. 그렇기에 기왕이면 영향력을 높이기 위해 자원봉사 프로그램을 신중하게 관리할 필요가 있다. 컨설팅 회사인 딜로이트(Deloitte)의 연구에 따르면 자사 임직원들의 자원봉사 활동이 지역사회에 얼마나 영향을 미치고 있는가를 비영리단체와 함께 측정해보는 기업은 38%에 불과한 것으로 나타나고 있다. 하지만 그 같은 측정은 매우 의미심장하다. 왜냐하면 당신의 임직원들이 자원봉사를 통해 지역사회에 미치는 영향을 비교 평가해봄으로써 임직원들의 기술이 어떻게 제대로 활용되고 있는지를 확인할 수 있기 때문이다. 앞서 언급한 '탭루트 재단'과 '시니어 봉사단'으로부터 도움을 받을 수도 있다. 이 두 기관은 기업들이 임직원과 퇴직자들을 위한 자원봉사 프로그램을 만드는 작업을 하고 있다. '유나이티드웨이(United Way)'와 같은 기관은 지역의 자원봉사 기회에 대한 정보를 기업들에게 제공함으로써 기업과 비영리단체를 연결시켜 주고 있다. 그들은 기업들이 운영하는 인트라넷의 자원봉사란을 통해 정보를 제공하고, 교육과 훈련을 위한 프로그램도 제공한다. 기업들은 이런 기관들이 이미 확보하고 있는 자원을 활용해 얼마든지 좋은 정보와 기회를 가질 수 있을 것이다. '자원봉사 연결(VolunteerMatch)'은 홈페이지를 통해 기업들의 자원봉사 프로그램의 구축, 운영, 평가 등이 보다 효율적으로 진행될 수 있도록 웹에 기반한 다양한 도구들을 제공하고 있다. 미국 적십자사는 '언제나 준비된 팀(Ready When the Time comes)'이라는 프로그램을 통해 회원 기업들이 대형 재해를 대비하고 훈련하는 것을 도와주고 있다. 도움이 필요할 경우 즉시 출동 가능한 준비된 팀으로 만들어주는 것이다. '엔터프레너스 재단(The Entrepreneurs Foundation)'은 전국적인 자원봉사 프로그램과 기부 프로그램을 기업들과 함께 운영하고 있다.

이런 프로그램과 기관들은 기업과 임직원들이 함께 하는 지역사회에 대한 영향력을 높여줄 뿐 아니라 동기가 부여된 임직원들이 자신들의 기술과 팀워크, 리더십을 키울 기회를 동시에 제공하고 있다. 자원봉사를 통해 기업은 지역사회와의 관계를 돈독히 하는 동시에 임직원들의 능력도 향상시킬 수 있다. 이런 경우를 우리는 '윈-윈(win-win)'이라고 부르는 것이 아닐까.

실천과제

- **자원봉사를 시작하려는 사람이 반드시 체크해야 할 항목**
  - 내가 할애할 수 있는 시간은 얼마나 되나?
  - 자원봉사할 수 있는 횟수는? 예를 들어 한 달에 한 번, 일주일에 저녁에 한 번, 주말마다 두어 시간?
  - 누구와 함께 할 생각인가? 배우자, 아이들 또는 친구?
  - 자원봉사를 통해 다양한 분야의 새로운 사람들을 만나기를 원하는가, 아니면 직장이나 전공과 관련된 사람들을 만나기를 원하는가?
  - 직접 현장에서 비영리단체가 도와주는 사람을 만나기를 원하는가, 아니면 비영리단체의 간부 또는 직원들과 일하기를 원하는가?
  - 비영리단체의 운영과 관련된 일을 할 경우, 당신의 기술과 전문성이 해당 비영리단체가 원하고, 현재 부족한 것들인가?
  - 당신의 자원봉사가 자신은 물론 비영리단체에게 가치를 창조하는가?
  - 당신의 성공적인 자원봉사 여부를 무엇으로 판단할 것인가? 기금 모금액, 학생들의 성적 향상 정도, 깨끗해진 길거리?

- **당신이 참여하고자 하는 비영리단체에 던질 질문**
  - 어떤 기술을 필요로 하는가?
  - 자원봉사자들을 어떻게 관리하는가?
  - 이 단체에서 먼저 봉사 경험이 있는 몇 사람을 만나볼 수 있는가?
  - 어떤 자원봉사 자리가 가능한가?
  - 자원봉사자들을 위한 교육 및 훈련 프로그램이 있는가?
  - 비영리단체를 운영하기 위해 필요한 전문 직종은 어떤 것들이 있는가? IT 전문가, 홍보 전문가, 편집 전문가?
  - 나의 일은 누가 감독하고, 누구와 의논이 가능한가?

- **이사회의 이사직을 고려할 경우 던질 질문**
  - 어떤 성격의 이사회인가? 기금 모금, 단체의 신뢰도를 높이기 위해

유명 인사들로 구성된 명목상의 이사회, 이사들이 적극적으로 참여하는 말 그대로 일하는 이사회, 전략을 짜고 기획하지만 실행에는 거의 관여하지 않는 이사회?
- 누가 결정하는가? 집행위원회, 이사회 의장, 최고경영자(CEO)?
- 이사회가 목소리를 낼 수 있는가?
- 연간 회의는 몇 번 정도?
- 지난 몇 년간의 회의 일정과 시간, 회의록을 볼 수 있는가?
- 현 이사진과 면담이 가능하고, 회의에도 참석해볼 수 있는가?
- 이사들에게 최소한의 기금 모금 한도가 있는가? 이사 본인의 최소 한도와 총 모금 한도가 있는가?
- 이사회가 금전적 책임을 지는 부분이 있는가? 법적 분쟁이 발생할 경우, 이사들을 보호할 보험에 가입하고 있는가?
- CEO 및 집행임원에 대한 평가시 이사회는 어떤 식으로 참여하고, 이사회 자체평가 과정은 있는가?
- 단체의 자원을 투명하고도 효율적으로 분배하고 관리하고 또 감독하는가?
- 단체는 얼마나 자주 전략 기획을 수립하고, 또 전략 기획 수립시 이사회의 역할은 무엇인가?
- 이사회 회의 외에도 단체의 임직원들과 만날 시간을 낼 수 있는가?
- 당신의 친구들을 단체에 소개할 의향이 있는가? 이사가 되려는 사람으로서 당연한 일이지만.
- 지역사회가 이 단체와 이사회를 어떤 시각으로 보는가?

- **새로운 접근: 테스트 해볼 만한 아이디어**
  - 비영리단체의 리더들에게 어떤 자원봉사자가 가장 효율적이고, 왜 그런지를 물어보라.
  - 친구와 동료들에게 그들이 한 자원봉사 중 가장 유용했다고 생각하는 봉사가 무엇인지, 또 왜 그렇게 생각하는지를 물어보라.
  - 자원봉사를 연결해주는 온라인 서비스를 통해 봉사 기회를 찾아라.
  - 당신이 어떤 기술을 가지고 있는지를 먼저 점검해보고, 당신이 이

미 기부를 하고 있는 단체에 그 기술을 봉사하겠다고 해보라.
- 지역 로터리클럽이나 청소년 리그, 라이온스클럽, 은퇴자협회지부 등과 같은 비영리단체의 회의에 참가해서 그 단체들이 당신이 기부하는 시간의 값어치를 올릴 수 있는지를 봐라.
- 가장 유용하다고 생각하는 당신의 자원봉사를 선택해서 페이스북이나 트위터 등을 통해서 사람들과 이야기해보라. 그들에게 자신들의 경험에 대해 코멘트를 해달라고 부탁하면 다른 사람들의 귀중한 조언을 얻을 수 있을 것이다.

- **가족을 위한 코너**
  - 현재 참여하고 있거나 앞으로 참여할 의향이 있는 자원봉사 현장에 아이들을 데리고 가라.
  - 당신과 가족 모두가 흥미를 느끼는 지역으로 가족과 함께 봉사여행을 가라.
  - 가족들과 함께 해변이나 공원을 청소해보라. 열심히 일한 다음에 다 같이 피자를 먹으러 가라.
  - 아이들에게 자신이 잘할 수 있는 일과 좋아하는 일의 리스트를 작성하게 한 다음에 아이들이 잘할 수 있는 일과 좋아하는 일을 통해 남을 도울 방법에 대해 생각해보게 하라.
  - 주말에 아이들과 함께 육체적으로 봉사하는 기회를 만들라. 가난한 사람들을 위한 음식 만들기, 또는 공원에서 쓰레기 줍기 등을 다른 가족과 함께 하면서 뿌듯함과 재미를 느낄 수 있다.
  - 여러 가족이 함께 모여서 지역사회를 위해 봉사하는 '봉사 서클'을 만들라. 다 함께 봉사가 끝난 다음에 어느 한 집에 서로 준비한 음식을 가져가서 나눠먹는 즐거움을 생각해보라.
  - 봉사를 중요한 가족행사로 만들라.

- **기억해두면 좋은 것들**
  - 비영리단체가 당신에게 언제나 자원봉사 기회를 줄 수는 없다. 이미 충분한 자원봉사자가 있거나 당신이 원하는 분야가 없을 수도

있기 때문이다.
- 그렇다고 포기하지 말고 다른 단체를 찾아라.
- 이 때 가장 중요한 것은 당신이 가지고 있는 기술이나 재능, 경험을 보다 정확하게 단체에게 알려주는 것이다. 그냥 가진 게 시간뿐이라고 이야기하는 것은 단체에게 더 많은 고민을 안겨주는 일이다.
- 당신이나 가족이 돈을 기부하는 단체는 당신에게 가급적 자원봉사 기회를 주려고 노력할 것이다. 따라서 이 때도 당신이 무리한 요구를 하고 있는 것은 아닌지 한 번 더 짚어봐야 한다.
- 비영리단체의 이사회 이사로 활동하는 것은 수많은 자원봉사 활동의 하나일 뿐이다. 최소한의 기금 모금액 등에 너무 구애받을 필요는 없다.
- 기왕이면 당신의 아이들이 하고 있는 활동에 가서 자원봉사를 하는 것도 좋은 일이다. 유소년 축구 리그와 같은 스포츠 활동, 보이스카우트나 걸스카우트, 댄스 경연시 의상 만들어 주기 등을 통해 아이들은 물론 아이들의 친구들과도 가까워지게 될 것이다.
- 많은 비영리단체들은 돈 외에도 시간과 기술, 재능의 기부를 필요로 하고 있다.
- 자원봉사에 가면 창고를 청소한다거나 복사를 하는 등 평소 같으면 하지 않을 귀찮고 더럽고 힘든 일도 많다. 아무리 의도가 좋다고 하더라도 마음을 크게 먹지 않으면 하고 싶은 일도, 도전하고 싶은 일도 아닌 경우가 대부분이다. 하지만 다른 사람들에게 보다 나은 삶을 주고, 그들의 삶을 변화시키는 것은 정말로 가치 있는 일이다. 이게 바로 우리가 신명나게 자원봉사를 하는 이유가 아닐까?

제2장

기부자 연결하기

: 세상을 변화시키는 새로운 방법들

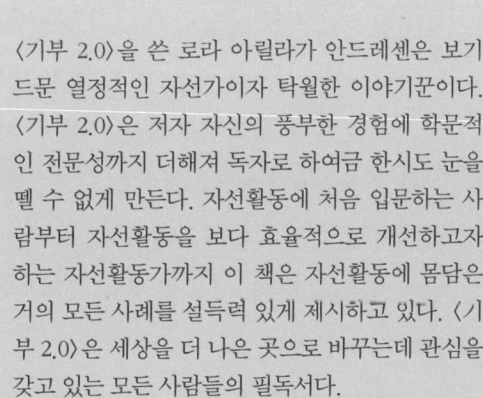

〈기부 2.0〉을 쓴 로라 아릴라가 안드레센은 보기 드문 열정적인 자선가이자 탁월한 이야기꾼이다. 〈기부 2.0〉은 저자 자신의 풍부한 경험에 학문적인 전문성까지 더해져 독자로 하여금 한시도 눈을 뗄 수 없게 만든다. 자선활동에 처음 입문하는 사람부터 자선활동을 보다 효율적으로 개선하고자 하는 자선활동가까지 이 책은 자선활동에 몸담은 거의 모든 사례를 설득력 있게 제시하고 있다. 〈기부 2.0〉은 세상을 더 나은 곳으로 바꾸는데 관심을 갖고 있는 모든 사람들의 필독서다.

- 주디스 로딘, 록펠러 재단 대표

> 기부자들과의 연결을 통해 당신의 기부활동을 배가시
> 킬 수 있다: 가상세계를 이용해 현실세계를 변화시켜라

시마 헨드(Seema Bhende)는 어릴 적부터 남을 돕는 일에 남다른 의식을 가지고 자랐다. 미시건 주에서 태어나 뉴욕 주에서 자란 그녀는 현재 시애틀에 살고 있다. 하지만 그녀가 하고 있는 열정적인 자선활동의 동인(動因)은 미국이 아니라 멀고 먼 인도의 펀잡 지방으로 기원이 거슬러 올라간다. 그녀의 집안은 인도의 근대화와 영국의 잘못된 식민지 관행을 개선하는데 앞장섰을 뿐 아니라 신문사를 두 개나 설립했다. 또한 인도가 독립한 이후에는 정치안정과 평화정착에 큰 기여를 했다. 그녀는 보다 나은 세상을 만드는데 어떠한 기여를 할 수 있을지를 고민할 때면 종종 자신의 집안을 되돌아본다. 인도에서 조국의 근대화를 위해 투쟁했던 일들과 독립 이후 발생한 폭동으로 가족 몇 명이 목숨까지 잃었기 때문이다.

2009년 시마는 남편이 새로운 직장을 구하면서 맨해튼에서 시

애틀로 이사했다. 시애틀로 옮기면서 그녀는 뉴욕 생활과 함께 시작했었던 '여성 권익 찾기 네트워크(StepUp Women's Network)' 란 자선단체를 그만둬야 했다. 언제나 지역봉사 단체에 몸담고 있던 그녀가 서부에 도착하자마자 한 일은 앞으로 활동할 또 다른 자선단체를 찾아보는 일이었다. 마침 그녀는 친구가 추천해준 시애틀 공공도서관이 주최하는 한 행사에 참석했는데, '젊은 국제 인재들의 모임(Young Professional International Network)'이란 단체가 후원하는 이벤트였다. 이 모임에서 그녀는 방글라데시 출신의 아난 마흐무드(Adnan Mahmud)의 연설을 들었다. 32세인 아난은 마이크로소프트사의 프로그램 매니저로 일하고 있었다.

특히 아난이 강의 중에 소개한 '욜코나 재단(Jolkona Foundation)'은 그녀에게 새로운 개념의 자선단체였다. 작은 액수의 기부라도 기부 참가자들은 자신의 성금이 구체적으로 어디에 어떻게 사용되었는지 알 수 있도록 공개하는 자선단체였다. 예를 들어 기부자가 낸 40달러가 아프가니스탄에 사는 어느 소녀의 10개월치 학비로 쓰였다거나, 200달러의 기부가 다리에 장애를 안고 사는 방글라데시의 한 근로자의 의족(義足) 구입비로 사용된 사실 등 기부자들에게 자신의 성금이 어디에 쓰였는지 구체적으로 전달되는 것이다. 욜코나 재단은 이러한 기부금 사용 내역 공개에 덧붙여 기부자들로 하여금 욜코나 재단 운영에 자율적으로 참여하도록 유도하고 있다. 기부자들은 재단의 한 달치 전기료 및 수도료를 대납해 주거나 전략회의 개최 경비를 기부금으로 후원할 수도 있다. 그리고 기부자들이 무엇을 기부하든 자신의 자선 행위가 어디에 사용되었고, 어떠한 영향을 주었는지에 대한 정보를 얻도록 하고 있다.

　이러한 일을 가능케 하기 위해 욜코나 재단은 첨단기술(IT)의 힘을 활용하고 있다. 첫째, 기부자들의 모든 기부활동은 온라인을 통해 이뤄지는데, 이 때 기부자들은 도움이 필요한 관련 정보를 스스로 찾아 개인적으로 기부 대상을 결정한다. 인터액티브 방식의 홈페이지에서 기부자들은 세계 곳곳에서 진행 중인 자선활동 프로젝트를 검색하고 안전한 결제 시스템을 통해 원하는 일정 금액을 기부한다. 기부 참여자는 홈페이지에 로그인을 할 때마다 자선단체가 기부한 자금이 사용된 프로젝트 관련 동영상과 사진, 그리고 개인이나 지역사회에 기부한 내역에 대해 확인할 수 있을 뿐 아니라 관련 내용은 이메일로도 공지된다. 기부금액은 단돈 5달러에서 300달러까지 천차만별이다. 예를 들어 5달러는 인도 어린이 한 명의 수인성 전염병 예방약을 구입하는데 사용되고, 50달러는 티베트에 사는 한 가족의 주방기구 구입비로, 300달러는 물고기 양식으로 가족 생계를 책임지는 말라위 여성의 양식장 수리비로 사용되는 등이다.

　아난의 말은 계속됐다. "누구를 돕기에 너무 작은 돈이라고 느껴지더라도 일단 모이면 큰돈이 됩니다. 'Jolkona'란 단어는 벵골 어로 '한 방울의 물'이란 뜻이에요. 물방울 하나가 모여 물결을 이루면서 멀리 퍼져나가듯 욜코나 재단은 기부자 여러분들의 작은 정성들을 모아 사회를 변화시키는 작은 힘이 되고자 합니다." 아난의 이야기를 듣고 난 다음 시마의 첫마디는 "정신이 번쩍 드네요!"였다. "그는 제게 자선가가 되기 위해 부자일 필요는 없다고 했어요." 항상 남을 돕는데 나름의 시간을 할애해온 시마

였지만 정작 그녀는 본인 스스로를 '기부자(donor)' 또는 '자선가(philanthropist)'라고 생각해본 적이 없었다.

이제 IT 기술의 발전으로 기부자들은 작은 금액이라도 자신의 기부금이 어디에 쓰였는지 직접 확인할 수 있는 자선의 새로운 개념이 생겨났다. 이와 같은 일은 사실 예전 세대에서는 불가능했던 일이다. 시마는 욜코나 재단이 기부자들의 기부금이 어디에 사용됐는지 확인해주는 방식이 정말 마음에 들었다. "예전에 제 친구들이 자선마라톤 행사에 참가한다고 할 때면 저도 가끔씩 작은 금액을 후원하곤 했어요. 그런데 그 돈이 실제로 어디에 사용되는지는 알 길이 없었답니다."라고 그녀는 아쉬움을 나타냈다. 하지만 아난의 설명은 그녀의 가려운 데를 긁어주었다. "이는 마치 시리얼을 사는 일과 같아요. 사람들은 시리얼을 먹기 전에 상자 안에 뭐가 들었는지 알고 싶어 하잖아요. 그러니 만약 당신이 적극적 소비자라면 당신이 하는 지출에 대해 따져보는 건 당연한 거 아닌가요? 설령 따져보는 대상이 기부활동이라 하더라도 말입니다." 시마는 이제야 자신이 찾던 제대로 된 자선단체를 발견했다고 생각했다. 그러면서 더 나아가 그녀는 지금까지 자신이 축적해온 자선활동 분야의 전문적인 경험을 활용할 수도 있겠다는 생각이 들었다. 사실 그녀는 초기 단계에 있는 자선단체나 재단과 같은 조직을 제대로 성장시키는데 탁월한 전문성을 가진 홍보 전문가였다. "저도 대중들의 자선활동에 대한 기존 개념을 변화시킬 수 있는 이 운동에 동참하고 싶어요."라고 시마는 말했다. 수천 달러를 기부 받고도 무심한 행태를 보이던 다른 자선기관이나 복지기관들과 달리 이 모임은 실제로 무언가 하고 있다는 느낌이 들었기 때문이다. 아난의 강연이 끝나고 나자 그녀는 강단 쪽으로 가서 자신을 소개하고, 구체적으로 어떤 일을 도울 수 있는지 물었다.

인터넷의 영향력

1990년대에 들어와 인터넷의 등장으로 전 세계 사람들을 서로 연결하는 일이 가능해졌다. 그에 따라 사람들은 서로 만나본 적도 없는 이들과 자기가 원하는 물건을 직거래로 사고팔 수 있게 되었다. 로맨틱한 파트너를 구하는 사람들은 자기들이 원하는 상대의 조건을 정한 다음 자신의 사진을 인터넷에 올려놓고는 잠재적인 데이트 상대를 구할 수도 있다. 대량의 정보와 새로운 지식이 수시로 올라오고, 사람들은 이 같은 지식을 서로 나누면서 이제는 가상의 백과사전을 만드는 경지에까지 이르렀다. 이는 불과 몇 년 전까지만 해도 불가능했던 일로, 대기업들은 이제 관련 분야 전문가나 학계뿐 아니라 인터넷의 개방성을 활용해 직접 고객들로부터 아이디어를 구하기도 한다.

기부금 모금 방식에도 변화가 오고 있지만 자선활동 영역에 있어서는 인터넷의 잠재성에 대해 다소 뒤늦게 눈을 뜬 감이 없지 않다. 하지만 지금은 대부분의 기부모금 단체와 자선활동 모임들이 자체 웹사이트를 운영하고 있다. 또한 거기에는 자신들이 벌이고 있는 활동에 대한 설명과 방문자들이 어떻게 기부할 수 있는지에 대한 안내도 올려놓았다.

최근 웹상에서 소셜 네트워크가 급성장하고, 신세대들의 활발한 참여가 이어지면서 자선단체들의 인터넷 활용 행보는 이제 새로운 국면을 맞고 있다. 자선단체 리더들이 기부자들을 모으기 위해 소셜 네트워크를 활용하는 사례가 점차 늘어나고 있는 것이다. 록펠러 재단(Rockefeller Foundation)은 이런 점에서 인터넷을 가장 잘 활용하고 있는 좋은 사례라고 할 수 있다. 이 단체는 글로벌기빙(GlobalGiving)이란 회사와 제약회사인 엘리 릴리(Eli Lilly)가 설립해 탁월한 연구 성과를 올린 과학자들을 지원하는 온라인 리서치 회사인 이노센티브(InnoCentive)와 파트너십을 체결했다. 글로벌기빙은 기부만을 목적으로 개설된 일종의 온라인 장터이다. 록펠러 재단은 자선 문제를 의료 서비스의 접근성과 식수 등 최소한의 먹고 사는 문제와 함께 경제적 기회의 형평성과 같은 사회 경제적인 면을 총체적으로 고려하는 관점에서 접근하고 있다. 이러한 접근 방식은 오염된 물을 쉽게 정화시키는 방법을 개발하거나 저개발국가에서 농사 용도로 빗물을 저장할 물탱크를 개발하는 일과 같은 사회, 환경, 경제 문제를 개선하기 위해 고민하는 자선단체 및 구호기금들뿐 아니라 개발 관련 연구자와 기업체들 모두에게 신선한 충격을 주었다. "답을 원하거든 모두에게 물어봐서 구하세요." 록펠러 재단의 웹사이트에 적혀 있는 문구이다.

웹은 당신 개인을 변화의 주체로 만들어주고 있다. 몇 년 전으로 돌아가 보자. 만약 당신이 오염된 물의 정수 방법이나 빗물을 농업용수로 활용하기 위한 저장 방법에 대해 새로운 아이디어가 있다고 하더라도 과연 그 같은 생각을 평가하고 적용시켜줄 수 있는 적절한 기관을 찾을 수 있었을까? 아마 그건 우리 모두에게 불가능했을 것이다. 하지만 이젠 컴퓨터만 켜면 가능한 일이 되었다. 어떤 이들은 새롭고 개방화된 이 기술을 사회를 변화시키는데 활용해왔다.

지난 2007년 스티브와 진 케이스(Steve and Jean Case)가 설립한 '케이스 재단(Case Foundation)'은 지역사회를 변화시키는 새로운 아이디어를 공모하기 위해 '기부 대상을 당신이 정해주세요(Make It Your Own Awards)'라는 캠페인을 전개했다. 케이스 재단은 이 캠페인을 시작하면서 지역사회 문제해결을 위한 동일한 목표를 가지고 있으면서도 지역공동체와 자선단체들이 서로 단절되어 있다는 사실을 발견했다. 이에 케이스 재단은 개인이나 작은 모임을 가리지 않고 지역사회 발전을 위한 좋은 아이디어들을 인터넷을 통해 공모한 다음 가장 좋은 아이디어를 제시한 대상을 지원해 주기로 했다. 이처럼 더 좋은 기부 방식 아이디어를 구하기 위해 경쟁 방식을 도입한 사례는 자선 분야에 있어 완전히 새로운 것은 아니다. 하지만 케이스 재단은 '인터넷'을 최대한 활용해 이전과는 전혀 다른 새로운 방식을 도입한 것이다. 이를 가리켜 "케이스 재단은 기부금을 누구에게 지원할지 대중에게 직접 선택할 수 있도록 다양한 아이디어를 공모하고 기부 대상을 결정한다."고 〈뉴욕 타임스〉는 보도했다. 전 세계 네티즌들이 참여한 이 공개 기부 방식에서 네티즌들의 온라인 투표를 거쳐 최종 기부 대상 4명이 선정되었고, 이들은 각각 3만5천 달러를 지원받았다. 일반인들에게 재단기부금의 사용처 선택을 결정하도록 한 것은 자선단체가 알아서 필요하다고 생각한 곳에 기부하던 이전 방식과는 완전히 다른 새로운 개념이었다. '기부 대상을 당신이 정해주세요' 캠페인은 종료되었지만 이 후 JP모건 체이스 은행의 연례 자선 프로그램에도 활용되는 등 연쇄반응을 불러일으켰다.

　JP모건 체이스 은행은 페이스북을 통해 네티즌들에게 무려 50만 개가 넘는 후보 자선단체들 가운데 어느 곳에 자신들이 기부해야 하는지를 투표를 통해 직접 물었다. 이 투표는 페이스북 상에 노출되는 순간 곧바로 확산되었고, 기부금이 절실한 자선단체들은 동영상이나 사진을 동원해 지원받아야 하는 나름의 이유와 사연을 페이스북에 올리기 시작했다. 처음 2년 동안 이 은행은 이와 같은 프로그램을 통해 소규모 단체를 중심으로 300개의 자선단체에 1천만 달러를 기부했고, 2011년 3월에는 같은 방식으로 2,500만 달러를 향후 2년 내에 더 기부하기로 약정했다. 록펠러 재단이 기부에 대한 새로운 지평을 열어주었다면, 케이스 재단은 일반인이 참여하는 기부의 모델을 제시했고, JP모건 체이스 은행의 기부 프로그램은 이를 구체화시켜 수동적이었던 개인 기부자들에게 보다 많은 권한을 부여한 셈이다.

　이제 일반 대중들은 가상의 기부모금 이벤트들에 참여하고 있다. 미국 암재단(American Cancer Society)은 2005년부터 '세컨드 라이프(Second Life)'라는 사이트를 운영하고 있다. 네티즌들은 이 가상의 공간에서 자신의 아바타를 만들어 하나의 공동사회에 가입해 매년 개최되는 자선걷기대회에 참여할 수 있다. 이러한 가상 공간에서의 기금 모금 규모는 상당히 빠른 속도로 증가하고 있는데, 2005년에 5천 달러에서 3년 뒤인 2008년에는 21만5천 달러까지 늘어났다. 미국 암재단은 기부 사이트 '세컨드 라이프'를 운영하면서 2005년에서 2008년까지 총 80만 달러를 모금했다. 이는 단순히 자선가 한 명이 큰 금액을 기부한 것이 아니라 수많은 사람들이 자발적으로 작은 시간과 금액을 투자해 모은 돈이란 점에서 의미가 더 크다고 할 수 있다.

온라인을 통해 당신도 이러한 기부활동의 참여자가 될 수 있다. 이는 이전에 당신이 길거리에서 만난 봉사자들이 내미는 자선냄비에 잔돈 몇 푼 던져 넣고 어디에 쓰일지는 신경 안 쓰던 때와는 아주 다른 이야기가 된다. 이제 웹과 인터넷이 활성화되면서 예전에는 큰 기부를 한 사람들이나 알 수 있었던 자신의 기부금 사용처를 아주 작은 금액을 기부한 사람들도 알 수 있는 시대가 된 것이다.

가상 세계는 현실 세계를 지키고 보존하는 데에도 도움을 주고 있다. 당신이 가상 세계인 '세컨드 라이프'에 참여하고 있는 네티즌이라면 자신의 아바타를 통해 멸종위기 종으로 분류된 식물을 구입해 가상의 섬에 심을 수 있다. 이는 실제 현실의 세계에서도 똑같이 그대로 이뤄진다. 대표적인 예가 존덴버 재단(John Denver Foundation)이 숲을 보존하고 숲에 의존해 살아가는 사람들을 돕기 위해 벌이고 있는 '플랜트잇 2020(Plant-It 2020)' 운동의 기부 방식이다. '세컨드 라이프'에서 당신의 아바타가 구입한 식물은 재단이 실제로 같은 종의 식물을 구해 그 식물이 잘 자랄 수 있는 곳에 심는다. 'Plant-It 2020'의 기부 방식은 기부자가 자신의 기부 대상을 직접 선택한다는 점에서 욜코나 재단과 접근 방식이 매우 흡사하다. 인터넷을 이용해 우리는 기부자로서 우리가 원하는 식물의 종을 스스로 선택할 수 있기 때문이다. 또한 마우스 클릭 한 번으로 세계의 숲 현황, 위기 종, 산림 벌채에 의한 숲

파괴와 관련한 정보들을 구할 수도 있다.

'기부자 선택(Donors Choose)'이라는 또 다른 웹 기반 자선단체가 있다. 이 재단은 인터넷을 활용해 기부자들이 미국 공립학교에 기부하는 것을 돕도록 하고 있다. 인터넷 홈페이지에 선생님들이 직접 교실의 게시판 도표를 새로 꾸민다든지 교육용 디지털 카메라 구입 등과 같이 재정적인 도움이 필요한 프로젝트에 대한 설명을 자세히 올려놓으면, 기부자들은 그 내용을 꼼꼼히 읽고 기부할 대상을 정한다. 기금 모금이 세분화되고 모니터링이 가능해지면서 점점 더 많은 웹사이트들이 소셜 네트워킹을 활용하고 있다. 예를 들어 '라주닷컴(Razoo.com)'은 기부자와 재단을 서로 연결해 기금 모금 캠페인을 함께 기획하도록 주선해주고 이 과정에서 파생되는 에피소드와 이야기, 결과를 온라인을 통해 공개하고 있다. '기브주크스(Givezooks)'는 소셜 미디어 네트워크를 활용해 기부자들을 재단과 연결시켜주고 있으며, '크라우드라이즈(Crowdrise)'는 당신이 웹상에 기부 관련 페이지를 작성하면 이메일과 페이스북, 트위터를 통해 그 페이지를 홍보할 수 있도록 하는 서비스를 제공한다. 당신은 온라인 소액대출 모델인 '키바(Kiva.org)'라는 회사를 통해 개발도상국의 영세기업에 소액대출을 해줄 수도 있다. 2005년부터 2011년 중반까지 첫 5년 동안 이 회사는 60만 명이 넘는 대출자들로부터 2억3천만 달러 이상을 모아 온라인 소액대출을 집행했는데 상환율이 무려 98.79%에 달했다.

니의 스탠퍼드대 동창인 제시카 재클리(Jessica Jackley)와 매트 플래너리(Matt Flannery)가 공동으로 설립한 'Kiva'를 한번 들여다보자. 'Kiva'는 기부한 자금을 돌려받기 때문에 엄격히 보면 기부가 아닌 대출 개념이기는 하지만 기부자는 대출이 필요한 다른 나라의 어려운 사람들에게 돈을 빌려준다는 점에서 남을 돕는다는 의미가 있다. 기부자는 'Kiva' 홈페이지에서 사연과 사진 등을 볼 수 있으며, 당신이 빌려준 돈이 어떻게 쓰여지고 있는지를 확인할 수 있다. 또한 'Kiva' 자체가 비영리단체이므로 여러분은 'Kiva'에 직접 자금을 기부할 수도 있다.

온라인 기부는 사진과 영상 등 시각적인 자극을 동반하고 상호작용이 매우 활발해 10대 자녀와 같은 청소년들의 기부활동 참여 독려에도 유용하다. 예를 들어 여러분 가족이 매달 25달러를 기부하기로 약정하고, 기부의 날을 정해 기부금이 어디로 갈지 가족의 의견을 구해 결정한다면 이는 당신 가족만의 자선활동 회의로 자리 잡을 수 있다. 이 같은 활동은 당신 가족이 기부라는 소중한 가치가 무엇인지 알도록 도울 것이고, 가족 구성원들이 기부와 관련한 새로운 이슈에 늘 열려 있는 마음을 갖도록 이끌 것이다.

새로운 온라인 자선 창구가 나날이 늘어가면서 자선 방식도 온라인 소매 모델을 따르고 있다. 예를 들어 오프라인 상점은 공간 제약이 있는 만큼 길가에서 소량의 제품을 비싼 가격에 팔고 있지만, 아마존(amazon.com)과 같은 온라인 상점은 장소의 제약 없이 수백, 수천 가지의 제품을 싼 가격으로 판매가 가능하다. 온라인 기부재단도 마찬가지다. 인터넷을 통해 온라인 재단들은 수천 명의 기부자들과 거리의 제약 없이 연결할 수 있다. 또한 네트워크를 통해 기부자들은 자신이 기부하거나 봉사를 하고 싶은 자선단체를 온라인이라는 한 장소에서 120만 개나 되는 리스트를 통해 검색해볼 수 있다. 그리고 웹이 거래비용을 낮춰 수천 건의 소액기부를 모아 하나의 대규모 기금을 모을 수도 있게 되었다. 비영리재단에 전략 컨설팅과 전용 소프트웨어를 제공하는 콘비오(Convio)의 조사에 따르면 온라인 기부는 2010년 한 해 40%나 증가했다. 예를 들어 2010년 아이티에서 발생한 대지진 당시 온라인 기부는 매우 큰 역할을 해냈다. 아이티 대지진 이후 복구비용 모금에 문자 메시지의 중요성이 크게 부각되면서 통신사와 자선단체 간에 다양한 협약이 이뤄지게 되었다. 영국의 보다폰과 저스트기빙(JustGiving) 재단이 맺은 '저스트 텍스트 기빙(Just Text Giving)' 협약은 통신가입자들이 자신이 보유한 잔여 문자 메시지를 자선재단에 기부하는 방식으로 기금을 모으고 있다.

최근에는 모바일폰 제조업체들이 적십자사와 같은 주요 기부단체들과 협약을 맺고 텍스트 메시지로 재해지역에 성금을 기부할 수 있도록 하고 있다. 2011년 일본의 쓰나미 발생 당시 아메리칸 아이돌(American Idol)과 같은 텔레비전 쇼의 MC는 수천만 시청자들로 하여금 "지금 문자를 보내세요!(Text now)"라며 직접 성금기부를 유도하기도 했다. 이 TV 쇼는 화면에 기부자들의 이름을 실시간으로 올려 모든 시청자들이 보게 함으로써 기부를 독려했다.

소셜 네트워킹이 진화할수록 트위터와 같은 마이크로 블로깅 사이트를 통한 온라인상에서의 성금 모금이 늘고 있다. 트위터를 통해 당신 스스로가 기부금 모금자가 될 수도 있고, 수천 명의 사람들을 동시에 연결시켜 주는 자선 네트워크 캠페인의 기획자가 될 수도 있다. 당신이 스마트폰을 사용하고 있다면 컴퓨터 앞에 앉을 필요도 없다. 스마트폰에 깔아 놓은 어플리케이션을 통해 기부가 가능하기 때문이다. 요즘 유행하는 어플리케이션인 포스퀘어(Foursquare)를 예로 들어보자. 이 어플리케이션은 스마트폰 사용자가 자신이 방문한 지역을 '체크인(Check-in)' 버튼으로 누름으로써 자신의 위치를 실시간으로 친구들에게 알려주고, 방문 지역이 늘어날수록 포인트를 모을 수 있다. 포스퀘어는 사용자들이 자사의 어플리케이션을 사용할 때마다 늘어나는 포인트를 기부하는 방식을 도입해 마이크로소프트(Microsoft)와 페이팔(PayPal)과 공동으로 '아이티 어린이를 위한 성금 모금'을 진행했다. 이 회사는 이벤트를 통해 어플리케이션 사용자들로부터 13만 5천 건의 체크인 포인트를 기부 받아 1만5천 달러를 기부했다. 물론 소셜 네트워킹이나 웹, 텍스트 메시지, 스마트폰을 통한 기부가 전체 기부에서 차지하는 비중이 아직 큰 편은 아니다. 하지만 페이스북의 이사이면서 트위터와 그루폰(Groupon), 포스퀘어의 투자가이기도 한 나의 남편 마크는 이런 종류의 회사들이 가까운 미래에 자선활동 분야에 큰 영향을 미칠 것이라고 말한다.

　인터넷 기업들은 자사가 보유한 수많은 회원을 바탕으로 자선 및 기부 캠페인을 널리 알리고 확산시키는데 매우 유리하다. 지난 2010년 그루폰은 피츠버그에 있는 카네기 박물관을 돕기 위해 자사 가입자들에게 박물관 1년 이용권과 동반자 입장권, 음료 쿠폰을 패키지로 묶어 40달러에 판매하는 행사를 벌였다. 이 캠페인의 결과는 매우 성공적이었다. 프로모션 첫 3일 동안 무려 1,300명이 박물관 1년 이용권을 구입했으며, 결과적으로 박물관 회원 수가 단기간에 2배로 증가했다.

　온라인 게임 시장이 수천억 달러의 산업으로 성장하면서 온라인 게임 또한 새로운 기부 방식으로 활용되고 있다. 자신의 가상 농장에서 과일과 야채를 기르는 게임인 팜빌(Farm Ville)은 좋은 예가 될 수 있다. 최근 〈월스트리트저널〉은 게임 회사인 징가(Zynga)가 자사의 인기 게임인 팜빌을 활용해 자선기부 활동을 펼친 것을 모범 자선활동 사례로 보도했다. 일본 대지진 당시 팜빌은 게이머들이 게임 상에서 재배한 무 같은 채소를 일본 대지진 희생자들에게 기부할 수 있도록 했다.

인터넷은 단순히 기부금 결제를 용이하게 하는 것 이상의 기능을 하고 있다. 자선활동이 웹을 적극적으로 활용하기 시작하고, 무엇보다 재단의 활동이 공개되면서 자선활동 자체가 더욱 투명해지기 시작한 것이다. 2011년 4월 '기부자 선택(Donors Choose)'은 웹 개발자들과 데이터 분석 전문가들에게 자사가 수집한 30만 개의 교실 기부 프로젝트와 100만 건이 넘는 익명 기부자들의 내용이 담긴 데이터베이스를 오픈해 프로젝트와 기부자를 연결해주는 유용한 툴을 공개적으로 개발하도록 했다. 요즘 페이스북과 트위터 등 온라인 기반 회사들이 가장 신경 쓰는 부분은 기존 프라이버시의 개념을 재정립하는 일이다. 점점 더 많은 사람들이 자신의 정보와 활동을 온라인상에서 공유하고자 할수록 온라인 기부의 기회는 증가한다. 온라인상에서 점점 더 많은 사람들이 자신들의 사회적 활동과 관련한 프로파일 작성에서 단순히 좋아하는 책이나 밴드 등을 적어 넣는 것을 넘어 사회 참여에 대한 관심과 열정에 대해 작성하고 있다. 이들은 페이스북과 트위터에 자신이 참여한 자선활동과 관련된 경험과 내용을 사진이나 동영상으로 올려 친구나 팔로어들과 함께 공유한다. '모니터 인스티튜트(Monitor Institute)'와 '나이트 재단(Knight Foundation)'이 발표한 자료에 따르면 웹상에서 네티즌들 간의 상호작용은 과거와는 비교할 수 없는 규모와 속도로 사회에 큰 영향을 미치고 있다.

이러한 트렌드를 활용하는 일은 매우 중요하다. 더 많은 사람들이 자선활동에 소셜 네트워킹을 사용할수록 온라인을 통해 모이는 기부금 액수는 증가할 것이기 때문이다. '블루프린트 리서치 앤 디자인(Blueprint Research & Design)'의 설립자로 현재 자선 관련 블로그를 운영하고 있는 루시 번홀즈(Lucy Bernholz)는 "과거에는 유니세프와 같은 큰 단체도 오프라인 상에서 자선냄비를 통해 모을 수 있는 돈은 그리 크지 않았다. 하지만 지금은 15~17살짜리 소년 혼자 인터넷에서 수천, 수만 달러의 성금을 모아 지구 반대편 구제활동에 기부했다는 소식을 듣는 시대가 됐다."고 말한다. 기술발전 속도가 빠른 현재에는 지속적인 업그레이드와 새로운 기능의 추가, 그리고 한 단계 더 진화한 어플리케이션들이 이러한 활동을 용이하게 해준다. 이제 작은 기부가 합쳐져 진짜로 더 큰 일을 벌일 수 있는 시대가 된 것이다.

대를 이어가는 자선

시마 헨드의 의식 속에 깊숙이 자리 잡고 있는 그녀 가족의 자선 행적은 그녀 자신의 기부에도 많은 영향을 미치고 있다. 그녀의 할아버지는 반영(反英) 시위 중에 돌아가셨으며, 외할아버지는 1920년 간디의 비폭력 무저항 운동에 참여했다. 그것은 영국의 인도 지배에 반대하는 비폭력 평화운동으로, 자유를 갈구하는 세계 시민운동사에 큰 영향을 미쳤다. 하지만 이 여파로 시마의 외할아버지는 자신의 아내가 출산하는 것도 지켜보지 못한 채 몇 년을 감옥에서 보내야 했다.

1981년 시크교도 테러리스트들이 시마의 외할아버지를 살해하면서 가족의 비극이 시작됐다. 2년 뒤 시마의 삼촌도 폭동의 와중에 사망했다. 그래도 시마의 친척들은 자선활동을 계속했는데, 사실 그녀 가문에 있어서 자선활동은 심리적인 상실감에 대응하는 하나의 의식과도 같았다. 그녀 가족들은 폭동으로 남편을 잃은 여성을 위한 자선활동을 펼쳤고, 이들 가문이 세운 신문사는 연일 테러 희생자들을 위한 자선모금 활동을 이어갔다. 시마는 가족들의 이러한 불굴의 의지와 용기를 자랑스러워하는데 그치지 않고, 자신에게 주어진 자선활동에 대한 기회를 잡고자 늘 깨어 있었다.

시마의 부모님은 인도를 떠나 미국에 정착한 첫 세대였다. 그녀는 자신이 인도의 이름 모를 시골마을에서 태어났더라면 삶이 지금과 완전히 달랐을 것이라며, 현재 자신의 삶에 대해 감사한다고 말한다. 그녀는 "많은 것을 받은 사람은 그만큼 해야 할 것도 많다."라는 말을 가장 좋아하는 인용구로 꼽는다. 그녀는 어린 시절부터 로터리클럽의 청소년 버전인 '걸스카우트 앤 인터랙트(Girl Scout and Interact)'란 자선단체에서 활동을 시작했다. 그리고 젊은 시절에는 인도로 직접 건너가 1년 이상 머물면서 퓨처스 그룹(Futures Group) 소속으로 인도 어린이의 건강증진과 에이즈 확산 방지, 인도 정부가 진행하는 산모 건강증진 프로그램 등 미국 국제개발처(USAID)가 지원하는 활동에 참여했다. 인도에서 그녀는, 낮 동안 돈벌이에 내몰려 있는 빈민가 어린이들의 교육 지원을 목적으로 세워진 쿠툼 재단(Kutumb Foundation)에서 영어 교사로도 일했다. 아이들이 공부할 시간은 밤 시간뿐이어서 쿠툼 재단은 저녁이 돼서야 학교 수업을 시작했다. 이 때의 경험은 그녀로 하여금 카필라(KAFILA; 힌디 어로 이동식 주택에 사는 사람들이란 뜻)로 불리는 도시지역 건강 프로그램을 시작하도록 하는 계기가 되었고, 라이온스클럽의 후원을 이끌어냈다. "영어수업을 하면서 저는 영양실조에 걸린 아이들을 수없이 많이 봤어요. 학생들이 황달에 걸렸거나 비타민 결핍으로 수업에 집중하지 못하는 걸 안타깝게 생각했지요." 인도에서 1년 동안 경험한 자선활동과 관련된 노하우와 다양한 지식은 이후 그녀의 삶에 큰 도움이 되었다. 세계의 가난한 나라 사람들이 무엇을 필요로 하는지, 그리고 자신의 가족의 기원에 대해 더 잘 알게 되는 계기가 됐다.

미국으로 돌아온 그녀는 자신의 구호와 자선활동에 대한 열정을 사회에 환원하길 원했다. 그녀는 로레알 파리(L'Oreal Paris)의 사회공헌 부서 전략 담당자로 취업해 회사가 사회적 책임을 다하도록 노력했다. 그리고 현재는 시애틀에 있는 '세계 바그너 에드스트롬 사회변혁센터(Social Innovation Practice of Waggener Edestrom Worldwide)'에서 일하고 있다. 이곳은 기업들과 비영리 단체 고객들을 연결시켜주는 에이전트 역할을 하는 글로벌 회사이다. 그녀는 자선활동이 단순히 자발적이어야 한다거나 돈을 기부하는 것이 전부는 아니라고 말한다. "NGO 단체들도 조직을 효율적으로 성장시켜줄 수 있는 젊고 비즈니스 감각을 갖춘 참신한 인재를 많이 필요로 합니다." 그녀는 인도에 있었을 당시를 떠올리며 자신이 얼마나 외롭게 봉사활동을 했었는지를 기억해냈다. 슬럼가에서 수업하면서 만났던 맨발의 아이들과 그들이 살던 불결한 주거환경은 지금도 그녀를 잠 못 들게 하고 있다. "제게 지금 다시 그 일을 하라고 한다면 저는 일단 더 많은 동료들을 모아 함께 하는 방법을 택하겠어요. 왜냐하면 당시 저는 모든 일을 혼자 해야 했고, 그것은 제게 매우 힘들고 두려운 기억으로 남아 있거든요." 그래서 그녀는 아난을 만나 욜코나 재단에 대해 들었을 때 자신이 찾던 새로운 기부방식을 발견했다고 느낀 것이다. 욜코나 재단에서는 모든 경험과 지식, 우정을 서로 나눌 수 있겠다는 확신이 섰다. "인터넷이 모든 것을 바꾼 셈이죠. 이젠 자선활동도 서로 힘을 합쳐야 해요."

시마가 욜코나 재단을 통해 참여한 첫 번째 자선활동은 과테말라의 시골 어린이들이 6개월간 컴퓨터 교육을 받을 수 있는 프로그램을 지원하기 위해 30달러를 기부한 것이다. "남편과 저는 컴퓨터와 같은 기술교육이 사회를 변화시키고 발전시키는 힘이라고 믿기 때문에 여러 기부 대상 가운데 이 프로그램을 선택했습니다." 그리고 그녀는 현재 욜코나 재단의 전략팀장으로 자원봉사하고 있다. "우리는 하루 75% 이상의 시간을 컴퓨터 앞에서 보냅니다. 인터넷은 우리로 하여금 일하고, 조직을 키우고, 새로운 기부지와 기부 대상을 찾도록 도와줍니다." 시마와 그녀의 남편은 셀레스티나(Celestina)라는 어린 소녀를 포함한 과테말라 어린이 세 명을 후원하고 있다. 이들 부부는 셀레스티나의 나이와 가족관계, 그리고 그의 장래 희망이 선생님이란 사실을 욜코나 재단을 통해 알게 되었다. "기부금에 대한 피드백이 올 때마다 저희 부부는 셀레스티나의 꿈을 이루는데 비록 작지만 실질적인 도움을 주고 있다는 느낌을 갖게 됩니다." 온라인 기부 참여는 그녀의 자선활동 여정에 새로운 세계를 열어준 셈이다.

기부는 미루지 말고 바로 시작하는 것이 좋다. 단 5달러로 시작한 첫 기부활동이 당신의 기부 인생을 바꿔 놓을 수 있다. 단 한 시간짜리 자원봉사도 좋은 시작이 될 수 있다. 당신의 시간과 에너지, 기술 모두가 훌륭한 기부자산이 될 수 있다.

작아지는 세계

2009년 12월 크리스마스가 다가올 무렵, 로스앤젤레스에 있는 옥시덴탈 대학(Occidental College) 2학년생인 테일러 코벳(Taylor Corbett)은 크리스마스 때마다 늘 해오던 가족 간의 선물 교환 대신 무엇인가 의미 있는 일을 해보고 싶었다. 그는 가족들에게 크리스마스 선물 교환 대신 욜코나 재단의 기부 프로젝트에 동참할 것을 제안했다. "그때 저는 다시는 안 입을지도 모를 스웨터를 가족으로부터 선물 받거나 아니면 아프가니스탄에 살고 있는 한 소녀의 교육비를 후원할 수 있는 기회 중 한 가지를 선택할 수 있었어요. 지금 생각해봐도 아프가니스탄 소녀를 돕는 것이 훨씬 더 의미 있는 일인 것 같아요." 가족들은 모두 그의 제안에 동참했다. 테일러의 어머니가 아프가니스탄 소녀와 친구들의 1년치 교육비를 후원하기로 하는 등 테일러 가족이 그 해 크리스마스 선물 대신 모은 후원금은 수백 달러에 달했다.

테일러는 자선활동 분야에서는 신세대에 해당하는 새로운 주류다. 주로 학생층인 이들은 여행을 좋아하는 일반학생들과 같지만 온라인을 통해 기부가 가능한 분야를 능동적으로 찾는 새로운 젊은 그룹이다. 테일러가 특히 관심을 갖고 있는 분야는 가난 극복과 교육지원 쪽이다. 그가 속한 세대의 다른 학생들처럼 테일러의 온라인 프로파일에는 자신의 전공과 취미와 더불어 관심 있는 자선 분야도 올라와 있다. 자선에 대한 관심은 그가 누구이고, 그가 친구나 가족들과 어떤 방식으로 소통하는지를 잘 보여주고 있다. 대학을 다니면서 테일러는 세계 각지에서 벌어지는 빈곤과 환경파괴에 따른 지구온난화 등 많은 문제에 대한 정보를 얻었다. 하지만 그는 교실에서 이러한 문제를 해결하기 위해서는 비즈니스로 성공을 하거나 정계에 나가 배운 지식을 활용하라고 가르치는 것에 대해 답답해했다. "저는 이러한 교육은 충분하지 않다고 생각했습니다. 저더러 제대로 된 자선활동을 펼칠 만큼 성공할 때까지 30년을 기다리라고요? 저는 지금 당장 할 수 있는 방법을 찾는 게 더 낫다고 생각합니다."

온라인 자선활동은 테일러에게 이러한 기회를 바로 찾아주었다. 크리스마스 때 가족들의 자선 결정 이후 테일러는 욜코나 재단 내에 블로그를 만들어 운영하면서 새로운 젊은 기부자들과 만나 의견을 교환하고 있다. 그에게 인터넷은 자신의 관심 분야인 개발도상국의 이슈를 빠르게 접할 수 있는 매우 좋은 수단이 되고 있다. "인터넷이 세상을 서로 가깝게 만들어주고 있답니다."

테일러는 인터넷을 통해 기부자 수가 증가하는 것도 중요하지만 그보다 기부자들의 돈이 어디에 쓰였는지를 알려줄 수 있게 된 일이 더 중요하다고 말한다. "단순히 기부하고 끝나는 것은 충분치 않거든요. 기부에도 일종의 뒤따르는 책임이 있다고 봐요. 우리는 우리의 기부금이 실제 세상을 어떻게 변화시키는지 알 필요가 있습니다."

테일러는 작은 기부금이 멀리 떨어진 곳에 사는 사람들을 도울 수 있다는 사실을 강조한다. "이는 지극히 개인적인 문제이지만 당신이 100달러를 가지고 전 세계 기아문제를 해결하고자 한다면 아마 당장 할 수 있는 건 거의 없을 겁니다. 하지만 만약 한 소녀의 삶을 보다 나은 것으로 만들고자 마음먹는다면 당신은 이미 큰 진전을 이룬 셈이죠." 인터넷을 통한 기부에서 실마리를 찾은 테일러는 자선활동의 새로운 단계로 한 걸음 더 나아갔다. 2010년 여름, 그는 방글라데시로 건너가 욜코나 재단과 파트너십 관계에 있는 소액금융 교육기관 BRAC에서 인턴으로 근무했다. 그곳에서 테일러는 최극빈층을 위한 기본적인 금융교육을 비롯해 가축 돌보는 법, 직물 짜는 법 등 기본적인 생계수단을 가르침으로써 소액금융을 지원 받은 사람들이 대출을 상환할 수 있는 최소한의 능력을 갖게 했다. "욜코나 재단이 정말 근사한 이유는 자선과 기부의 의미를 늘 새롭게 한다는 거예요. 욜코나 재단을 활용하면 여러분은 자선가가 되기 위해 꼭 수백만 달러가 필요한 것이 아니라는 사실과, 여러분의 기부금이 어디에 쓰였는지 알 수 있습니다."

진화하는 기부 모델

온라인 기부 사이트가 이미 수많은 열정적 기부자들을 모아 도움을 받게 될 개개인과 직접 연결해주고 있지만 이러한 방식은 지금도 여전히 진화 중이다. 우리가 기억해야 할 것은 웹상에 이러한 서비스가 처음 시작됐을 당시는 지금처럼 다이렉트한 연결도 아니었고, 무료도 아니었다는 사실이다. 우선 지금도 소셜 네트워크를 통한 기부는 해당 자선재단에서 신용카드 수수료를 비롯한 제반 운용비용을 기부자들에게 부담시키고 있다는 것을 알아둘 필요가 있다. 대신 재단은 기부자들에게 소정의 선물을 지급하고 있다. 그래서 기부하기 전에 먼저 재단 홈페이지에 올라와 있는 기부비용을 확인할 필요가 있다.

소액대출 웹사이트를 예로 들어보자. 자금 대여자와 대출자들은 온라인상에서 단순한 1대 1의 상호관계가 아니다. 'Kiva'의 경우 이 사이트를 통해 개발도상국의 한 기업에 자금대여가 일어날 때 소액대출 온라인 전문기관은 이들 기업과 자금 대여자 사이에서 자금 대여 프로세스를 총괄하는 역할을 한다. 욜코나 재단도 마찬가지다. 개발도상국에 있는 다양한 비영리재단과 파트너십을 체결하고, 이들과의 관계 설정과 유지에 많은 자원을 투자한다. 특히 욜코나 재단은 파트너십 체결 이전에 개발도상국의 비영리재단을 철저히 검증하는 과정을 거친다. 무엇보다 일정 수준의 재무 상태를 충족하고 있는지를 확인하고, 재단 이사들의 명단과 재단의 과거활동 등도 참고한다. 해당 비영리재단의 과거 이력이 괜찮을 경우에만 욜코나 재단 측은 이 기관과 양해각서

(MOU)를 맺고 상호협약 관련 계약을 체결한다. 일단 계약이 체결되면 이 비영리기관은 욜코나 재단의 파트너가 될 수 있다.

우리가 기부한 기부금을 이와 같은 기관들이 중간에서 필요한 곳에 적절히 전달해주는 일은 의미 있는 일이다. 기부자들의 자금이 어디에 쓰일지를 기부자 스스로 결정하게 하는 것이 오히려 문제를 만드는 경우도 발생하기 때문이다. 만약 '플랜트잇 2020'과 같은 기부 프로그램에서 기부자들이 멸종 위기의 나무들 가운데 유독 한 종류의 나무만 선호해서 그 나무만 계속 심도록 한다면 나머지 나무들은 어떻게 되겠는가? 또 어떤 한 가지 사연이 모든 기부자들의 마음을 움직여 필요 이상으로 해당 이슈로만 자금이 넘치도록 기부된다면? 빈곤과의 싸움은 매우 복잡한 비즈니스다. 자금이 필요한 사람에게 쟁기를 손에 쥐어주고 스스로 갱생하도록 돕는 일은 누가 보더라도 훌륭한 일이다. 하지만 이 사람이 농사일을 혼자서도 잘할 수 있도록 교육하고, 비료도 살 수 있도록 사후에도 지속적인 도움을 주는 일 또한 중요하다. 그래서 우리는 우리가 돕고자 하는 대상을 제대로 선별하는 것은 물론 기부되는 자금이 적절히 잘 사용되도록 검증하는 중간자가 필요한 것이다.

기부자의 선택은 종종 의도하지 않은 결과를 초래할 수도 있다. 부적절한 물품 기부나 피기부자들의 바람과 다른 기부가 그것이다. 유통기간이 훨씬 지난 의약품이나 통조림, 이젠 아무도 입지 않는 옷가지나 못 쓰는 생활용품, 구식이 되어 버린 컴퓨터 등이 좋은 예다. 이런 물품들은 건강에 위협을 줄 수도 있기 때문에 소각 등 별도의 처리가 필요해 기부재단에서 일하는 봉사자들에겐 늘 골칫거리다. 그리고 이런 잘못된 물품들은 다른 정상적인 기부물자의 전달 일정에도 차질을 가져온다. 기부자들의 기부에 대한 마음이 옳다고 해도 기부를 기다리는 사람들의 니즈와 항상 일치하지는 않는 법이다. 그래서 몇몇 기부단체에서는 기부자 선택의 기준을 좀 더 큰 범주에서 카테고리화하기도 한다. 월드 푸드 프로그램(The World Food Program)은 기부자들이 학생들을 위한 급식 또는 아이티 대지진 피해자 등 본인이 원하는 기부 대상을 선택할 수 있게 했다. 그렇지만 이 단체가 선정한 가장 시급한 지원 대상에 쓰이도록 기부자가 단체의 결정에 맡기도록 할 수도 있다.

　온라인이건 아니건 기부는 중간자가 중요한 역할을 하는 영역이다. 인터넷 접속이 안 되는 탄자니아의 소작농이나 파키스탄의 베틀 직공, 영어로 이메일을 쓸 줄 모르는 사람들, 온라인으로 기부금을 받고 안 받고를 떠나 은행계좌 자체가 없는 사람들 등 기부자들을 중간에서 연결해줘야 하는 대상들은 많다. 온라인을 통해 기부자와 피기부자들은 정서적으로 이전보다 훨씬 더 서로를 가깝게 느낄 수 있게 되었을 뿐 아니라 서로를 더 잘 이해할 수 있게 되었다. 우리는 상대가 겪고 있는 상황을 더 많이 알게 될 때 기부에 있어서도 보다 관대해지게 마련이다. 당신이 하는 온라인 기부는 중개인들을 통해 다양한 방식으로 기부되고 있으며, 피기부자들에게 요긴하게 사용되고 있다. 과거에는 직접 비행기를 타고 가야 확인할 수 있었지만 지금 당신은 웹상에서 사진과 비디오나 이메일 등을 통해 당신의 기부금이 실제로 어떻게 사용되고 있는지를 모니터링 할 수 있다. 인터넷 기부를 통해 당신은 기부와 동시에 많은 정보를 갖고 있는 자선가가 되는 것이다.

자선정보를 제공하고 공유하기

자선 분야의 전문 연구자인 동시에 자선활동가로서 나는 웹이 자선사업에 있어 가장 중요한 도구 중 하나라고 생각한다. 지난 2000년 내가 스탠퍼드대 경영대학원 교수로 있었을 당시 '전략적 자선' 강의에는 현장 중심의 수업내용이 거의 없었다. 따라서 나는 강의 준비를 위해 거의 모든 것을 처음부터 시작해야만 했다. 그 당시 웹을 통해 얻을 수 있는 지식은 현재보다 훨씬 제약이 많았지만, 나는 그 때도 인터넷을 통해 강의에 어떤 재단을 소개할지 찾아낼 수 있었다. 또한 인터넷을 통해 얻은 정보를 바탕으로 강의내용을 훨씬 더 충실하게 만들 수 있었다.

오늘날 웹은 자선사업을 전문으로 하는 사람들에게 가장 중요한 수단이 되고 있다. 아프리카의 대가뭄 희생자들을 위해 필요한 구호식량 제공을 위한 자금 모금에서부터 지역 청소년 상담 전문가 고용문제에 이르기까지 현장에서 어떠한 필요가 있는지에 대한 정보를 인터넷을 통해 얻을 수 있다. 원하는 다양한 사업별 배경 자료, 이미지, 비디오 등을 인터넷에서 찾아볼 수 있는 것이다. 관심 분야별 뉴스 레터 항목을 선택하면 당신이 궁금해 하는 분야의 정보를 채널 별로 얻을 수도 있다. 구글 알리미(Goolge Alerts)에서 '동물의 권익', '백혈병 정보', '강 하구 보호' 등과 같은 주요 단어를 선택하면 매일 또는 매주마다 관련 단어가 속해 있는 블로그나 뉴스 스토리를 받아볼 수 있다.

인터넷에 올라와 있는 정보의 양은 실로 방대하다. 자선기관들은 인터넷상에 자신들이 벌이고 있는 사업에 대한 자세한 정보들을 사진과 비디오클립 등을 통해 올려놓고 있다. 인터넷이 좋은 이유는 특정 기부 이슈에 대해 수년간 고민해온 지식을 단숨에 습득할 수 있다는 점에 있다. 온라인을 통해 당신은 자신의 관심 분야에 어떤 단체가 속해 있는지, 그리고 어떠한 방식으로 자선활동을 펼치고 있는지 등에 대한 정보를 수집할 수 있다. 또한 재단에서 공표한 재무제표나 관련 리서치 자료를 비롯해 특정 이슈에 대해 재단이 구체적으로 어떤 활동을 했으며, 어느 정도의 성과를 이뤘는지 등에 대해서도 알 수 있다. 이런 정보들을 가지고 당신은 그 재단의 활동이 당신의 뜻과 맞는지를 확인하고 나서 기부의사 결정을 내릴 수 있다.

인터넷은 기부활동에 새로운 투명성을 제공하고 있다. 온라인을 통해 당신은 재단이 1년치 예산을 어떻게 배분하는지, 이사진의 급여는 얼마인지, 그 재단의 기부가 특정 거액기부에 의존하는지 아니면 다양한 루트를 통해 지원받고 있는지를 확인할 수 있다. 기부에 참여하는 대형 펀드들은 온라인상에 정보를 공개하는데다 회계 투명성이 높아 재단이 과거처럼 마음대로 정보를 조작하는 일은 이제 거의 불가능해졌다.

인터넷의 이 같은 투명성은 자선활동 발전에 분명 긍정적 영향을 미치고 있다. 하지만 때로는 부작용도 있는데 적십자사의 사례가 좋은 예다. 9.11 테러 참사 이후 사람들은 현실을 직시하기 시작했다. 적십자사에 의해 모금된 수천, 수만 달러의 성금이 희생자 가족들에게 제대로 전달되지 못한 사실이 드러난 것이다. 적십자사는 기금 성격상 기금의 일정 부분을 별도로 적립해 언제 일어날지 모를 다음 재난에 대비하는 일종의 내부규정을 두고 있다. 하지만 9.11 테러 당시 적십자사는 이러한 재단기금 성격을 시민들에게 제대로 알리지 못하는 우를 범했다. 대중과의 제대로 된 소통 실패는 적십자사가 테러 희생자 지원에 인색하다는 오해를 낳아 인터넷 전반에 걸쳐 적십자사를 비난하는 글이 쇄도하는 등 대중의 격렬한 비난을 샀다. 결과적으로 적십자사는 재단의 기존 관행을 깨고 예외적으로 성금 전액을 9.11 테러로 피해를 입은 희생자들에게 장단기에 걸쳐 지급하도록 하는 조치를 취해야 했다.

하지만 이 사건은 오히려 특정 자연재해가 발생했을 때 성금이 충분히 거둬졌는지를 기부자들이 알 수 있게 하고, 또한 자신의 기부금이 재난구호에 잘 쓰여졌는지에 대해 알도록 하는 변화의 시발점이 되기도 했다. 또한 자선기부 활동에 있어 회계 투명성을 공고히 하는데 획기적 변화를 몰고 온 케이스로 평가될 만하다. 특히 그 변화의 중심에 인터넷을 중심으로 한 미디어의 힘이 컸다고 할 수 있는데, 인터넷의 영향력으로 이제 기부자들은 자신의 기부금이 어디에 쓰이는지 알게 된 것이다.

온라인을 통해 당신은 정보 제공자가 될 수도 있다. 지난 수년간 발 빠른 기술의 발전은 각종 컨텐츠를 온라인에 올리는데 있어 복잡한 노하우 없이도 누구나 가능하게 만들었다. 이제 간단한 툴 하나만으로도 텍스트, 오디오, 동영상 등이 가미된 컨텐츠를 블로그나 웹상에 올릴 수 있다. 또한 웹사이트 디자인도 쉬워져 온라인상에서 기금 모금 활동을 할 수 있는 시대가 되었다. 단순한 작업만으로도 대부분의 인터넷 사용자들은 자신의 웹사이트나 블로그를 만들 수 있고, 이를 바탕으로 온라인상에서 기금 모금 캠페인을 전개할 수 있다. 인터넷을 통한 e-자선활동은 기부자들 사이에 자생적으로 커뮤니티를 생성하는 등 새로운 현상을 가져오기도 했다. 욜코나 재단과 같은 재단의 기부자들은 블로그를 통해 자신들의 자선 경험을 서로 공유하면서 중요한 캠페인 등에 활동가로 나서도록 격려한다.

2007년 피터 가브리엘(Peter Gabriel)이 설립한 자선재단 '위트니스(Witness)'는 허브(The Hub)라는 웹사이트를 개설했다. 허브는 유튜브 방식으로 인권 침해 사례를 담은 사진이나 영상 등을 누구나 웹에 쉽게 올릴 수 있도록 구성되어 있다. 사용자들은 스마트폰 카메라 등을 통해 이 사이트에 관련 영상을 쉽게 업로드 할 수 있고, 인터넷에 올라온 영상을 통해 인권 관련 정보가 실시간으로 전 세계에 알려지게 된다(The Hub는 인권 관련 자료 업로드 전문 사이트였으나 2007년 12월 이후부터는 업로드 주제에 제한이 없다. 열람은 가능하지만 자료에 코멘트를 다는 기능은 없다).

사람들은 페이스북이나 닝(Ning)과 같은 소셜 네트워크 사이트를 이용해 자선활동에 대한 자신들의 관심과 열정을 공유하고 있다. '코지스 익스체인지(Causes Exchange)'라는 사이트를 예로 들면 당신은 Causes를 플랫폼으로 활용해 사람들에게 영감을 주면서 새로운 이슈에 대한 정보를 마치 바이러스처럼 세상에 퍼뜨릴 수 있다. 또 이메일이나 페이스북을 통해 다른 사람들과 함께 온라인 커뮤니티를 조직해 글로벌 유저들과 함께 일종의 지지 그룹을 형성하고 새로운 생각을 공유할 수 있으며, 당신의 그룹 중에서 기부자들의 도움을 받을 그룹을 선정할 수도 있다.

페이스북의 설립자인 크리스 휴즈(Chris Hughes)가 만든 주모(Jumo)라는 사이트를 보자. 이 사이트는 자원봉사자들과 기부자들을 그들의 조직과 연결시켜준다. 사회운동을 하거나 비영리단체에 몸담은 사람이라면 누구나 이 사이트에 자신의 페이지를 개설할 수 있고, 유저들은 서로 다른 기부활동과 이슈에 대해 의견을 개진할 수 있다. 이는 일반인들이 서로 다른 여러 자선기관 및 프로젝트에 대해 평가할 수 있는 기회를 제공한다. 대신 온라인 기부자들은 Jumo를 통해 기부할 경우 이 회사의 내부 방침에 따른 일종의 관리비 조로 소정의 수수료와 신용카드 수수료를 지불해야 한다. 참가 단체는 비영리재단일 수도 있고, 자선사업에 참여하는 일반 영리기업인 경우도 있다.

시마 헨드는 욜코나 재단의 온라인 기부 모델이 자신의 자선 커뮤니티에 대한 안목을 넓혀 주었다고 말한다. "다른 자선가들을 온라인상에서 만나 그들의 블로그나 페이스북, 트위터를 통해 활동 스토리를 읽는 것은 매우 유용해요. 저는 지금 제 친구와 가족들을 욜코나 재단에서 진행하는 온라인 캠페인에 참여시키면서 이젠 자선활동이 외롭게 느껴지지 않아요." 이제 온라인의 도움으로 자선활동가들의 영역은 세계 곳곳으로 퍼지기 쉬운 세상이 되었다.

자선가들은 실생활에서 서로가 거의 만날 일이 없다. 하지만 온라인에서 이들은 서로의 열정과 정보를 공유함으로써 기부활동을 하면서 겪게 된 난관들을 극복해내는 기부의 새로운 모델을 만들어 나가고 있다. 이는 시작에 불과하다. 어쩌면 불과 몇 년 이내에 'e-자선활동'이란 용어 자체가 사라지게 될지도 모른다. 비즈니스계에서 이젠 더 이상 'e-커머스(e-commerce)'란 용어를 쓰지 않는 것처럼, 전화나 전자제품에서도 보듯 인터넷을 통한 자선활동은 그냥 자연스러운 일상이 될 것이다.

이 책의 여러 곳에서 이야기하겠지만 '웹'은 소액 기부에서부터 자원봉사 참여자들을 위한 리서치 자료, 기부자들의 협력 등 자선활동의 거의 모든 영역에 이미 침투하고 있다. 웹을 사용하면서 자선활동이 유례없이 이해하기 쉬워지고 있는 것이다.

웹은 기부운동에 새로운 시대를 열고 있으며, 기부자와 다른 기부자, 그리고 그들의 기부 대상들과 직접적인 연결고리를 만들어 내고 있다. 한 방울의 물방울이 모여 큰 바다를 이루듯 기술의 진보는 기부자들을 연결해서 그야말로 기부에 새로운 장을 열고 있는 것이다. 당신의 따뜻한 가슴을 열고 자선활동에 대한 뜨거운 열정을 구체적인 전략으로 실행에 옮겨보기 바란다.

실천과제

- **자신에게 물어야 할 항목**
  - 당신은 앞으로 기부, 교육, 커뮤니티 조직, 기금 모금과 같은 자선활동 전반에 있어 인터넷을 어떻게 활용할 계획인가?
  - 자선활동을 위해 온라인으로 얼마만큼 기부할 의향이 있는가? 작은 기부라도 시작이 중요하다. 당신의 기부가 세상을 바꾸는 것을 온라인으로 확인할 수 있다.

- 지금 후원하고자 하는 웹사이트는 신뢰할 만하고 효율적인가?

● **온라인으로 후원할 비영리단체에 확인할 항목**
- 당신이 후원하고 있는 웹사이트는 기부한 자금 중 얼마가 특정인을 후원하는데 사용되는지 공개하고 있는가?
- 해당 단체의 자금전달 체계는 공정하고 투명하게 운영되고 있다고 생각하는가?
- 단체의 운영경비는 어떤 방식으로 조달하고 있는가?

● **기억해두면 좋은 것들**
- 당신이 입력한 개인정보는 해당 웹사이트에 기록으로 남기 때문에 회원 가입시 해당 사이트가 신뢰할 만한 곳인지 다시 한 번 확인할 필요가 있다.
- 인터넷을 통해 자선활동과 관련한 많은 정보를 얻을 수 있다. 특정 단체를 후원하기로 결정했다면 후원을 시작하기 전에 반드시 해당 단체가 어떤 곳이고, 무슨 활동을 하고 있는지 구체적으로 알아보고 기부하는 것이 좋다.
- 우리에게는 단돈 몇 푼이라 하더라도 어려움에 처한 개발도상국 사람들에게는 큰 도움이 된다. 당신의 아주 작은 성금이 한 사람의 생명을 살릴 수도 있다는 점을 기억하자.
- 소셜 네트워크를 통해 온라인에서 이뤄지는 다양한 자선 캠페인에 한 번 참여해보자. 인터넷상에 벌어지는 자선활동에 대해 알면 알수록 알아야 할 것들이 더 많다는 사실을 깨닫게 될 것이다.
- 인터넷에는 자선과 관련한 정보가 무궁무진하게 많다. 정보를 찾다 보면 재미도 있지만 그 과정에서 자선활동 자체를 진심으로 좋아하게 될 수도 있다.

제3장

나의 기부활동 짚어보기

: 당신이 가진 돈의 현명한 선택

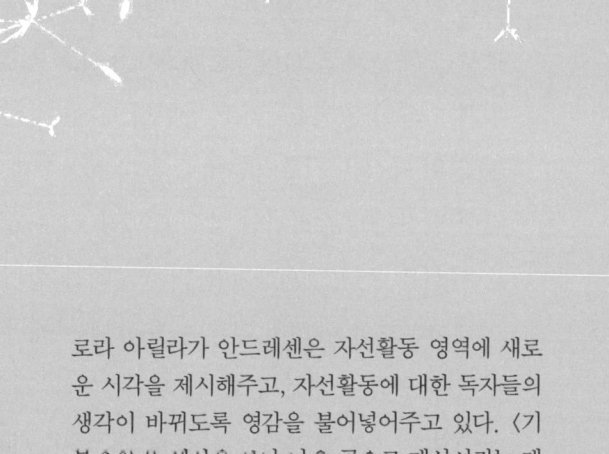

로라 아릴라가 안드레센은 자선활동 영역에 새로운 시각을 제시해주고, 자선활동에 대한 독자들의 생각이 바뀌도록 영감을 불어넣어주고 있다. 〈기부 2.0〉은 세상을 보다 나은 곳으로 개선시키는 데 관심을 갖고 있는 젊은이들에게 용기를 준다는 점에서 우리가 주목해야 할 책이다.

- 마크 베니오프, 세일즈포스 대표, '구름 뒤의 이야기' 저자

당신의 가슴을 뛰게 하는 기부: 순수한 열정을 전략으로

천주교 신자인 데이몬드(Damond)와 침례교 신자인 마케바(Makeba)가 함께 잘 지내는 것은 각자의 종교를 초월해 화목하게 사는 커플의 좋은 예이다. 마케바는 "우리 부부는 서로 상대방으로부터 배우려고 노력하는데, 이는 서로 성장할 수 있는 또 다른 기회가 되고 있어요."라고 말한다. 그들이 서로의 종교에 접근하는 열린 방식은 기부활동에도 확대 적용된다. 데이몬드는 다음과 같이 말한다. "원칙적인 가치에 대해 서로 같은 의견을 공유한다는 사실은 우리 결혼생활을 더 공고하게 합니다."

데이몬드와 마케바 부부는 2001년 마케바가 의대에 재학하던 시절 친구의 소개로 만났다. 데이몬드의 기억에 따르면, 추수감사주일 낮 1시에 마케바와 처음으로 전화기를 통해 대화를 나눴다 한다. 그 뒤로도 그들의 대화는 끊이지 않고 이어졌고, 3년 뒤 그들은 결혼했는데, 데이몬드는 이를 영적인 매력 때문이라고 말한다. 이들 커플은 사랑과 우정을 넘어 중요한 신념을 서로 공유하고 있다. 흑인임에도 스스로에 대한 자긍심과 함께 자선활동에 대해 매우 특별한 사명감을 가지고 있다는 것이다. 마케바는 "자선과 기부활동은 우리 둘을 특별하게 만들어줍니다."라고 말한다. 데이몬드 또한 자선활동이 부부의 파트너십을 보다 강하게 만들어주고, 기부와 봉사가 영적인 방향을 확고하게 해주는 일종의 나침반이라고 말한다.

기부는 이들 부부의 결혼생활에 있어 매우 중요한 의식과도 같다. 데이몬드와 마케바는 매달 수입의 10%를 자신들이 다니는 교회를 통해 캔자스시티 지역사회재단(Greater Kansas City Community Foundation)에 기부하고 있다. 여러 다른 자선가들처럼 이들 부부는 수입에 맞는 기부목표를 정한 뒤에 기부 가능한 여러 단체들을 검토하고, 적절한 자선단체를 선택해 자신들의 신념에 따라 기부를 실행에 옮기고 있다.

십일조의 힘

샌프란시스코에 사는 클라우드 로젠버그(Claude Rosenberg)는 실용적이면서도 혁신적인 자선가였다. 투자은행 대표였던 그는 고객 자산을 관리하면서 쌓은 경험을 바탕으로 로젠버그 캐피탈 매니지먼트라는 리서치 중심의 자산관리 회사를 세웠다. 그 후 독일계 은행이 그의 회사를 인수할 당시 그는 재산 대부분을 기부하기 시작했을 뿐만 아니라 다른 부유층 인사들에게도 기부에 적극적으로 참여하도록 독려했다.

이런 일련의 활동 과정에서 그는 부유한 사람들이 그렇지 못한 사람들에 비해 기부에 더 인색하다는 사실을 발견하고는 놀랐다. 스탠퍼드 대학 논문에서 그는 2003년을 기준으로 100만 달러 이상의 소득을 올리는 36~50세의 납세자들이 100만 달러 미만 소득을 올리는 납세자 수준의 기부를 했다면 그들이 낸 기부보다 120억 달러나 많은 금액이었을 것이라고 주장했다. 이를 미국 전체 고소득자로 확대한다면 단숨에 250억 달러의 성금이 추가로 모일 것이라는 분석이다.

자산가들의 기부를 독려하기 위해 로젠버그는 수입의 일정 부분, 즉 10분의 1을 기부하는 십일조 아이디어를 새롭게 재해석했다. 1998년 그는 '새로운 십일조 그룹(New Tithing Group)'이란 재단을 설립해 십일조 정신을 살린 기부운동을 전개했다. 그는 온라인 계산기를 통해 사람들이 자신의 소득과 지출, 보유자산, 미래의 재정상태 등을 고려해 기부금 수준을 세금 혜택에 맞출 수 있도록 설계했다. 그것은 지금껏 기부자들이 별도의 계산 없이 아무렇게나 기부금 수준을 정하고, 또 실제로도 자신들이 더 기부할 수 있음에도 불구하고 적게 기부하고 만다는 사실을 파악했기 때문이다.

기부의 십일조 개념을 지지한 사람은 클라우드 로젠버그만이 아니다. 우리가 익히 아는 것처럼 십일조 개념은 매우 오랜 역사를 지니고 있다. 'Tithing'이란 단어는 고대 영어인 'teogoba' 또는 'tenth'가 어원인데, 십일조와 비슷한 개념은 유대교를 비롯해서 기독교, 이슬람교, 시크교, 힌두교 등 여러 종교에서 발견할 수 있다. 사실 자선 개념은 대부분의 종교에서 발견되고(약 91%의 종교가 신도들에게 박애정신을 강조한다고 한다), 기부를 의무화하는 내용을 여러 종교의 경전에서 찾아볼 수 있다. 성경은 "당신 주위의 어려운 이웃을 돌보라."고 하며, 유대교 율법에도 "기부는 인간행동의 기본에 해당한다."고 적혀 있다. 힌두교 경전은 굶고 있는 사람이 있으면 먼저 먹을 것을 주라고 가르친다. 이는 불교도 마찬가지다. 석가모니는 "만약 내가 깨달은 보시(布施)를 알았다면 당신은 손님이 음식을 대접받지 않고 떠나게 하지 않았을 것"이라고 설법한 것으로 기록되어 있다.

전통적으로 십일조는 한 가족 소득의 10%를 종교재단에 기부하는 방식으로 시행된다. 이는 흔히 신앙의 한 실천방식으로도 인식되고 있다. 하지만 나는 로젠버그가 제안한 매달 자신의 수입의 일정 수준을 기부하는 방식이 매우 좋은 방법이라는데 동의한다. 당신은 자신과 가족에게 주어진 축복에 대한 감사의 표시와 같이 굳이 종교적인 이유가 아니더라도 십일조를 선택할 수 있을 것이다. 또한 당신의 재정 상태를 고려해 수입에 맞춰 10분의 1이 아니더라도 자유롭게 기부의 수준과 빈도를 정할 수 있다.

로젠버그가 이 시대에 십일조 개념을 재해석한 유일한 자선가는 아니다. 2010년 빌과 멜린다 게이츠(Bill and Melinda Gates) 부부와 워렌 버핏(Warren Buffet)의 기부서약은 많은 고액 자산가들을 기부활동에 참여케 하는 기폭제가 되었다. 나는 이를 새로운 십일조의 발현이라고 본다.

보스턴에 사는 앤과 크리스토퍼 엘린저(Anne and Christopher Ellinger)가 설립한 볼더 기빙(Bolder Giving)이란 재단은 갑부가 아닌 일반인들을 대상으로 기부서약을 받고 있다. 데이몬드와 마케바 부부는 결혼 뒤에 이 재단을 통해 기부서약을 했다. 마케바는 어릴 적부터 기부활동을 시작했다. "저는 5학년 때 이모 한 분과 여름을 함께 보냈는데, 그 때 이모는 제가 가진 용돈 중에 적어도 40센트는 교회에 헌금하라고 말했던 게 기억나요. 그 때 제 주머니엔 4달러가 있었어요." 그런가 하면 데이몬드는 마케바를 만나기 전까지 대부분 자원봉사 형태로 자선활동을 실천했다. 그는 자신의 재능을 기부하는 것을 의미 있게 여겼고, 소득의 1%를 자신이 다니는 교회를 통해 해비타트(Habitat)나 빅 브라더스 빅 시스터즈(Big Brothers Big Sisters)와 같은 시민단체에 기부했다. "저는 재산이 많지 않아서 물질적 기부는 많이 하지 못하는 편이었어요."라고 데이몬드는 말했다. 하지만 마케바를 만나면서 모든 게 변했다.

두 사람은 약혼 다음날 웨딩플래너 사무실이 아닌 서점에서 만나기로 했다. 마케바는 〈결혼 서약 전 당신이 답해야 할 100가지 질문(Hard Questions: 100 Essential Questions to Ask Before You Say "I Do")〉이라는 책을 사자고 제안했다. "우리는 서점에 자리를 잡고 앉아서 그 책을 함께 읽었어요. 종교적 신념, 기부와 자선 파트를 펼쳐 보았지요." 이들 부부는 생을 함께 할 계획을 세우면서 자선활동에 대해 심도 있는 대화를 나누게 되었고, 마케바는 지금까지 계속해오던 십일조 생활을 지속하길 원했다. 하지만 당시 데이몬드에게 십일조는 생소한 개념이었고, 자신의 자선활동 방식과도 거리가 있었다. "당시 저는 십일조보다 훨씬 적은 금액을 기부하고 있었기 때문에 십일조를 하느냐 마느냐는 제게 현실적인 문제였어요. 하지만 마케바와 오랜 시간 같이 대화를 나누고 기도한 끝에 함께 십일조를 실천하기로 결정했습니다."

이들 부부는 소득의 10%를 기부하기로 결정한 뒤, 그 돈을 어떤 방식으로 기부할 것인지 고민하기 시작했다. 이 과정에서 마케바는 한 가지 양보를 해야 했다. 그녀는 어릴 적부터 십일조는 무조건 자신이 다니는 교회에 하는 것으로 알고 자라왔다. 그러나 데이몬드는 십일조를 꼭 교회에 해야 한다고 생각하지 않았다. "결국 긴 토론 끝에 우리 부부는 의견일치를 봤습니다. 이 과정에서 제가 기뻤던 것은 우리가 하나의 의견을 함께 도출했다는 점과 이를 통해 우리 부부의 결혼생활에 작지만 긍정적인 변화가 생겼다는 거예요."라고 마케바는 말했다.

물론 모두가 십일조를 전통적인 관점에서 받아들일 필요는 없다. 다시 말해 반드시 소득의 10분의 1을 자선재단에 기부해야 십일조가 되는 것은 아니다. 미국인의 종교와 문화 트렌드를 조사하는 기관인 바나 그룹(Barna Group)의 통계에 따르면 실제로 미국인의 7% 미만이 십일조를 실천하고 있는 것으로 나타났다. 그리고 GivingUSA 재단의 2010년 자료에 따르면 개별 기부의 35%는 종교적인 신념에 따른 것으로 나타나고 있어, 종교적인 신념이 십일조 모금에 큰 기여를 하고 있는 것으로 조사됐다. 그러나 무신론자라도 보편적 인류애를 바탕으로 십일조를 기부할 수 있다. 고아들이나 환경보존 등을 위해 소득의 10%를 기부할 수 있고, 십일조의 기부 대상을 해마다 바꿀 수도 있다. 즉 십일조는 우선 기부의 양과 수준을 정하고, 그리고 지속적으로 이어지는 기부의 한 방식으로 이해하면 된다. 다시 말해 소득과 자산을 고려해서 자신이 기부할 수 있는 자금 수준을 시스템적으로 계산해보는 것이 십일조이다. 특히 데이몬드와 마케바 부부에게는 이러한 방식의 기부가 심리적 안정을 주기도 했다. "우리는 종교단체 여부와 상관없이 무슨 일이 있어도 소득의 10%를 어려운 이웃들의 삶을 바꾸는데 사용하도록 기부한다는 것에 대해 의견 일치를 보고 편히 잠들 수 있었어요."라고 마케바는 말했다.

나의 기부활동 돌아보기

자신의 기부 방식이 십일조이든 아니든 우리는 자선활동을 시작하도록 영감을 받게 된 나름의 경험이 있을 것이다. 어려운 이웃을 돕는 것은 인간의 본성 가운데 하나가 아닐까? 어쩌면 당신은 낯선 곳을 여행하면서 가난과 박탈감에 힘겨워 하는 사람들을 만났을지도 모른다. 잡지나 TV 등을 통해 본 비참한 삶의 현장이 당신을 기부활동에 참여하게 했을 수도 있고, 언젠가 접한 누군가의 기구한 사연이 당신의 마음을 움직였을 수도 있다.

그렇다면 이제 당신의 자선활동은 어디서부터 시작해야 할까? 실행에 옮기기 전에 우선 자신이 지난 날 어떤 기부활동을 했으며, 당신의 그런 행동이 어떤 영향을 미쳤는지 한 번 생각해보자. 아마 우리는 자신의 지난 기부활동을 돌아본 적이 거의 없을 것이다.

나는 몇 년 전부터 나의 기부활동을 기록하고 챙겨보는 일을 시작했다. 그런 과정을 통해 내가 했던 재정적 지원에 대해 큰 만족감을 느끼는 한편으로 뭔가 미세한 조정이 필요하다는 사실을 발견했다. 일례로, 동료를 위한 자금 모금을 도와주면서 감사편지를 받았을 때 나는 큰 감동을 느꼈다. 하지만 나는 친구를 도우면서도 모금한 자금이 실제로 어디에 쓰이는지 제대로 알지 못했다. 당시 내 기부의 상당액은 가족의 도움으로 지속된 것이었고, 나머지 대부분은 친구들의 요구에 의한 것이었지 일종의 전략적 계획을 가지고 실행에 옮긴 것은 아니었다.

나의 이런 기부방식은 자선활동을 위해 수익의 일정 부분을 따로 관리하면서 바뀌게 되었다. 내 자신의 자선활동을 돌아보면 내가 한 기부 중 자긍심을 갖고 있는 사례는 대부분 다른 기부자들로부터 정보와 영감을 얻어 참여하게 된 경우가 많다. 나는 이러한 개인적 경험을 통해 개별 기부자들을 교육하고, 더 전문적인 자선활동가로 성장하도록 돕는 일이 매우 중요하다는 사실을 깨닫게 되었다. 또한 나는 내 자선활동 경험을 분석하고 체계화하면서 나의 열정과 재능이 세상을 바꾸는데 기여할 수 있을 것이라는 확신을 갖게 되었다.

나는 일반인들로 하여금 보다 적극적인 기부자가 되도록 돕는 일이 나의 자선활동을 효과적이게 만드는 동시에 마치 잔잔한 수면에 물결이 일듯 큰 확장성을 갖게 하는 것이라고 믿는다. 나는 남편 마크와 공동으로 기부활동을 하고 있고, 우리 부부는 지원금이 모자라거나 도움의 손길에서 방치된 단체를 지원하는 게 더 효율적이고 우선이라는 데 의견을 같이 하고 있다. 응급구호재단이나 재난방지센터 등이 이에 해당한다. 마크와 나는 참전용사 치료사업, 경찰관을 위한 안전장비 지원, 업무 중 순직한 경찰관 및 CIA 근무자 유족을 위한 재단 등을 돕고 있다. 우리 부부는 국민의 일상을 보호하다 다치거나 순직한 유가족들을 돕는 일은 매우 중요한 일이라고 여기고 있다. 이러한 분들을 돕는 일은 우리 부부가 오랫동안 깊이 생각해온 사업으로, 재원 배분에 있어 긴급구조와 장기지원 사이의 균형 유지가 무엇보다 중요하다고 생각한다.

하지만 이러한 일들도 우리가 기부를 위해 별도의 자금을 미리 체계적으로 관리해왔기 때문에 실행에 옮길 수 있는 것이다. 나는 자선활동을 하면서 항상 내 데스크탑 컴퓨터에 그때 그때의 생각과 경험들을 기록해왔고, 언제나 체계적으로 활동하려고 노력해왔다. 이는 결코 어렵지 않은 일로 컴퓨터에 문서 파일을 하나 생성하거나 노트를 한 권 사서 들고 다니면서 할 수 있다. 나는 두 가지 모두를 하고 있다.

잠시 시간을 내어 지난 몇 년간의 자금 기부와 봉사활동 등 당신이 한 자선활동들을 정리해보자. 그러다 보면 항목 한두 개가 눈에 띌 수 있는데, 어떤 이유로 기부하게 된 것인지 살펴보라. 그것은 아마도 친구나 직장 동료, 도움을 요청하는 기부요청 편지 등 다양한 이유들로 인해 당신이 기부했을 것이다. 아니면 전문적 재단이 당신에게 기부금을 정식으로 제안했을 수도 있다.

당신이 작년에 비영리단체에 기부를 했다는 이유만으로 금년에도 똑같이 그곳에 기부를 해야 할 의무는 없다. 만약 당신의 자유의사가 아닌 의무감에서 기부를 하고 있다면 당신은 지금 하고 있는 기부활동에 대해 다시 한 번 깊이 생각해볼 필요가 있다. 왜냐하면 자선활동에 대한 만족감이 적어질수록 기부금액도 점점 적어지게 마련이기 때문이다. 그에 비해 당신이 오랜 기간에 걸쳐 기부활동 자체에 순수한 보람을 느끼고 있다면 기부액수도 덩달아 늘어날 것이다. 자선활동에 대한 열정은 당신이 기부활동에 대해 더 많은 시간을 할애하게 만들고, 친구들과 친척들 그리고 동료들까지도 자선활동에 참여하도록 독려하게 만들 것이다.

이제 기부액을 포트폴리오로 만들어 금액별로 나누고 그 패턴을 한 번 살펴보자. 당신은 소액수표를 많이 끊는 편인가, 아니면 온라인 기부나 통신사의 문자 메시지 기부를 선호하는가? 당신은 1년에 걸쳐 매달 정기적으로 기부를 하는가, 아니면 연말과 같은 특정기간에 한꺼번에 기부하는가? 예를 들어 당신은 1년에 10달러에서 1천 달러 정도를 10번 정도 나누어 기부하는가, 아니면 한 번에 2만5천 달러를 기부하거나 2천 달러 정도를 비정기적으로 기부하는가? 병원이나 당신의 모교 또는 아이가 다니는 학교에 몇 년치 기금기부 서약을 하고 있는가?

나는 당신이 무계획적인 기부보다는 스스로 관심이 더 가는 단체 한 곳 또는 특정 프로그램을 정해 계획적으로 기부하는 것을 선호할 거라고 생각한다. 이러한 기부는 어렵지 않을 뿐 아니라 당신이 기부한 자금이 실제로 어떤 일에 쓰이는지 확인할 수 있어 좋다. 사실 자신의 기부금을 점검하는 일은 기부 행위 다음 단계에서 진지하게 생각해봐야 할 문제임에 틀림없다.

당신은 자신이 기부한 자금 중 어느 한 곳이라도 자금이 어떻게 얼마만큼 사용되었는지 정확하게 말해줄 수 있는가? 만약 '예'라고 답할 수 있다면 해당 기부활동을 만족스러운 마음으로 지속해도 좋다. 하지만 매년 행해지는 자선모금 연례행사에 납부한 기부금, 자선재단이 주최한 이벤트 행사에서의 티켓 구매, 자연재해 구호성금, 친구 부탁으로 참여한 자선걷기행사 등과 같은 경우라면 아마도 '예'라고 답하기 어려울 것이다. 당신이 기부한 돈이 정확히 어디에 쓰일까 궁금하지 않나?

나는 당신이 기부한 자금이 어디로 흘러갔나를 추적하는 것은 자선활동의 성공적인 완성을 위해 꼭 필요한 일이라고 생각한다. 어쩌면 당신이 낸 돈이 당신의 의도와는 달리 기대하지도 못했던 곳에 쓰이고 있을지도 모른다. 나는 자금 모금을 할 때 기자재 구입비, 가구 구입비, 이벤트 용역비, 기부자 접대비, 회의장소 사용료 등과 같이 구체적으로 기금의 사용 용도를 미리 알려주는 것이 좋다고 본다.

당신이 학교의 기금 모금 행사 같은 곳에 기부했을 경우에 당신이 낸 돈은 기금 운영비조로 사용될 수 있다. 그리고 규모가 큰 기금을 모금할 경우에는 자금유치를 위해 연예인을 부르기도 하는 만큼 기금 모집에 비용이 발생하기도 한다. 이처럼 당신이 낸 돈이 기금 확대와 기금의 효과적 운용을 위한 경비로 사용된 경우라면 그래도 괜찮다. 하지만 기금 모금 행사에 참여한 연예인들이 공짜로 참여한 것인지, 돈을 받고 참여했는지 정도는 한 번 확인해볼 필요가 있다. 많은 연예인들이 무료로 자선행사에 참여하긴 하지만, 이를 당신의 실사과정의 하나로서 점검해보라.

그리고 전문적인 펀드 모금기관에 당신의 기부금이 어디에 쓰이는지 물어보자. 그것은 기부자의 엄연한 권리다. 비영리재단들은 자금 모금기관들에게 일정 비율의 수수료를 지급하는 경우가 있는데, 때때로 이 금액이 상당한 경우들이 있기 때문이다. 이러한 기관들이 기부자들의 질문에 곤혹스러워하며 답을 피하거나 엉뚱한 답을 해줄 권리는 없다. 물론 모든 상황은 건별로 다르기 때문에 이때 당신의 지식과 상식에 비춰봐서 옳다고 여겨지는 일이 무엇인지 생각해보라. 일반투자자들의 자금이 더 많은 수익을 얻을 수 있도록 많은 노력을 기울이는 것처럼 자선을 위한 투자에도 우리는 똑같은 기대심리를 갖고 있다. 하지만 투자 수익이 맘대로 되지 않듯이 어떤 경우에는 우리의 기대치에 훨씬 미치지 못할 수도 있다.

통상적으로 당신이 많이 기부할수록 당신은 그보다 더 많이 기부하도록 요청받게 될 것이다. 이때 당신이 기부에 대한 나름의 원칙을 가지고 있다면 정당하게 '아니오(No)'라고 말할 수 있을 것이고, 당신에게 기부를 요청하는 사람들도 그런 당신을 이해해줄 것이다. 이처럼 기부를 요청 받았을 때 존경과 친절한 마음을 가지고 '아니오'라고 말할 수 있다는 것은 자선활동가에게 있어 매우 중요한 덕목이다. 기부를 거절하는 또 다른 방법은 재단이 하고 있는 활동을 우선 칭찬하고 나서 "죄송하지만 저는 지금 재정적으로 도움을 드릴 수 없습니다. 대신 여유가 있는 제 주변 동료들에게 여러분이 하고 계신 자선활동을 알리도록 하겠습니다."라고 말해주는 것이다. 그리고 나서 주변 동료들에게 재단을 있는 그대로 소개해주면 된다. 이때 그들이 당신의 기대와 다른 반응을 보일지라도 실제로 그들에게 알림으로써 당신의 임무는 끝난다. 또 이런 방법도 있다. 먼저 당신이 열정을 갖고 진행하고 있는 자선 분야에 대해 설명(만약 자선계획을 미리 잘 세워뒀다면 설명이 더 쉬울 것이다)을 하는 것이다. 별다른 구체적인 계획을 갖고 있지 않다면 내년쯤 다른 기회에 그곳에 기부를 할 것이라고 설명해도 괜찮다.

당신의 재정적 기부 또는 자선활동을 돌아보는 것 못지않게 중요한 것이 당신의 시간과 재능, 경험의 기부다. 이 세 가지는 가치있게 사용될 수도 있지만 무의미하게 허비될 수도 있는 자원이다. 따라서 당신은 자선활동에 투자하는 시간과 재능, 그리고 경험을 잘 조절해야 한다. 당신은 자녀가 다니는 학교나 교회, 사찰, 회교 사원에 봉사할 수도 있고, 8학년 학생을 대상으로 인터넷 강의를 할 수도 있고, 비영리재단의 발전을 위한 성장 전략과 관련한 조언을 해줄 수도 있다. 당신이 이러한 일들을 몇 년에 걸쳐 지속한다면 당신의 재능 기부는 점점 효과를 발휘할 것이다.

이러한 과정을 통해 기부활동으로 당신이 무엇을 얻고 있는가를 알 수 있고, 또 아침에 눈뜰 때마다 바깥세상에 조금이라도 도움을 주었다는 자부심을 갖게 될 것이다. 기부행위가 당신의 삶을 얼마나 더 풍요롭게 만들었나를 자문해보라. 당신이 지원하는 단체로부터 도움을 받고 있는 사람들이 곤경에서 벗어나는 모습을 목격한 적 있는가? 자선재단에 기부하고 나서 당신이 관심을 갖고 있는 컨퍼런스나 강의에 참가 티켓을 받아본 적 있는가? 가족과 더 많은 시간을 보내게 되었는가? 당신의 인간관계가 더 깊고 넓어졌는가? 자원봉사를 통해 이어진 관계가 당신의 커리어를 발전시켜 주었거나 새로운 여행기회를 제공해준 적은 없었는가? 자선활동은 우리의 삶을 여러 각도에서 향상시키지만 우리는 이런 사실을 잘 자각하지 못한다.

나는 여러분들이 자신만의 자선활동 기록을 남김으로써 스스로 자신이 발전하고 있다는 것을 깨닫도록 돕고 싶다. 자선활동을 통해 새로이 깨닫게 된 것을 다른 활동에 적용시켜 가다보면 개인의 경험으로 이뤄진 작은 지혜들이 모여 당신의 자선활동을 더욱 풍성하게 만든다는 사실을 알게 될 것이다. 자선활동은 어떻게 보면 사회의 벤처 자본이고, 자선가 또는 기부자는 그 사업을 가능케 하는 혁신가로 볼 수도 있다. 당신은 지속적으로 우리 주변의 새로운 문제점을 찾아내서 알리는 작업을 하는 동시에 이를 해결할 다양한 시도를 할 수 있다. 일반 비즈니스 세계와 달리 당신은 신경 써야 할 주주도 없고, 특정 고객도 없다. 그리고 책임져야 할 투자자도 없다. 정치인하고도 달리 당신은 지지해줄 유권자의 선택에 따라 위치가 정해지는 것도 아니다. 단지 정부 차원에서 기부방식과 운영 등에 대한 가이드라인을 제시하고 있는 정도이다.

그렇다고 나는 자선활동가의 책임이 가볍다고 이야기하는 것은 아니다. 오히려 그 반대다. 나는 기부활동을 하면서 공제받은 세금혜택에 대해 큰 책임의식을 가져야 한다고 생각한다. 그리고 이러한 책임감은 억지로가 아니라 자발적으로 느껴야 하는 것이다. 자선사업의 성패는 전적으로 스스로에게 달렸고, 이는 결코 쉬운 일이 아니다. 하지만 다양한 활동을 통한 경험을 밑천으로 당신은 자신이 원하는 자선사업의 목표를 단계적으로 이뤄갈 수 있다. 자선활동은 하나의 긴 여행과도 같다. 그리고 그 여행은 당신이 만반의 준비를 갖춰 출발할 때 더 즐거운 여행이 될 수 있다.

나만의 기부방식 찾기

십일조는 기부의 여러 방식 중 하나에 불과하다. 당신은 1년에 한 차례 기부하는 것만을 선호할 수도 있다. 또는 기부처를 직접 선정해 수표를 끊거나 다양한 종류의 구호 기금에 기부할 수도 있고, 아니면 기부자 신탁을 직접 설립해서 자선활동을 지원할 수도 있다. 당신이 기부활동을 시작하기로 마음먹었다면 그 다음엔 어떤 방식으로 기부할지를 결정해야 한다. 이는 바로 적절한 기부 수단을 정하는 일이다. 하지만 시작하기 전에 먼저 일반적인 몇 가지 질문에 대한 답(당신의 자선활동 일지에 적어 놓아도 좋다)이 필요하다. 이것은 당신의 자선활동을 구조화하는데 도움이 될 것이다.

일단 당신이 무엇을 줄 수 있나를 생각해보라. 재정적 기부는 단순한 현금뿐 아니라 매우 다양한 방식으로 기부가 가능하다. 현재 보유하고 있는 주식이나 부동산, 미술품이나 뮤추얼펀드, 헤지펀드 등 뭐든지 가능하다. 또한 이러한 기부는 당신의 소득세, 부동산세, 자본 이득세를 절감시켜줄 것이다(이와 관련해서는 세금 전문가들과 상담해보면 자세한 정보를 얻을 수 있다). 특히 현물투자는 세금 측면에서 더 유리하다(비영리재단에 기부되는 현물이 해당 자산 고유의 목적으로 기부 이후에도 사용될 경우 이 자산은 현가, 즉 시장가치 기준으로 공제 받을 수 있다). 당신이 입었던 옷가지나 사용하던 가구들을 중고 할인상점에 내어준다면 당신은 예전에 그 물품을 샀을 때 지불했던 돈을 기부하는 셈이 된다. 전국가구기증협회(National Furniture Bank Association)나 적십자(Red Cross)와 같은 비영리재단은 저소득층 주민과 자연재해 또는 화재로 집과 가구를 잃은 가정에 그 가구를 기증한다. 몇몇 자선단체들은 일반회사들이 내부 리모델링을 하는 과정에서 버려지는 사무가구들과 집기들을 모아서 비영리재단이 싼 가격에 살 수 있도록 지원하는 활동을 한다. 이것은 새로운 형태의 매우 의미 있는 재활용 사업이다.

다음으로 세금공제를 생각해보자. 물론 우리 모두가 기부한 만큼 다 세금공제를 받는 것은 아니다. 하지만 절세(節稅)는 분명 기부활동에 좋은 자극제가 된다. 당신이 기부를 통한 세금공제의 장점을 잘 이해하고 있다면 기부를 더 많이 하는 유인(誘引)이 되기 때문이다. 세금공제 허용액이 당신이 기부하는 단체의 종류에 따라 다르기 때문에 기부하기 전에 당신이 기부하는 단체가 일반회사와 같은 사단법인인지 비영리단체 중심의 공공법인인지도 미리 알아두면 좋다. 우리가 기부할 경우 세법상 사단법인과 공공재단은 모두 501(c)(3) 단체로 인정된다. 사단법인, 즉 일반회사들은 통상적으로 직원이나 그 가족, 회사 등 한 그룹 내의 지원주체로부터 성금을 걷어 외부 자선단체를 돕는다. 반면 공공재단이나 비영리단체들은 적어도 모금액의 3분의 1 정도는 일반시민, 정부, 사단법인들과 같은 여러 주체들로부터 지원을 받는다는 점에서 차이가 있다. 다시 말해 이들 공공법인들은 다른 단체를 지원하기보다는 직접 자선활동의 주체가 된다. 단체가 직접 나서서 교육사업을 하거나 취약 지역의 식사 지원 및 건강보조사업 등을 벌이는 것이다. 이 때문에 공공재단의 세금공제 한도액이 더 높다.

자선활동을 할 때 당신의 권한 수준을 정하는 것도 생각해볼 필요가 있다. 직접 공공재단을 찾아가 기부를 한다면 당신의 권한은 상당히 높은 경우에 해당한다. 한편, 본인의 여유자금을 가지고 보다 의미 있는 일을 이루고자 하는 사람들은 다른 기부자들과 함께 자선사업을 위한 벤처 자선 파트너십(venture philanthropy partnership)의 설립을 원할 수 있다(나는 SV2라는 파트너십을 벌써 하나 만들었다). 아니면 기부자들의 모임인 기부 서클(giving circle)을 세울 수도 있다. 기부 서클은 기부자들이 함께 성금을 모아 믿을 수 있는 공익재단을 선정해서 함께 기부하는 방식이다.

개인 신탁이나 사적 재단과 같은 기부처에서는 당신이 개인적으로 관리를 하거나 아니면 전문적인 자금관리자에게 맡길 수도 있다. 당신이 직접 기금을 설립하기로 했다면 관리 주체를 누구로 할 것인지, 당신이 자금운영에 어디까지 관여할지 등을 정할 필요가 있다. 당신은 자신의 경험과 지식을 가지고 자금운용과 기부처 선정 등 재단의 자선활동에 직접 참여할 수도 있고, 아니면 모두 내려놓고 다른 사람들의 의견에 따를 수도 있다.

보통 지역 공공단체 소속으로 운영되는 기부자조언 펀드(Donor-advised Fund, DAF)는 현금이나 주식, 특정자산 등을 증여한 기부자들이 해당 단체에 조언이나 의견을 개진할 권리를 가진다. 또한 DAF는 기부 시점에서 자산을 기부처별로 일일이 나눠 미리 정해둬야 할 필요가 없기 때문에 세금공제를 위해 기부처를 급하게 정해야 하는 번거로움이 없다는 점에서 편리하다. DAF는 현재 매우 빠른 성장세를 보이고 있다. 수천여 개의 DAF들이 새로 생겨나고 있고, 이 펀드로 수십억 달러의 기금이 몰려들고 있다. 특히 1999년 이후 일반 금융기관들이 DAF를 만들어 운용하는 것이 법적으로 허용되면서 DAF는 자선업계의 큰손으로 진화하고 있다. 지난 2010년 발간한 'DAF 리포트'에 따르면 DAF는 2010년 한 해에만 60억 달러 이상을 모금하면서 6년 전 기록인 59억 달러의 최고치를 갈아치웠다. '자선 연대기(Chronicle of Philanthropy)'에 따르면 2009년 기준으로 DAF 중 상위 3개가 무려 169억 달러 규모의 자산을 운용하는 것으로 조사되었다. 기금 설립과 관련한 법률 및 회계자문, 서류등록비 등 설립 경비만 해도 수천 달러에 달하지만 몇몇 DAF는 5천 달러에서 1만 달러의 비교적 작은 규모로 시작했다. 특히 지역기반 자선단체의 경우 일반적으로 5천 달러에서 2만5천 달러 규모의 펀드 등록이 보통이며, 수백만 명 이상의 미국인들이 이러한 펀드에 기부하는데 익숙하다. 만약 거래 금융기관이 당신의 DAF를 별도로 운용하고, 당신이 프라이빗 뱅킹 서비스를 받고 있다면 당신의 재산과 기부금은 별도로 관리될 수 있다. DAF를 개설하기 전에 반드시 다른 금융기관으로 자금 이전이 가능한지를 확인하는 것이 좋다. 왜냐하면 처음 개설한 금융기관의 수익률이나 각종 부가서비스가 나중에 가서 마음에 들지 않을 수도 있기 때문이다. 또한 당신이 사망한 뒤에 남은 자산처리를 어떻게 하는지도 미리 확인해두는 것이 좋다. 가족 중 한 명이나 믿을 만한 친구 등 다른 사람에게 기금 운용을 인계하거나 경우에 따라서는 특정 비영리단체에 전액 기부되도록 할 수도 있다.

우리 부부는 매년 기부금을 어디에 기부할지에 대해 고민하다가 DAF를 시작하고부터는 그 같은 고민으로부터 자유롭게 되었다. 나는 남편 마크와 함께 DAF를 설립해 실리콘밸리기금(Silicon Valley Community Foundation, SVCF)이라고 이름 지었다. 우리 부부는 받을 수 있는 세제혜택 한도를 최대로 하기 위해 SVCF를 공공재단으로 등록했다. 그리고 기부는 수년간 나눠서 하기로 계획을 세우고, 재단설립을 위한 비용은 설립 첫 해에 모두 소득공제 받았다. 하지만 여기서 더 중요한 것은 우리 부부가 그때그때마다 원하는 단체나 대상에게 기부 의사결정을 내릴 수 있다는 것이다. 또한 장기에 걸쳐 지원하기를 원하는 비영리단체가 있을 경우에는 해당 재단을 지원하도록 의견을 낼 수도 있다.

이 밖에도 DAF의 장점은 일반인들도 기금을 등록한 뒤 계속 의견을 개진하는 과정에서 지역사회의 도움의 손길이 필요한 부분에 대해 새로 눈을 뜨게 된다는 점이다. 또한 비영리재단의 운용과 활동을 지켜보면서 자선활동 분야에 전문적인 식견을 가지게 될 것이다. 지역사회를 발전시키는데 DAF가 쓰이면 장기적으로는 기부자 본인도 그 혜택을 누리게 된다.

우리 부부는 스탠퍼드 대학의 프로젝트 후원을 목적으로 DAF를 하나 더 등록했다. 이번에도 SVCF를 설립할 때 누렸던 각종 세금혜택을 똑같이 받을 뿐만 아니라 스탠퍼드 대학의 투자전문가의 자문도 받을 수 있었다. 스탠퍼드 펀드의 경우 우리 부부는 대학 내 특정 활동을 지원하거나 다른 비영리단체를 지원하는데 사용하도록 했다. 참고로 스탠퍼드 펀드는 아쉽게도 SVCF와는 달리 비영리단체 지원을 위한 별도의 전문가는 없다. 스탠퍼드 대학의 DAF에 대해서는 나의 아버지로부터 들었는데, 아버지는 학교 건물 공사나 기자재 구입비용에 기부해오고 계셨다.

물론 우리는 신용카드로 결제하거나 모바일 텍스트 메시지 또는 온라인 등으로 소액 기부를 할 수도 있다. 하지만 DAF는 우리가 기부한 내역을 남길 수 있는 가장 좋은 방법이다. SVCF를 운용하면서 나는 시간이 날 때마다 웹페이지에 로그인해서 우리 부부와 가족의 DAF의 과거 기록을 포함해 현재 이 펀드가 어떻게 운용되고 있는지를 확인해보고 있다. DAF를 잘 활용하면 당신이 낸 기금을 바탕으로 더 많은 자금 모금이 가능하다는 사실도 기억해두자. 예를 들어 당신이 장학기금신탁 펀드를 설립했다고 치자. 당신은 시간을 내서 학생지도 활동을 하거나 동문회를 돌면서 자금 모금 활동에 직접 나설 수도 있다. 또한 당신이 데이터 운용 소프트웨어를 개발하는 회사에 근무한다고 가정해보자. 당신 회사가 비영리재단의 데이터베이스를 구축하는데 사용되는 소프트웨어를 만들어줄 수도 있다.

자선활동의 시점과 기간에 대해서도 생각해보자. 당신의 인생보다 더 오랜 기간 기부를 지속하고 싶은가? 또는 특정 기간을 정해서 기부를 지속하고 싶은가? 어느 시점에 기부하고 싶은가? 지금? 아니면 미래? 아니면 매년 같은 날에? 지금 당장 많은 돈을 기부하고 싶은가? 아니면 작은 액수를 매년 나눠서 할 것인가? 보유한 재산을 상속하고 싶은가? 아니면 자선활동을 목적으로 자기 재산의 일부분을 따로 떼어두고 일괄 기부 또는 나눠서 기부하는 것을 고려해볼 수 있다. 당신은 기부 사실의 공개 정도에 대해서도 결정할 필요가 있다. 자녀가 당신이 얼마나 많은 액수의 재산을 기부했는지 모르기를 바라는가? 또는 당신의 자녀가 자선활동과 봉사에 책임감을 느끼는 아이로 자라도록 하기 위해 당신 스스로가 자선가로서의 모델이 되기를 원하는가? 기부방식에 따라 익명기부가 허용되기도 하지만, 민간재단은 세금부과 이유로 반드시 기부자 리스트를 공개해야 한다.

당신이 비영리재단이나 펀드를 통한 자금지원, 벤처 자선 파트너십 등에 기부할 경우에는 익명으로 기부가 가능하다. 하지만 이때는 기부 자금의 활용과 관련한 의사결정에 참여하는 것이 제한되게 마련이다. 내가 어렸을 때 부모님은 대부분 익명으로 기부하셨지만 나와 내 오빠가 대학을 졸업할 무렵엔 공개기부를 선호하셨다. 나는 남편 마크와 약혼했을 때부터 공개기부를 시작했다. 기부가 세상을 지탱하는 매우 중요한 행위이기 때문에 널리 알리는 것이 낫다고 생각한 우리 부부는 모든 기부를 공개방식으로 하기로 의견을 모았기 때문이었다. 젊은 부자들이 많이 사는 실리콘밸리로 이사온 뒤 우리 부부는 은퇴를 앞둔 노인들이 아닌 젊은 그들에게 자선활동에 대한 영감을 주고자 했다.

여러분들도 알다시피 보통 자선활동을 시작하기 전에 어떤 방식으로 기부를 할지, 어디에 해야 할지, 자신의 자선활동을 공개할지 등 수많은 질문을 스스로에게 던지게 될 것이다. 요즘에는 새로운 자선활동 기구와 단체들이 헤아릴 수 없이 많은 다양한 기부 옵션을 제공하고 있어 경험 많은 자선가들도 모두 다 알기가 어려울 정도다.

기부금을 보내기 전에 체크해야 할 일

직접 수혜자를 골라 돈을 보내는 기부는 개인 기부자로서 자신의 통제 권한이 가장 높은 기부방식 중 하나다. 당신이 비영리

재단을 선택해 직접 찾아가 기부하는 경우라면 단순한 재정지원뿐 아니라 자원봉사 활동에도 참여하면서 재단 일에 직접 관여할 수도 있다. 하지만 만약 당신의 기부금이 전략적으로 사용되기를 원한다면 일단 자금을 지원하기 전에 제대로 된 연구를 할 필요가 있다. 이익을 목적으로 일반기업에 투자할 때 해당 회사를 면밀히 살펴보고 정보를 얻는 것이 자연스러운 일인 것처럼 기부할 때도 마찬가지인 것이다. 당신이 관심 가는 분야가 있다면 정보를 찾아보면서 스스로 전문가가 되어보자. 말라리아 환자를 돕고 싶다면 우선 어느 나라가 말라리아 피해를 가장 많이 보고 있는지 정도는 알아야 할 것 아닌가? 말라리아 예방약을 구입해 보낼 것인가? 약값이 없는 주민들에게 살충제나 모기장을 보낼 것인가? 아니면 둘 다 동시에 할 것인가? 어느 구호재단이 이 분야 전문기구인지, 어떤 지역에 전략적으로 자원을 집중하고 있는지도 알아야 하지 않을까? 그리고 그 재단은 어떤 수단으로 기금을 모으고 있는가? 예를 들어 대기업들로부터 지원을 받고 있는지, 시민사회활동 그룹이나 지방 정부, 또는 종교재단 등과 파트너십을 맺고 믿을 만한 구호물품 전달체계를 갖추고 있는지? 적어도 1년은 자신들이 계획한 구호활동을 지속할 만한 재정을 확보하고 있는 곳인지 정도는 알아봐야 한다. 한 가지 좋은 소식은 이러한 정보들을 얻기가 옛날보다 훨씬 수월해졌다는 것이다.

제2장에서 이야기했듯이 인터넷은 기부와 자선활동과 관련한 많은 정보를 제공해주고 있다. 당신은 구호가 필요한 곳과 이를 지원하는 단체들에 대한 정보를 인터넷만으로도 충분히 구할 수 있다. 먼저 미국 국세청(Internal Revenue Service, IRS) 홈페이지에서

'퍼블리케이션 78(Publication 78)'의 온라인 버전을 찾아보면 미국 내 비영리재단 리스트를 구할 수 있다. 가이드스타(GuideStar) 또는 채러티 내비게이터(Charity Navigator)는 영역별 자선단체 리스트부터 당신이 위치한 곳에서 가까운 구호단체의 주소 등과 같은 보다 자세한 정보를 제공한다. 2011년 가이드스타와 합병한 필란트로피디아(Philanthropedia)는 전문가들이 평가한 우수 자선단체 순위를 제공하고 있고, 그레이트넌프로핏(GreatNonprofits)은 비영리자선단체에 대한 정보를 공유하고 의견을 나누는 사이트다. 나는 개인적으로 비영리재단의 세금신고서 열람 목적으로 가이드스타를 이용하지만 랭킹 정보를 제공하는 사이트는 잘 방문하지 않는 편이다. 가이드스타에서 제공하는 '양식 990(990 tax form)'은 비영리재단이 국세청에 제출하는 세금신고 양식인데, 이 양식에는 해당 비영리재단의 설립 목적과 수행 프로그램, 재무 상태에 대한 정보가 잘 나와 있다.

그런데 나는 이 책을 쓰기 위해 자선재단 평가정보를 제공하는 여러 사이트들을 살펴보다가 이들이 상당히 왜곡된 정보를 제공하고 있다는 걸 발견했다. 당초 이들 사이트들의 설립 목적은 자선 분야별로 선도적인 재단과 단체를 효율적으로 찾아내 기부자들의 의사결정을 돕는 것이었을 것이다. 나는 여러분들이 이런 사이트에 의존하기보다는 직접 정보를 구해 원하는 재단을 선정하길 권한다. 기부자들은 관련 정보를 스스로 취득하는 과정에서 더 깊은 안목을 갖게 될 것이다. 궁금한 것이 있으면 직접 전화를 걸어 물어보자. 그 구호재단이 지금 진행하고 있는 활동과 목적, 실패담이 있다면 실패담도 들어보고, 그를 통해 얻은 교훈이 무엇이었인지도 들어보자. 해당 단체가 생각하는 성공적인 구호가 무엇인지도 물어보고, 내년에 계획하고 있는 신사업이 무엇인지도 알아보자. 이 가운데 몇몇 질문에 대한 답은 업그레이드해서 웹사이트에 올려놓기도 한다. 해당 단체의 운용과 관련된 질문, 즉 어디에서 구호자금을 모금하고 있고, 단체의 활동이 어떠한 성과를 이뤄내고 있는지를 아는 것은 중요하다. 물론 당신이 할 수 있는 질문의 깊이는 기부금액을 비롯해 당신이 얼마나 해당 분야에 대해 많은 관심과 경험을 갖고 있는지에 따라 다를 것이다. 경우에 따라서는 해당 재단의 연간 예산에서 큰 비중을 차지하지 않는 기부금을 놓고 혼자서 너무 많은 시간과 공을 들여 정보를 찾고 애쓸 필요는 없을 것이다.

 기부를 시작하면서 앞으로 얼마나 오랫동안 재정지원을 할 것인지도 미리 생각해둬야 한다. 만약 당신이 몇 년 동안 한 단체에 작은 액수나마 꾸준히 지원해왔을 경우에는 그 단체가 어떤 방식으로 재정후원을 지속하고 있는지, 단체의 활동 영역이 어떤 방식으로 넓어지고 있는지 등을 모니터링 해보자. 만약 크지 않은 규모의 기부라면 너무 많은 노력을 들일 필요는 없지만 그래도 기본적인 정보는 체크해보는 것이 좋다. 재단이 하는 사업의 효율성을 높이기 위해 어떤 조치를 취하고 있는가? 재단은 내부 인재를 키우고 있는가? 제대로 된 이사회를 갖추고 있는가? 최근 이사진 등 리더십에 변화가 있었는가? 정책 변화에 영향을 주기 위해 시민운동이나 지지자들의 여론을 잘 활용하고 있는가? 기존 기부자들과 신규 기부 참여자들, 그리고 소액 기부자들과 거액 기부자들은 어떠한 사람들이고, 얼마나 자주 기부하고 있는가? 이와 관련한 정보는 기부자가 몇 명 정도 되고, 1년 넘은 기부자나 5년 넘은 기부자들이 얼마나 되는지, 그리고 개인이나 단체가 평균 얼마 동안 그 단체에 기부를 지속하는지 등을 물어보면 미루어 짐작할 수 있다. 또한 1년 동안 신규 기부자 또는 빠져 나가는 기부자 비율이 얼마나 되는지도 물어볼 수 있다. 리서치 기관이나 대학, 전국적으로 유명한 비영리기관들은 일반적으로 다른 자선재단들보다 후원자 감소폭이 적다. 왜냐하면 이런 단체들은 통상 후원자들을 관리하는 전문가들을 고용하고 있기 때문이다. 종교단체는 기부율이 특별히 높은 기관 중 하나다. 왜냐하면 소속 신도들로부터 지속적인 후원과 헌금을 받기 때문이다.

비영리단체 직원들의 업무 강도가 예상보다 매우 높다는 사실을 기억하자. 따라서 그들이 소액기부자들을 대상으로 일일이 장시간 상담해주기는 쉽지 않다. 단순한 정보는 온라인을 통해 얻는 것이 좋다. 하지만 당신이 그 단체를 선정해 처음으로 기부하는 경우라면, 그리고 당신의 재산 중 상당 금액을 후원하기로 결정한 경우라면 당연히 상세한 상담을 신청하는 것이 바람직하다. 상담 대상은 재단의 재정담당 직원이나 이사진 등이 좋을 것이다. 이때 재단의 지명도나 규모에 지레 겁먹을 필요는 없다. 후원자로서 당신은 궁금한 것을 당당히 묻고 답변 받을 자격이 있다. 또한 당신이 만약 특정 재단을 새로 후원하기로 결정했다면 이전에 후원했던 재단을 크게 신경 쓰지 않는 것이 좋다. 이것은 당신이 자선활동 세계에서 발전하면서 더 효율적으로 나아가는 하나의 방식이므로 미안해하거나 걱정할 필요는 없는 것이다.

해외 기부

　기부에 대한 전략을 정리하면서 당신은 후원 대상을 국내에서 해외로 확대할 수도 있다. 미국의 경우 아직까지 해외 기부가 전체 기부에서 차지하는 비중은 2010년 GivingUSA 통계에 따르면 5% 수준으로 적은 편이다. 하지만 최근 기부금의 규모와 상관없이 미국인들의 해외 후원 건수는 점차 증가하는 추세에 있다. GivingUSA에 따르면 2009년 해외 기부가 전년 대비 6% 증가한 데 이어 2010년에는 13.5%나 증가한 것으로 나타나고 있다. 최근 들어 해외 기부에 대한 관심이 늘어나는 이유는 2004년 아시아 지역을 강타한 쓰나미와 2005년 파키스탄 대지진, 2010년 아이티 대지진과 파키스탄 대홍수, 2011년 일본 대지진과 같은 글로벌 자연재해의 영향이 크다. 아울러 온라인 뉴스와 소셜 미디어 등이 해외에서 일어난 자연재해 소식을 신속히 전달해주는 것도 해외 기부에 큰 지원군이라 할 수 있다.

　미국인들은 세계 시민의 한 사람으로서 글로벌 자연재난에 힘겨워 하는 사람들을 외면하지 않고 기꺼이 자신의 지갑을 열고 있다. 점점 더 많은 사람들이 비즈니스나 휴가, 또는 가족을 만나기 위해 해외여행을 하면서 그 나라 소식을 접하고 해당 국가가 직면한 문제들에 대한 정보를 얻고 있다. 가난한 나라를 방문하고 돌아오면 그곳에서 받은 이미지가 머리에 남아있기 마련이다. 당신이 만약 여행을 마친 뒤 그 나라를 돕고 싶은 마음이 생겼다면 이는 매우 자연스러운 일이다.

　당신이 몇 달러라도 기부하길 원한다면 당신의 관심과 도움의 손길을 기다리는 글로벌 자선단체들은 이미 헤아릴 수 없을 정도로 많다. 해외구호만을 위한 전문 재단들도 있지만, 글로벌 구호재단과 연계된 여러 단체들이 당신의 성금을 국제구호재단이나 NGO 등에 전달해주고 있다. 이러한 중개기관들은 당신이 해외구호재단에 직접 기부할 경우에는 받을 수 없는 세금공제 혜택을 받을 수 있도록 도와주기도 한다. 기부에 대한 정식 영수증을 발급해줄 뿐만 아니라 당신의 기부가 어디에 쓰이는지도 모니터링해준다.

미국 내의 대표적인 글로벌 기부 중개기관들로는 아시아 구호재단(Give2Asia), 세계 어린이 구호펀드(Global Fund for Children), 유니버설기빙(UniversalGiving), 아메리칸 인디안 재단(American Indian Foundation), 세계 여성 펀드(Global Fund for Women), 브라질 구호재단(Brazil Foundation), 호주 장애아 후원재단(Caledonia Foundation), 라틴아메리카 캐러비안 지역 구호재단(Resource Foundation), 국제 구호재단(Charities Aid Foundation) 산하 미국 지부(CAFAmerica) 등이 있다. 버추얼 재단(Virtual Foundation)과 글로벌 녹색사업지원 펀드(Global Greengrants Fund) 같은 몇몇 기부 중개기관들은 세계 전역에서 후원기금 모금을 위한 활동을 벌인다. 유럽 지역을 중심으로 활동하는 단체로는 보두앵 1세 기념재단(King Baudouin Foundation United States), 아일랜드 펀드 산하의 아메리칸 아일랜드 펀드(American Ireland Fund), 스코틀랜드 구호재단인 캘리도니언 재단(Caledonian Foundation) 등이 있다.

만약 당신이 해외구호재단에 기부하는 경우 사람들로부터 국내에도 도움이 필요한 곳이 많은데 왜 굳이 해외에 돈을 보내느

나는 질문을 받을 수 있다. 빌 게이츠는 CNN의 파리드 자카리아 (Fareed Zakaria) 쇼에 출연해 자신의 자선에 대한 생각을 이야기한 바 있다. 먼저 자카리아가 "빌 게이츠, 당신은 번 돈 전부를 기부할 셈인가 보군요?"라고 운을 뗐다. "당신은 워렌 버핏의 재산도 다 기부할 듯 보입니다. 두 분이 만든 공동자선재단 자금을 합하면 족히 수백억 달러는 되지요? 그런데 죄송한 말씀이지만 제가 보기엔 대부분의 자선가들은 자기 주변부터 돌보는데 빌 게이츠 당신은 왜 해외 기부에 그토록 열을 올리나요?"

이에 대해 빌 게이츠는 모든 사람의 삶은 동등하게 가치 있으며, 모두가 중요하다고 답했다. 그러면서 그는 공공의료에 대한 지원을 통해 영아 사망률을 낮춰야 한다고 지적했다. "그것은 인구 증가율과도 관련이 있습니다. 저개발국가에서는 영아 사망률이 높아 부모들이 일단 아이를 많이 낳아야 한다고 생각합니다. 적어도 그 중 몇몇은 살아남을 것이라고 생각하기 때문이죠."

실제로 공공의료 수준이 높아질수록 인구 증가율은 낮다. 한 나라의 공공의료 수준이 향상되면 이는 정치 안정으로 이어지며, 지도층의 부패도 줄어들게 된다. 또한 공공의료 수준은 사회 범죄율과 분쟁, 테러 발생 빈도가 낮아지는 것과도 연관이 있다 한다. 인구 증가율을 낮추면 자원고갈과 물 부족 사태도 해결할 수 있으며, 온실 효과를 유발해 문제가 되고 있는 석유 에너지 소비도 줄일 수 있게 된다. 인류 전체에 영향을 미치는 기후변화와 수자원 고갈은 반드시 해결해야 할 인류 공동의 과제다.

또한 해외 기부는 물가 수준이 낮은 개발도상국에서 더 큰 효과를 거둘 수 있는데, 이는 달러화 가치가 그 나라들에서는 더 크

제3장 나의 기부활동 짚어보기

기 때문이다. 따라서 미국인들에게 해외 기부의 가치와 효과를 더 적극적으로 알릴 필요가 있다. 이를 통해 수천, 수만 달러를 해외 자선사업에 사용할 수 있을 것이다. 욜코나 재단에 따르면 아프가니스탄에 사는 한 소녀의 1년 학비 지원에 40달러가 든다고 한다. 나와 내 남편이 지원하고 있는 기브웰(GiveWell)이란 독립자선재단 평가회사가 조사한 자료에 따르면 개발도상국에서 한 사람의 생명을 살리는데 드는 비용이 200달러에서 1천 달러라고 한다. 이어 자료는 미국에서 가장 잘 갖춰진 지원 프로그램이 어린이 1명당 1만 달러 이상을 지원하고 있지만 결과는 신통치 않은 것과 비교하고 있다.

물론 이것이 국내 자선활동을 등한시해도 좋다는 말은 아니다. 또한 해외 비영리재단이 국내 재단들보다 더 효율적이고 믿을 만하다는 것도 아니다. 그것이 국내에 있든 해외에 있든 모든 자선재단은 당신이 자금을 기부하기 전에 반드시 자세히 알아볼 필요가 있다. 하지만 새로운 해외 자선 채널들은 경험이 적고 재정이 열악함에도 불구하고 현지인들의 삶에 매우 큰 영향을 미치고 있는 경우가 있다.

SV2에서 우리 부부는 비영리단체들에게 어떤 펀드 구조가 그들을 지원하는데 가장 효과적인가를 물었다. 이에 대해 대부분의 비영리단체들은 자금 모금을 위한 기구 설립이 가장 어렵다고 입을 모았다. 이것이 바로 우리 부부가 펀드를 결성해 기금 모금을 하기로 결정하게 된 이유이다.

오랜 기간 다양한 자선활동을 지속해오면서 나는 자선재단 대표로 일하는 분들의 의견에 더 귀를 기울이게 되었고, 내가 지원하는 재단 리더들의 의견에 따르는 법을 배우게 되었다. 우리가 지원하는 재단들은 자신들이 필요로 하는 것들에 대해 분명 우리보다 잘 알고 있다. 문제는 우리가 그들의 요구에 제대로 귀를 기울이지 않는다는 점이다. 우리는 자기중심적이고, 특히 자선활동에 있어서는 돈을 기부하는 주체로서 자신의 돈이 어디에 쓰일지에 대해 간섭하고 통제하고 싶어 한다. 만약 당신이 지금도 그러한 생각을 갖고 있다면 자선을 통한 보상에 대해 다시 한 번 생각해보자. 자선활동은 어려운 상황에 처한 이웃들의 삶을 변화시키고 개선시키고자 하는, 즉 남을 돕고자 하는 당신의 의지와 바람에서 비롯된다. 만약 당신이 일반회사에서 다양한 비즈니스 경험을 갖고 있으며, 또 자신 있게 자선 분야에 헌신한 사람이라 할지라도 모든 자선활동에 당신의 기술을 접목시킬 수 있다고 생각해서는 안 된다. 한 자선재단 대표가 내게 한 말이 생각난다. 그는 "어느 날 후원자 한 명이 찾아와 '현재 어려움을 겪고 있는 기금모금을 돕겠습니다.'라고 말하는 것보다 더 듣고 싶은 말이 없습니다. 그 말은 세상에서 가장 달콤한 음악같죠." 라고 말했다.

한 가지만 더 확인하자. 당신이 지원하는 재단은 자신들이 돕고 있는 대상에게 무엇이 필요한지를 수시로 묻고 있는지 말이다. 재단설립 목표를 분명히 하고 있는 자선기구들마저도 이런 정말로 중요한 문제에 나서지 않을 때가 있다. 그것은 단지 그들이 귀를 막고 있기 때문이다. 따라서 만약 당신이 기부를 계획하고 있다면 해당 재단이 지원하고자 하는 사람들의 의견을 수렴하는 적절한 지원 프로그램을 구성하고 있는지 확인하자. 예를 들면 지역사회 주민이 의사결정 회의에 참여하고 있는가? 지역사회를 돕는 최선의 방식을 도출하는데 어떠한 의사결정 과정을 사용하고 있는가와 같은 점을 살펴보자.

만약 당신이 후원하는 자선재단이 지역사회를 제대로 돕고 있지 못하는 곳이라면 결과적으로 당신의 기부도 성공적이라고 볼 수 없을 것이다. 기부는 당신을 관대하고 이타적인 사람으로 만들지만, 당신이 신경 쓰지 않는 사이 당신의 기부가 효과적으로 쓰이지 못할 수도 있다. 당신이 기부에 있어 보다 개혁적이고 영향력 있는 새로운 방식을 추구하는 사람이 되고자 한다면 먼저 잘 듣는 사람이 돼야 한다.

좀 더 쉬운 기부방법

마케바가 캔자스시티로 이사왔을 때, 그녀의 친구들은 캔자스시티 지역사회재단에서 주최하는 자선행사에 그녀를 초대했다. 주지사 오찬시간에 마케바는 마침 재단의 설립자인 록시 저드(Roxie Jerde)의 옆자리에 앉게 되었다. 그때까지만 해도 이 만남이 그녀의 기부 인생에 새로운 전환점이 될 것이란 것을 알지 못했다. 식사를 하면서 그녀는 십일조를 위한 적절한 기부 대상을 찾을 수 있었고, 여러 자선 커뮤니티에 대한 정보를 듣고 그 세계에 눈을 떴다. 이름에서 알 수 있듯이 이 지역사회재단은 캔자스 지역의 주민과 지역공동체를 위한 자선재단으로 해외구호보다는 주로 캔자스시티와 카운티 지역, 그리고 기부자들이 지정한 특정 주민들을 위한 구호활동을 전개하고 있다. 그리고 이런 류의 지역 공공재단은 커뮤니티 기반으로 개인이 설립한 펀드는 물론 일반기업, 지역 비영리재단 등 다양한 주체들로부터 기금을 모금한다.

일반적으로 지역기반의 자선재단에 기부하는 것은 서비스 범위가 공개되어 있고, 각종 수수료가 적다는 장점을 가지고 있다. 왜냐하면 지역단체들은 보통 공공재단이기에 민간기금에 기부할 때보다 세금공제 혜택을 더 받을 수 있기 때문이다. 또한 지역단체들은 특정 커뮤니티 또는 지역 내 대상을 지정해서 지원활동을 벌이고 있다. 따라서 지원 대상에 대한 이해도가 높고, 지속적으로 좋은 관계를 맺고 있는 경우가 많아 당신에게 적당한 기부대상을 추천해줄 수도 있다.

지역 기반 공익재단들은 개인과 공공기관들과의 파트너십을 체결해 신생 자선기구를 설립하기도 하는데, 이러한 기관들을 통해 잠재적 기부자들이었던 일반인들이 기부를 처음 시작하는 경우가 많다. 그리고 프라이빗뱅크 전문가 또는 수수료를 받고 재무 상담을 해주는 자산관리사와 같은 전문가들의 도움을 받아 기부를 시작하게 될 수도 있다. 이처럼 기부활동에 대해 잘 아는 전문가들의 도움을 받으면 보다 효율적으로 기부를 할 수 있다.

캔자스시티 지역사회재단은 데이몬드와 마케바 부부를 재단이 주최하는 행사에 지속적으로 초청했고, 이들 부부는 재단이 기부자들에게 제공하는 혜택에 대해서도 잘 알게 되었다. 부부는 재단의 이사를 만나 이야기를 나누는 과정에서 처음으로 DAF(기부자조언 펀드)에 대해 듣게 되었다. "제가 지금까지 기부해왔던 자료들을 회계사의 도움을 받아 정리하다보니 그동안 제가 너무 여러 단체에 체계 없이 기부를 해왔다는 사실을 알게 되었어요. DAF는 이 모든 걸 보다 간편하게 해줄 것 같았습니다."

그녀의 예감은 맞았다. 그 후 남편 데이몬드의 월급은 부부의 생활비로 쓰고, 자신의 월급은 투자 펀드에 넣으면서 그 중 일부를 DAF에 정기적으로 이체하고 있다. "제 계좌로 매달 월급이 들어오니까 원하는 자선재단들로 이체가 가능합니다. 온라인으로 이체하니까 아주 쉬워요. DAF는 기부자가 직접 펀드매니저를 선택하게 하기도 하고, 투자 풀을 통해 파생상품이나 지분투자, 채권, MMF(머니 마켓 펀드) 등 다양한 펀드 상품에 투자할 수 있도록 해줍니다. 우리 부부의 경우도 보수적 상품이나 공격적 투자 상품 가운데 원하는 곳에 투자할 수 있었어요." 금융위기 당시 펀드로 운용되던 기부금의 손실을 겪어봤던 이들 부부는 기금을 위험자산에 투자하기를 원하지 않았다. "우리 부부는 현재 기금을 매우 보수적으로 운용합니다. 나중에 금융시장이 좀 더 안정되면 위험자산 비중을 그때 가서 조금 늘려보려 합니다."

캔자스시티 지역사회재단에 대한 투자는 세금공제 목적으로도 이득이 있었지만 이들 부부가 다른 기부자들과 사귀게 되는 계기가 되었다. 이들 부부는 오찬이나 만찬, 칵테일 타임, 유명강사의 강연에 참여하면서 다른 자선가들을 만나 의견을 나눌 수 있었다. 이는 예전에 주위의 친구들이 초대한 저녁 약속에 나가 무의미하게 보냈던 시간들과는 차원이 다른 것이었다. "우리 부부는 돈 벌 궁리만 하는 대화는 일부러 피해요. 반면 자선가들의 모임에 나가 자신들이 가진 것을 나눠 남을 돕는 얘기를 함께 나누다보면 바깥세상과는 다른 일종의 편안한 안식을 느낍니다."

이들 부부가 지역 기반 단체를 통한 기부를 실천하면서 가장 좋은 점은 자선활동에 직접 참여할 기회가 주어졌다는 것이다. 직원들은 부부가 관심 있을 만한 행사 리스트를 발송해 주었고, 이를 통해 부부는 기부활동에 더 적극적으로 나서게 되었다. "우리 부부는 리스트를 읽어보면서 우리가 열정을 가지고 할 수 있는 항목을 확인할 수 있었고, 그러다보니 참여하는 횟수도 늘었습니다. 재단 직원 분들은 언제나 우리가 참여한 이벤트에 대한 피드백을 발송해주었고, 이는 우리와 같은 일반 기부자들이 재단과의 관계를 더욱 돈독하게 하는데 도움이 되었습니다." 데이몬드는 말한다. "기부는 우리 부부의 결혼생활에 새로운 장을 열었다고 해도 과언이 아닙니다. 신혼 때만 하더라도 자선활동이 우리를 이렇게 변하게 할 줄 몰랐거든요. 우리 부부 관계는 지금 어느 때보다도 좋습니다."

데이몬드와 마케바 부부처럼 여러분도 자신에게 가장 효과적이고 유익한 자선활동 방법을 찾아보면 어떨까? 자선은 단지 관대한 마음으로 하는 게 다가 아니다. 돈을 모으는 게 전부도 아니다. 어디에 어떤 방식으로 기부할 것인지에 대한 선택과 고민이 필요하다. 따라서 제대로 된 재단을 고르고, 자금 모금 방식을 선택하는 것이 중요하다. 우리가 재단을 지속적으로 후원하고, 재단활동이 성공하도록 기부자로서 지역사회에 홍보하고 지원할 때 당신의 기부도 성공하게 되는 것이다. 우리가 후원하는 단체가 제대로 된 기관으로 성장하길 원하는 만큼 우리의 기부도 새로운 단계로 성장할 필요가 있다. 그럴 때 우리의 자선활동이 세상을 바꿀 진정한 힘을 갖게 될 것이다.

실천과제

- **자신에게 묻기**
  - 당신은 지금 어떠한 재단을 후원하고 싶은가?
  - 기부활동과 관련해 특별히 관심 두고 있는 분야가 있는가? 그 분야에 관심을 갖게 된 이유는 지적 호기심, 즉흥적 반응, 개인적 친분, 지인의 권유 중 무엇인가?
  - 돕고자 하는 대상은 어떤 사람(연령, 가정환경, 경제 상황, 종교, 교육 수준 등)인가?
  - 당신이 직접 후원하고자 하는 지역은 어느 곳인가?
  - 돕고자 하는 재단의 규모는 생각해보았는가?(재단 규모가 작고 설립된 지 얼마 지나지 않아 당신의 자금이 재정적으로 큰 도움이 될 곳인가, 아니면 규모가 크고 안정적인 곳인가?)
  - 금전 이외의 것을 기부한다면 어떤 품목(미술품, 가구, 컴퓨터, 핸드폰, 옷가지 등)을 기부할 생각인가?
  - 기부는 얼마나 자주(매달, 분기마다, 당신의 생일 또는 일 년 중 특정 날짜를 정해서, 기회가 생길 때마다) 할 생각인가?
  - 기부금이 당신이 살아있는 동안에만 운영되기를 원하는가, 아니면 당신이 죽은 후에도 계속 이어지길 원하는가?
  - 당신이 기부한 자금에 대해 어느 정도의 통제력을 갖는 것이 좋다고 보는가?
  - 당신은 자신의 기부가 공개되길 원하는가, 아니면 익명으로 기부하길 바라는가?(개인이 설립한 자선재단도 보통 설립자와 기금을 후원한 이사 명단이 공개되기 때문에 온라인 기부가 활성화된 요즘은 익명기부에 제약이 있다는 점도 알아둘 필요가 있다)

- **새로운 접근: 테스트 해볼 만한 아이디어**
  - 당신이 거주하는 지역의 종교 지도자들과 만남의 시간을 갖고 당신의 종교적인 신념과 기부를 연관시킬 수 있는 방안을 찾아보라.
  - 당신이 속해 있는 종교 모임에서 다섯 명 정도를 모아 현재 모임에서 진행하고 있는 자선 프로그램을 개선시킬 새로운 아이디어를 도

출해보자.
- 하루 정도 시간을 내서 당신의 배우자와 함께 당신이 관심을 두고 있는 자선 분야에 대해 서로 이야기해보자. 기부에 대해 당신 혼자만 관심을 갖고 있는 경우라도 대화를 나누는 과정에서 배우자도 함께 기부를 결정할 수 있고, 관심 분야가 새롭게 바뀔 수도 있다.
- 지역사회 공동체의 자선활동과 관련한 이슈가 무엇인지 관심을 갖고 알아보도록 하자. 다른 지역사회에서 비슷한 이슈를 어떻게 해결했는지 참고해서 문제를 해결하는데 동참해보자. 이 과정에서 새로운 해법을 찾을 수 있다.
- 해외구호재단을 후원하고 있다면 당신이 후원하는 재단을 한 번 찾아가보자. 개인 자격으로 규모 있는 NGO 사업에 직접 참여하기는 어렵더라도 파트너십을 체결한 기관을 통해 현지 해외구호 활동에 참여할 기회가 있다. 해외구호 활동 참여 경험은 당신이 관심을 갖고 있던 자선 분야에 대한 시야를 한 단계 높여줄 것이다.

● **기부방식 선택하기**

- 직접 기부하기: 비영리재단에 직접 기부하는 방식으로 수수료나 계좌개설이 필요 없다. 대부분의 재단은 이 경우에 기부자 리스트에 당신을 익명으로 표기한다. 하지만 이와 같은 기부방식은 본인이 주도적인 계획을 가지고 특정 재단을 후원하기보다는 그때그때마다 요청에 의해 기부하게 되는 경우가 많아 후원이 무계획적으로 되기 쉽다.
- 민간재단 후원하기: 민간 자선재단은 주로 특정 개인이나 가족, 회사로부터 후원을 받는다. 민간 자선재단 지위를 유지하기 위해서는 매년 적어도 자산의 5% 이상을 자선활동 관련 사업에 지출해야 한다.
- 공익재단 후원하기: 민간재단과 달리 공익재단은 보통 후원의 1/3 이상을 일반시민이나 정부, 민간기금으로 충당하고 있다. 다른 재단을 지원하기보다는 보통 직접 자선사업의 주체가 된다. 공익재단의 경우 연간 모금액의 1/3 이상을 한 명의 개인이 기부할 수 없다. 개인이 그 이상을 기부하고자 하는 경우 다른 제3의 공익재단 명의로 후원할 수 있다.

- DAF 설립을 통해 후원하기: DAF는 특정 지역 공동체 또는 일반 금융기관이 운영하는 자선기금을 통해서 후원하는 방식이다. 이 펀드는 세금공제 대상이며, 후원자는 펀드 자금의 사용처에 대해 자신의 조언을 개진할 수 있다. 개인 자격으로 은행이나 펀드매니저 등을 통해 DAF를 설정할 수 있으며, 이 경우 제3자나 기관으로부터의 자금모집도 가능하다. DAF는 기부자의 인적사항을 비공개로 할 수도 있다.
- 기부신탁 펀드 설립으로 후원하기: 기부신탁 펀드는 당신이 원하는 재단을 후원하면서도 장단기 절세에 유리한 방식이다. 자선잔여신탁(CRT: charitable remainder trust)은 한 번 설정하면 수익자의 동의 없이 계약내용 변경이 불가능하지만 위탁자는 특정 기간 또는 생존 기간 내내 기금운용 수익을 돌려받으며, 이에 붙는 자본 이익세도 면제 받는다.

● 당신이 후원하고자 하는 재단에 확인할 항목

- 해당 재단이 지금 하고 있는 자선활동은 구체적으로 어떤 것들이 있는가?
- 그 재단이 돕고자 하는 대상은 어떤 사람들이며, 어디에 있는 사람들인가?
- 후원 대상들이 가장 필요로 하는 것은 무엇이며, 재단은 어떤 방식으로 돕고 있는가?
- 비슷한 활동을 하고 있는 다른 재단이 있는가? 만약 있다면 그 재단은 당신이 후원하고자 하는 재단과 어떻게 다른 방식으로 자선활동을 하고 있는가?
- 해당 재단이 직면하고 있는 문제는 어떤 것이 있는가? 그리고 자선활동을 수행할 때 발생하는 문제를 어떻게 극복하고자 하는가?
- 해당 재단의 운영경비는 어떤 방법으로 충당하고 있는가?
- 재단의 미션은 무엇이며, 어떤 인물이 재단을 이끌고 있는가? 운영조직은 제대로 갖추고 있는가?
- 조직 구성원들이 재단의 미션을 추구하기에 적절한 자질을 갖고 있다고 보는가?

- 당신이 후원하는 프로그램이나 프로젝트를 어떤 사람이 감독하고 있는지 알고 있는가?
- 당신이 후원할 프로그램을 위해 제대로 된 시스템과 인프라를 갖추고 있는가?
- 재단이 직면한 가장 큰 도전과제는 무엇이며, 재단은 이를 어떻게 정의하고 있는가?
- 최근 들어 해당 재단에 대폭적인 조직인력 변경이나 이사회 멤버의 교체가 있었나?
- 지난 몇 년 사이에 조직효율화를 위한 인력감축이 있었는가? 그렇다면 그 이후 결과는 어떻게 평가되고 있는가?
- 해당 재단은 새로 생긴 신생조직으로 급성장하고 있는가, 아니면 생긴 지 오래되었고 안정적으로 유지되는 단체인가?
- 재단의 최대 기부 주체를 알고 있는가?
- 기부자 중 처음으로 그 재단에 기부하기 시작한 기부자는 몇 퍼센트이며, 또한 5년 이상 꾸준히 기부한 기부자는 몇 퍼센트인가?(재단에 5년 이상 기부한 사람의 비중은 재단의 안정성을 보여주는 척도가 된다)
- 재단은 어떤 현물 기부를 받고 있는가?(사무실 공간, 무료법률 상담, 회계 자문이나 컨설팅 서비스 등)
- 펀드의 재정 건전성 수준은 어떠한가? 재단이 가장 시급하게 필요로 하는 자금 수요는 무엇인가?(인프라 및 시스템 구축, 인건비 등 운영 경비, 특정 프로그램 운영비 등)
- 재단이 현재 가장 필요한 자금 수요처는 어디인가?(인프라 또는 시스템 구축을 위한 자금, 운영비, 프로그램 수행비용 등)
- 현재 재단의 가장 큰 부채 항목은 무엇인가?
- 당신이 기부한 자금은 어디에 사용되는가? 재단의 단순 운영경비인가, 아니면 특정 자선활동 프로그램인가? 자선활동 프로그램을 지원하는데 사용된다면 당신의 후원금 중 얼마가 각각의 프로그램에 사용되는가?
- 재단은 당신의 개인정보(이메일, 집과 사무실 주소)를 제3자에게 제공하는가?(많은 자선단체들이 회원 가입시 개인정보수집에 동의할 경우 개인정보를 다른 곳에 제공하기 때문에 가입할 때 동의 여부를 묻는 체크박스에 체크할지 여

부를 신중히 결정해야 한다)
- 만약 해당 재단이 기금 모금을 위해 이메일이나 TV 광고 등을 할 경우 마케팅 회사에 지불하는 비용은 기금의 몇 퍼센트 정도를 차지하는가?
- 향후 추가 기금 모금은 어떻게 계획하고 있는가?
- 재단이 지금까지 이룬 성과는 무엇이며, 그 성과를 측정할 수 있는 기준은 어떠한 것이 있는가?
- 당초 계획과 비교할 때 이루지 못한 목표는 무엇이며, 해당 재단은 성과를 달성하기 위해 어떤 계획을 세우고 있는가?
- 해당 재단의 향후 1년, 3년 목표는 각각 무엇인가? 그리고 그 성과의 달성 여부를 어떻게 평가하는가?
- 당신이 후원하고자 하는 프로젝트의 경우 피드백은 어떤 방식으로 이뤄지는가?
- 해당 재단은 성과를 최대화하기 위해 어떤 전략을 세우고 있는가?
- 재단은 자체운영 상황과 현재 시행하고 있는 자선 프로그램들을 객관적으로 평가하고 있는가? 그렇다면 평가결과는 어떠한가? 평가하고 있지 않다면 앞으로 평가할 계획은 가지고 있는가?
- 산업계나 정부기관 소속의 다른 자선단체들과 파트너십을 체결하고 있는가?

- **비영리재단을 지원하기 전에 주의해야 할 항목:** 다음과 같은 사실이 드러날 경우 후원을 재고해볼 것

  - 재단 경영자가 기관의 성공적 활동 목표에 대해 제대로 설명하지 못하고, 현재 진행되고 있는 자선 프로그램에 대해서도 내부평가가 이뤄지지 않고 있을 때
  - 재단의 이사회가 재단경영 의사결정에 참여하지 못하는 등 본연의 역할을 하지 못하고 있을 때
  - 재단이 특정 경영자에게 지나치게 높은 급여를 주거나 설립자의 가족 또는 이사진의 자녀들을 취업시키고 있을 때
  - 최근 경영진을 너무 자주 교체하고 있을 때

- 조직 안에 제대로 된 회계감사 조직을 갖추고 있지 못할 때
- 기금모집을 위한 홍보활동에 지나치게 많은 비용을 지출하고 있을 때
- 자선활동 프로그램 대비 일반 운영비용의 비중이 비정상적으로 높을 때
- 장기 기부자 비중이 낮고, 일회성 기부에 크게 의존하고 있을 때

● **가족을 위한 코너**

- 지역공동체나 은행에 가서 가족명의로 DAF를 개설하고 매년 1천 달러 정도를 적립해보자. 만약 최소 적립액이 1천 달러 이상이라면 (몇몇 펀드는 최소 적립액을 1만 달러로 하고 있다), 일단 별도의 은행계좌를 개설하고 그 계좌를 '가족명의의 자선기금'이라고 명명해보자. 당신은 이 계좌를 하나의 '작은 가족자선재단' 형식으로 운영해볼 수 있다. 가족이 함께 의견을 모아 계좌에 모은 자금으로 후원할 곳을 정해보자. 분기마다 가족 구성원들이 돌아가면서 한 명씩 후원할 대상을 선정해보자.
- 자녀에게 십일조 방식의 기부를 제안해보자. 매달 용돈의 10%를 자선활동에 기부하도록 독려하는 것이다.
- 목사님이나 스님 등 종교인을 집에 초대해 자녀에게 당신 가족이 받은 은혜를 사회에 어떻게 환원할 것인가에 대해 이야기해보자. 또한 기부활동이 가족의 종교적 가치와 어떻게 조화를 이룰 것인가도 이야기해보자.

● **기억해두면 좋은 것들**

- 자선활동을 하면서 당신이 별로 중요하지 않다고 생각하는 여러 외부요인들로 인해 실망할 수도 있다. 그럴 때는 당신이 그 동안 자선활동을 위해 해왔던 일들을 한 번 돌이켜 보자. 자신이 현재 하고 있는 일과 앞으로 할 일들에 대해 더 집중할 수 있을 것이다.
- 보통 일정한 계획 없이 기부하는 사람들은 연말정산을 앞두고 세금공제 목적으로 기부의사 결정을 서두르는 경향이 있다. DAF는 펀드에 자금을 적립하는 즉시 해당 적립금은 세금공제 대상이 되면서

도 기부대상은 추후에 시간을 두고 결정할 수 있다는 점에서 유리하다.
- 배우자와 최소 1년에 한 번 또는 분기마다 자선활동과 관련해 의견을 공유하는 시간을 갖자. 얼마만큼 할 것인지, 공동명의로 할 것인지 등을 이야기하면서 서로의 관심 분야를 이해하도록 해보자.
- 당신이 관심을 갖고 있는 자선 분야에 대한 정보를 찾아보면 더 좋은 기부의사 결정을 내릴 수 있다. 신문이나 관련 보고자료도 좋지만 인터넷을 이용하면 더 많은 정보를 얻을 수 있다.
- 특정재단 후원을 결정하기 전에는 반드시 많은 것을 알아보는 것이 좋다. 온라인 정보를 찾아보고, 재단의 경영진이나 이사회 멤버들을 직접 만나 대화를 나눠보는 것도 좋다.
- 당신이 재단에 큰 영향을 줄 만큼 많은 자금을 후원하기로 했다면 재단의 자선활동에 함께 참여하자. 기관도 당신의 자금 사용에 대해 책임감을 갖게 될 것이고, 운용도 보다 투명해질 것이다.
- 당신이 해당 재단을 수년간 지원해왔더라도 후원 금액을 늘릴지 아니면 그만둘지를 결정하기 위해서는 자금운영의 적절성에 대해 지속적으로 관심을 갖는 것이 좋다.

제4장

기부 전략 세우기

: 당신의 열망과 영향력을 평가하라

〈기부 2.0〉은 한마디로 자선활동을 새롭게 정의하는 책이다. 자선이 단순히 얼마간의 돈을 기부하는 것만이 아니라는 사실을 저자는 설득력 있는 이야기로 풀어낸다. 이 책을 통해 독자들은 자신이 가진 시간과 전문성을 단발적이 아니라 지속적으로 자선활동에 부자해야 하는 이유를 깨닫게 될 것이다. 로라 아릴라가 안드레센은 우리 모두가 세상을 변화시키는 데 동참할 수 있다는 사실을 보여준다.

- 셰릴 샌드버그, 페이스북 최고업무집행책임자

> 당신이 줄 영향을 생각해보라: 목표 정의와 성과 측정은 당신의 기부에 힘을 불어넣을 것이다.

미네소타 출신으로 중산층 백인 가정에서 자란 찰리 라운즈(Charlie Rounds)는 '자신이 미국 땅에서 자라면서 받은 혜택을 이웃과 나누지 않는 것 자체가 죄악이다.'라고 생각한다. 동성애자인 찰리는 자신의 파트너인 마크 히멘즈(Mark Hiemenz)와 함께 레즈비언, 게이, 양성애자 및 성전환자들이 미국 자선활동의 영역에서 한 자리를 차지하도록 헌신하기로 했다. 그는 "우리 같은 성적 소수자(lesbian, gay, bisexual, and transgender, LGBT)들이 사회에서 동등한 권리를 얻고자 한다면 이와 함께 더 큰 책임도 함께 져야 한다고 생각합니다. 우리는 사회구성원으로서의 역할을 다해야 하고, 이는 자선활동 영역에 있어서도 마찬가지입니다. 세상에 우리 같은 사람들이 존재하고, 자선활동에도 적극적으로 참여하고 있다는 사실을 알릴 필요가 있습니다."라고 말한다. 찰리와 마크는 성적 소수자들이 자선활동에 참여하도록 지원하는 동시에 자선활동을 공개적으로 하도록 독려하고 있다. 이는 자선활동 분야의 새로운 모습이라고 할 수 있다.

찰리의 자원봉사 활동은 젊은 시절 '평화봉사단(Peace Corps)'의 일원으로 중서부 아프리카에서 3년간 프랑스어를 사용하는 카메룬 학생들을 대상으로 영어 수업을 진행하면서 시작되었다. 그는 카메룬에 있는 동안 또 다른 중요한 역할을 맡았다. "저는 캠프의 요리 담당이었습니다. 난롯불을 사용해 백 명이 넘는 사람들이 먹을 음식을 준비했어요." 그것은 결코 쉬운 일이 아니었지만, 찰리에게는 다양한 신앙과 문화를 가진 사람들을 알 수 있는 기회가 되었다. 카메룬의 종교는 다양해서 라마단 기간 동안에는 이슬람의 율법에 따라 일출 전이나 일몰 후에만 음식을 먹을 수 있었다. "우리 중에는 여러 명의 유대인 자원봉사자가 있었고, 그 때가 1970년대였기 때문에 채식주의자들도 많았어요. 다양한 사람들이 모여 전혀 지루할 틈이 없었답니다."

2002년 찰리는 자신의 오랜 파트너인 마크와 결혼했다. 미네소타 주는 2011년 현재까지도 동성간 결혼을 허용하지 않고 있지만, 그들은 깊은 사랑과 서로에 대한 굳은 약속을 보여주고자 공개결혼을 택했다. 그리고 그가 49세 되던 2004년 12월, 그의 삶은 다시 한 번 변화를 맞이한다. 그는 자신이 성공적으로 운영해오던 게이와 레즈비언을 위한 크루즈여행사를 매각해 3명의 사업 파트너들에게 큰 이익을 안겨주었다. 회사를 매각한 후 그는 여행사의 기부 및 봉사 프로그램 담당이었던 46살이 마크와 마주앉아 매각한 차익을 어디에 쓸지를 의논했다. "저는 마크한테 말했어요. 우리가 이 돈을 우리 자신만을 위해 쓰면 지금 당장 은퇴해도 되지만 이 중 일부를 기부하면 지금부터 5년 정도는 더 일해야 하고, 만약 매각자금 전부를 기부한다면 15년 뒤에나 은퇴할 수 있을 것 같다고요." 그러자 마크는 "전부를 기부하자."고 말했다.

이 같은 결정은 찰리와 마크의 성장배경을 보면 이해가 간다. 찰리의 부모는 '예수그리스도후기성도교회'의 신도로 신앙에 따라 소득의 10%를 십일조로 기부해온 분들이다. 마크와 찰리 모두 외벌이 중산층 가정에서 자신이 겪었던 가난을 대물림하지 않기 위해 자녀 교육에 열정적인 부모 밑에서 자랐다. 찰리는 말한다. "사실 그때 저는 너무 일찍 은퇴한다는 생각에 어쩐지 어색했어요. 그저 우리는 열심히 일했던 부모님의 모습을 따랐던 것 같아요."

공개적으로 커밍아웃한 동성애자 부부였기 때문에 이들의 기부는 세간의 주목을 받았다. 그들이 선택한 기부 방식은 DAF였다. 이들은 '미니애폴리스 재단(Minneapolis Foundation)'을 통해 '도덕적 가치를 위한 마크와 찰리의 게이&레즈비언 펀드(Mark and Charlie's Gay & Lesbian Fund for Moral Values)'라는 이름의 기금을 설립했다. 이 기금으로 그들은 '여성의 건강증진'이나 '글로벌 인권'처럼 성적 소수자 이슈와 직결되지 않는 곳에도 후원을 했다. 하지만 성적 취향을 이유로 임직원을 차별하지 않는 곳으로 대상을 한정했다.

마크와 찰리는 성적 소수자들을 지원하는 것뿐만 아니라 게이 커뮤니티의 더 많은 회원들이 기부에 참여하도록 격려하는 일이 중요하다고 생각했다. 이에 따라 그들은 기금의 이름을 지을 때도 의도적으로 해당 성금이 동성 부부가 기부했다는 사실을 모두가 쉽게 알 수 있도록 했다. "만약 여러분이 이 나라에서 동성애자들이 적극적으로 자선활동을 하는 모습을 보게 된다면, 저는 일단 기존 관념에 작은 변화를 주는데 성공한 것이라고 생각합니다." 찰리의 말이다. "사람들은 보통 인생의 롤 모델이 있게 마련이고, 우린 그것을 통해 많은 걸 배웁니다. 우리가 기부할 때 성적 소수자 출신의 자선가임을 감춘다면 우리 부부는 기부를 통해 다른 동성애자들에게 영향을 줄 수 있는 기회를 놓치게 되는 겁니다. 그래서 우리는 이렇게 동성 부부임을 굳이 밝히고 자선활동을 하고 있습니다."

이들의 기부가 실제로 다른 동성애자들에게 어느 정도 영향을 미치는가를 수치화하기는 어렵다. 찰리는 "우리 부부는 성적 소수자들의 기부활동이 얼마나 되는지 측정하기가 아주 어렵다는 걸 잘 알아요. 성적 소수자들은 미국 전역에 존재하지만 그들 중 정말 일부만이 자신을 드러내고, 나머지는 보통 정체성을 드러내지 않습니다. 그래서 동성애자들의 자선활동 참여 정도를 측정한다는 것은 거의 불가능하다고 봐야 할 겁니다."라고 말한다.

당신이 자선활동에 내놓은 기부금이 세상에 더 많은 변화를 이끌어내길 원한다면 기부된 돈의 영향력을 측정해보는 것은 어떤 면에서 매우 중요한 일이다. 문제는 대부분의 경우 자선활동을 위해 투자된 자금의 실질적인 영향력을 측정하는데 실패하고, 통계나 숫자에 관심을 두는 사람들도 별로 없다는 데 있다. '2010 희망 컨설팅(2010 Hope Consulting)' 연구에 따르면 미국 기부자들의 85%가 비영리단체의 활동성과가 '매우 중요하다'고 답하고 있다. 하지만 자신들의 기부금이 어디에 쓰였는지 관심을 갖는 기부자 비율은 35%에 그쳤다. 그리고 응답자의 5%만이 실제로 비영리단체의 성과에 관심을 가지고 살펴봤다고 답했다.

기부가 미친 영향에 대해 사람들이 그다지 관심을 갖지 않는 것은 기부자들이 보통 즉흥적으로 감정에 따라 기부하는 것에도 원인이 있다. 보통 우리는 기부하고 났을 때 수혜자들로부터 받는 고맙다는 인사에는 신경을 쓰지만, 피드백을 얻거나 성과를 알아보는 데에는 관심이 없다. 게다가 일반적으로 사람들은 기부가 무상으로 거저 주는 선물이지 투자 개념이 아니라고 생각한다. 따라서 우리가 베푼 기부와 선행을 굳이 성과로 분석하는 데는 일종의 어색함을 느낄 수 있다.

나는 본능에 따라 살아가는 것을 멋진 일이라고 생각한다. 하지만 우리가 살아가는 과정에서 맞이하게 되는 여러 과제를 한 번 더 분석해보고 되짚어보는 것 또한 중요하다고 본다. 그렇지 않으면 자선활동의 경우 우리가 돕고자 기부한 수백만 달러(잠재적으로는 수십억 달러)의 성금이 보다 영향력 있게 사용될 수 있을 기회를 놓칠 수도 있기 때문이다.

기부금의 영향력에 대해 생각해볼 때, 당신의 기부를 두 가지 측면으로 나누어 평가할 필요가 있다. 먼저 개인적인 기부 포트폴리오 전체를 시기별로, 또 개인적으로 선물한 기부까지를 모두 포함해 종류별로 나누어 정리해보자. 그 다음엔 당신이 자금을 지원한 비영리단체의 프로그램이나 활동이 어떤 영향력을 미쳤는지 정리해보고 평가해보자. 나는 당신이 기부를 하는 목적이 무엇이며, 또 그것을 달성하기 위해 어떤 전략을 사용할 것인지를 곰곰이 생각해보길 권한다. 이것은 당신의 기부 목적과 부합하는 단체를 찾아보는 것과 더불어 당신이 기부한 후원금이 당신이 의도한 대로 잘 사용되었는지를 확인하는 것도 포함한다. 다음에는 당신이 후원한 단체가 당신이 알고자 하는 정보를 충분히 제공하고 있는지도 자문해보자.

물론 모든 비영리단체의 성과를 평가하는 것은 어렵고, 특히 전문가의 도움 없이 개인이 혼자 할 경우엔 더 어렵다. 일정 규모를 갖춘 재단들 중에서도 몇 곳만이 대외적인 평가를 위한 직원과 인프라를 보유하고 있다. 그리고 이러한 자선기관들이 사업평가를 위해 쓰는 예산은 기부자산의 10%나 되는 경우도 있다.

그러나 수많은 자선단체들 중 당신이 일단 자금 후원을 시작한 기관이라면 당신이 수용 가능한 방식으로 해당 재단이 자신들의 활동과 성과에 대해 피드백을 줄 수 있는 기관인지 확인해보자. 이 때의 피드백으로는 후원 대상과 관련된 이야기, 통계와 보고서, 확실한 근거가 있는 평가 등 무엇이든 가능하다. 어느 수준의, 어떤 분석 자료가 당신에게 의미가 있는지만 결정하면 된다. 그러나 나는 단순한 이야기나 사례, 사진 몇 장, 또는 듣기 좋은 일화처럼 감동적이지만 기부의 영향을 알아보기에 충분하지 않은, 감정에 근거한 자료를 넘어서는 그 이상을 구해보기를 권한다.

만약 당신이 얻은 결과가 마크와 찰리가 하는 성적 소수자들의 기부운동처럼 잘 드러나지 않는 경우일지라도 당신이 후원한 기부의 영향력을 알아보고 평가하는 것은 매우 중요하다. 당신의 기부가 세상을 이떻게 비꾸었는지를 아는 것은 당신의 기부 참여를 보다 적극적이게 할 뿐 아니라 해당 기관이 벌이고 있는 사업을 더 잘 이해하도록 도울 것이기 때문이다. 또한 이를 통해 당신은 자선사업별로 어떤 사업은 왜 성공하고, 어떤 사업은 왜 실패하는지 알 수 있다. 경우에 따라 당신의 기부가 세상에 끼친 변화를 알아채기까지 수년이 걸릴 수도 있고, 한 번의 기부로 그 효과가 바로 나타날 때가 있는 반면 오랜 기간에 걸쳐 천천히 나타날 때도 있다. 그러나 당신이 만약 자신이 행한 기부의 영향을 신중하게 추적해본다면 개별적인 작은 성금일 때는 성과가 잘 보이지 않았던 작은 기부들이 결국에는 큰 성과를 나타내는 커다란 자선활동에 보탬이 되고 있었다는 사실을 발견하게 될 것이다.

삶의 질을 개선하고 생명을 살리기

"선생님께 만약 기부할 수 있는 1달러가 있다면, 그 1달러를 가지고 가장 큰 영향을 주기 위해 어디에 투자할 것인가요?" 유능한 사업가이자 신세대 자선가인 앤드류 메이슨(Andrew Mason)이 최근 나에게 던진 질문이다. 앤드류는 그루폰(Groupon)의 설립자이자 현 CEO이다. 그루폰은 음식점부터 외국어 수업, 스파, 노래방에 이르기까지 거의 모든 서비스를 저렴한 쿠폰 형태로 단체 구입할 수 있게 하는 인터넷 회사다. 앤드류는 자신이 얼마나 세상을 바꾸고 싶어 하는지 말했다. 물론 그는 그루폰에 가입한 수백만 고객의 이메일을 바탕으로 고객들에게 자선의 기회를 제공할 수단을 이미 확보하고 있다. 일례로, 그루폰은 지난 2010년 퍼싱스퀘어 재단(Pershing Square Foundation)의 매칭 기부 프로그램을 통해 미국 공립학교 프로젝트를 지원하도록 회원들에게 홍보했다.

이때 자사의 이용자들이 기부자선택 재단(DonorsChoose)의 지원으로 프로그램 후원 크레딧을 반값에 구입할 수 있도록 했다. 이때 이 외에도 지역사회재단의 푸드뱅크 단체를 지원해왔다. 그러나 이 같은 자선활동을 하고 있음에도 앤드류는 더 많은 자선활동을 벌이고 싶어 했다. 그는 기부의 잠재적 영향력을 최대화하기 위해 다양한 기술을 접목시켜보고 싶어 했고, 내가 기부의 영향력을 확인하는 방법에 대한 해답을 어떻게 찾아낼지에 대해서도 궁금해 했다.

물론 내가 앤드류에게 이야기한 것처럼 그의 질문에 정해진 답은 없다. 그 문제를 해결함에 있어 당신은 이런 저런 다양한 접근법을 사용해보거나 비영리단체 몇 개를 찾아 살펴볼 수도 있다. 당신은 즉각적인 구호가 필요한 곳을 돕겠는가? 아니면 장기적으로 사회를 변화시키는데 기부하겠는가? 아니면 둘 다를 함께 해보겠는가? 이에 대해 답하는 것은 결코 쉽지 않은 일이다. 하지만 자신의 자선활동의 방향을 정함에 있어 스스로가 이루고자 하는 사회적 변화가 무엇이고, 어떻게 그 결과를 이뤄갈지를 이미지화 해볼 필요는 있다. 이러한 작업도 생략한 채 기부할 기관을 먼저 정하고, 그들이 어떤 방식으로 감사함을 표현할지를 그려보는 일은 순서가 틀린 일이 아닐까?

당신은 발화점보다는 불이 번져나가는 부분부터 우선 소화하는 화재진압 방식처럼 즉각적인 도움이 필요한 곳부터 먼저 도와주는 방식을 선택할 수 있다. 예를 들어 기아의 근본적인 원인을 해결할 방법을 찾기보다는 당장 교회 앞마당에서 '사랑의 음식 나누기 바자회'를 열어 돈이 없어 식료품을 구입하지 못하는 이웃을 돕는 경우가 이에 해당할 것이다. 이 같은 행사는 그때 그때 기부를 받거나 자원봉사자들의 참여로 이뤄진다. 게다가 이런 단체들은 보통 규모를 키우거나 사업을 확대할 생각은 잘 안 하는 경향이 있다. 그래도 당장 도움이 필요한 대상에게 절실한 서비스가 이런 방식의 구호활동이고, 여기에 제공한 당신의 시간과 돈은 매우 요긴하게 사용될 것이다.

이와 달리 당신은 장기적 비전을 갖고 문제의 근본 원인을 해결하기 위한 사업을 펼치는 비영리단체에 기부할 수도 있다. 만약 해당 비영리단체가 기아 구호와 관련한 기관이라면 개발도상국 소작농의 농업생산성 향상을 지원하는 것도 한 예가 될 것이다. 당신의 기부는 해당 소작농을 위한 관개장비 구입비 또는 농업용수 정화설비를 사는 기금으로 사용될 것이다.

당신이 지원하는 단체의 사업이 잠재적인 확장성을 가지고 있고, 특정 사안에서는 보다 큰 발전을 기대할 수 있는 가능성을 가진 경우라면 당신은 그 단체를 지원하기 위해 다른 유형의 기부를 고려해볼 수도 있다. 비영리단체들이 여느 일반 영리기업들과 크게 다르지 않은 점이 있다면 그들도 제대로 된 인프라를 갖추지 않고서는 사업을 시행하거나 혁신적인 사업 아이디어를 실행에 옮길 수 없다는 점이다. 자선단체의 미션 수행을 위해서는 사업활동을 위한 교육, 첨단기술 지원, 하다못해 프린터 카트리지 보충과 같은 기본적 인프라 지원이 절실하다. 하지만 비영리단체들은 영리기업들과 달리 구호활동에 대한 대가를 받거나 엄청난 자금을 기부 받지 않는 한 기본적인 운영자금이 늘 부족하다. 따라서 비영리단체들은 해마다 별도로 자체 재단운영에 필요한 경비를 기부 받아야 한다. 자선단체들은 이러한 기본적인 운영경비를 지속적이고도 안정적으로 지원받을 때 비로소 재단 본연의 목적에 부합하는 영향력 있는 자선활동에 집중할 수 있다.

물론 당신이 기부한 자금과 시간은 해당 기관의 일상적인 운영경비에 매우 유용하게 사용된다. 또한 이를 통해 재단이 더 크게 발전하고, 신규 기금 모금에도 활발히 나설 수 있게 될 것이다. 이처럼 잘 드러나지 않는 당신의 기부가 생각보다 중요한 역할을 할 때도 있는 것이다.

그렇지만 이런 종류의 기부는 그다지 매력적이지는 않아 보일 수 있다. 신기종 컴퓨터나 사무용품 기부, 전문가 교육과정 비용 또는 전기세 지원에 대한 감사의 마음을 담은 비영리재단의 편지 한 통이 해맑게 웃는 아이나 영양실조에 걸린 아이의 사진을 볼 때 느끼는 것과 같은 따뜻함이나 가슴 뭉클한 감동을 주지는 못한다. 그렇지만 확실한 것은 개발도상국의 굶주린 아이들을 위해 구호식량을 구입해 전달하는 활동을 하는 데에도 돈이 필요하고, 그들에게 구호식량을 전달하는 비영리단체에게도 그러한 일을 할 운영자금이 필요하다는 것이다. 직원들의 화물운송 관련 훈련이나 개발도상국 현지 유통업체와의 파트너십 체결을 위한 출장비에 지원된 자금을 생각해보자. 이 자금은 분명 비영리단체가 구호식량을 더 빠르고 효율적으로 제공해 결과적으로 더 많은 어린 생명을 살리는데 기여한다. 어쩌면 덜 매력적으로 보일 수 있는 비영리단체의 운영자금 기부가 실제로는 매우 중요하게 쓰인 셈이다.

몇 년 전, 나는 범죄를 저지른 청소년들의 범죄 재발률 감소를 목적으로 하는 '청소년을 위한 새로운 출발(Fresh Lifelines for Youth, FLY)'이란 활동을 가족들과 함께 지원하면서 한 가지 교훈을 얻었다. 그때 나는 교도소에 있는 더 많은 청소년들이 이 프로그램에 참여하도록 참가 경비를 후원할 수도 있었다. 하지만 나는 다른 방식의 기부를 택했다. 나는 해당 단체에게 무엇이 필요한지를 문의하는 과정에서 사무실 연락처가 없다는 사실을 알게 되었다. 해당 단체의 직원들은 개인 휴대전화를 사용하지만, 청소년들이 그 단체와 상담하고 싶을 때 사용할 수 있는 일반 전화가 없었다. 그 단체에게 필요한 것은 프로그램 자체에 쓰일 자금보다 프로그램을 효율적으로 운영하는데 요구되는 기본적인 통신 인프라였던 것이다.

전화선 설치비용은 5천 달러로 FLY의 운영예산에서 큰 액수는 아니었다. 일반 기부자들은 자신들의 돈이 더 많은 청소년들이 FLY에 참여하는데 쓰이는 것만을 신경 썼기 때문에 일반전화 설치를 위한 기금 모금은 관심 밖의 문제였다. 그때 나는 전화선을 설치하는 성금을 따로 모으기로 결심했다. 사실 이런 기부는 그다지 매력적인 후원으로 보이지 않을 수도 있다. 하지만 나는 내 자신이 한 기부가 가장 자랑스러웠다. 다른 사람들이 별로 신경 쓰지 않는 그 재단의 특정 필요를 채워줌으로써 나는 당시 꽤 유명했던 자선단체가 지역사회에 기여할 수 있는 서비스의 질을 높이는데 도움을 줄 수 있었던 것이다.

물론 당신은 곧바로 손길이 필요한 곳에 도움을 주는 동시에 장기적 변화를 불러일으키는 일에도 참여할 수 있다. 나는 남편과 함께 '스탠퍼드 병원 응급센터(Stanford Hospital Emergency

Department)'에 매년 기부하기 시작하면서 그 두 가지 일을 동시에 했다고 생각한다. 우리는 몇 가지 목표가 있었다. 우선 우리가 살고 있는 지역사회에 긴급한 도움이 필요한 곳을 돕고 싶었다. 우리는 국내 최고 수준의 대학병원 응급센터를 만들기 위해 정맥 온열기(IV fluid warming), 휴대용 디지털 이미징, 외상 진찰 모니터부터 글로벌 임상 정보를 공유하는 최신 시스템까지 첨단장비 구입을 후원하고자 했다. 우리는 치료대기 시간이 줄어들고, 환자의 완치율과 병원에 대한 만족감이 올라가고, 전공의에 대한 교육의 질이 향상되는 것을 보고 싶었다. 우리는 레지던트와 간호사를 위한 프로그램을 후원했고, 결국 스탠퍼드 병원 의료팀은 전문적 의료지식을 가지고 아이티 구호에 참여하고, 인도의 자생적 응급의료 체계를 교육하는가 하면, 네팔의 의료 환경 개선을 돕기 위해 활동하는 등 전 세계로 퍼져나가고 있다. 우리 부부는 재난구조, 노인 상해 예방 등과 관련한 분야의 연구 및 실험 단계의 프로그램을 후원하고 있으며, 이런 프로그램들이 미국 전역의 의료센터에 확산되도록 돕고 있다.

우리는 스탠퍼드 병원이 리서치와 외상 치료 분야에서 이 지역 최고 병원이고, 국내 최고의 응급의료진을 보유하고 있다는 점에서 이 병원을 지원하기로 선택했다. 우리 부부가 기부를 고려하고 있을 당시, 마침 스탠퍼드 측은 병원의 새로운 도약을 위한 대대적인 후원 캠페인을 시작했었다. 이에 우리는 우리의 기부활동이 병원을 새롭게 업그레이드 하는데 쓰이는 동시에 더 많은 주민들이 병원의 후원 캠페인에 참여하도록 독려하고 싶었다. 우리는 지역 내에 가장 우수한 응급의료기관을 유치하는 동시에

이 병원이 세계 최고 수준의 의료기관으로 거듭남으로써 축적된 의료 경험과 기술을 세계 곳곳에 전파하는 전국적인 롤 모델 병원을 만들고자 하는 복합적인 목표를 가지고 있었다.

찰리와 마크는 스스로 모범을 보임으로써 다른 이들의 기부를 독려하고자 하는 점에서 우리 부부와 생각을 같이 하고 있다. 기부활동을 하면서 마크와 찰리는 '길 재단(Gill Foundation)'이 운용하는 '콜로라도 게이&레즈비언 펀드(the Gay&Lesbian Fund for Colorado)'에서 큰 영감을 받았다. 길 재단은 성적 소수자의 권익운동을 후원하는 미국 최대 규모의 기금 후원기관이다. 찰리는 말한다. "'콜로라도 게이&레즈비언 펀드'는 게이와 레즈비언을 돕기 위해 설립한 기부단체가 아니라 일반 자선단체와 똑같습니다. 단지 성적 소수자들이 참여하는 자선활동 단체일 뿐이에요. 그걸 있는 그대로 보여주는 것이 바로 마크와 제가 하는 일이기도 합니다." 길 재단 측을 통해 찰리와 마크는 아웃기빙(OutGiving)이란 프로그램을 맡았다. 아웃기빙 프로그램은 성적 소수자들의 자선활동 교육을 지원하고, 협의체 구축 및 리더 양성, 그리고 다양한 성적 소수자 모임에 속해 있는 기부자들과의 네트워크를 구축하는 역할을 담당한다. 두 사람은 몇 년 전 미네소타에서 아웃기빙 이벤트를 기획했는데, 이 행사는 지금도 성적 소수자들에 의해 공개적으로 계속되고 있다.

다른 형태의 장기적 기부 중 하나는 특정 이슈와 관련한 연구를 지원하거나, 문제의 기초 원인을 해결할 수 있는 기본 시스템에 변화를 주기 위해 일하는 특정인을 후원하는 것이다. 제7장에서 이야기하는 것처럼 당신의 기부는 공공정책이나 입법과정에 영향력을 행사해 장기적으로 사회를 변화시킬 수 있는 활동에 쓰일 수도 있다. 어떤 기부 전략이 당신이 후원한 자금의 효과를 최대화할 수 있는지를 고려한다면 일단 생각의 범위를 넓혀 보자. 예를 들어 당신이 인권에 관심 있는 사람이라면 자신의 모교를 후원하는 것보다는 독재정권의 탄압 하에 있는 정치범들의 석방을 위한 시민단체를 지원하기로 결정할 수 있다. 하지만 모교를 후원하는 것은 대학생들의 교육지원에 투자함으로써 결과적으로 이들이 인권에 관심을 갖고 인권침해를 줄이거나, 정치 환경 개선을 위한 비영리단체나 정부 지도자가 되도록 지원하는 셈이 된다. 따라서 당신이 지원한 자선기금의 영향력을 극대화하기 위해서는 당신의 자금이 투자되는 방식과 그 자금이 어디에 쓰이게 될지, 어떻게 쓰일지, 당신이 기부할 때 세운 궁극적 목표를 어떻게 달성할 수 있을지와 같은 여러 가지 고려 사안들의 복잡한 상호작용을 이해할 필요가 있다. 나의 경우 기부일지에 기부 전략을 직접 작성해보는 것이 내가 의도했던 영향력과 내가 실제로 성취했다고 생각하는 영향력을 확인하고 이해하는데 큰 도움이 되었다. 마찬가지로 당신도 자신의 기부 전략을 글로 써보라. 즉각적인 요구와 필요를 채워주는 것, 장기적인 변화를 지원하는 것, 다른 사람들이 더 많이 기부하도록 독려하는 것, 사회적 환경 변화를 돕는 것 등 이런 모든 활동들이 우리가 사는 세상을 변화시키기 위한 가치 있는 접근이다. 당신에게 어떤 것이 맞는지는 당신이 결정해야 한다.

평가 전략 세우기

당신이 하나 또는 여러 개의 기부 전략을 선택했다면 다음 단계는 목표를 달성하기 위해 어떤 비영리단체에 투자하고, 또 그 기관들로부터 가시화할 수 있는 영향력 평가보고서를 어느 정도 요구할지를 결정하는 일이다. 당신의 돈이 어떻게 쓰이는지와 돕고자 하는 문제의 원인 또는 사람들에게 만들어낸 변화를 찾아내는 것은 기부 결정시 당신의 자신감을 증폭시켜줄 것이다. 뿐만 아니라 그것은 당신이 해결하고자 하는 원인에 더욱 효과적으로 헌신하도록 도와줄 것이다. 또한 기부를 받은 단체들이 자신들이 받은 돈에 대해 기부자들에게 보다 책임감을 가지고 있다는 것을 보여주면 그 투명성은 해당 비영리단체로 하여금 더 많은 자금을 유치할 수 있게 만들어줄 것이다.

만약 당신이 관심을 가지고 있는 이슈들이 내가 앞서 언급한 화재진압 방식을 더 필요로 하고, 또한 당신의 기부 수혜자가 당장의 고통을 완화하기 위해 활동 중인 단체라면 평가를 요청하는 것이 사리에 맞지 않을 수도 있다. 그럼에도 불구하고 당신은 기부를 하기 전에 몇 가지 간단한 통계 또는 비영리단체의 연간 보고서나 웹사이트에서의 연구결과를 요청할 수 있다. 예를 들어 얼마나 많은 가족들이 음식을 받기 위해 교회에 나오고, 얼마나 많은 음식 꾸러미가 전해지며, 그 안에 있는 식품의 종류는 무엇이고, 그것의 금전적 가치는 얼마 정도인가? 비록 작은 기부일지라도 당신은 반드시 그 진행 상황을 이해하도록 노력해야 한다. 만약 당신이 재정적 기부를 하면 어떻게 사용되었는지에 대해 알아본 후 그것이 과연 변화를 만들었는지를 살펴봐야 한다. 혹시 당신이 시간이나 전문 지식을 제공했다면 받는 이들에게 그 자산의 가치가 어느 정도인지를 측정할 방법을 찾아야 하며, 대부분 그 측정 또는 연구의 책임은 당신에게 있다.

제2장에서 말한 율코나 재단에서와 같은 새롭고 혁신적인 온라인 기부 방식은 소액 기부자일 경우에도 이런 종류의 정보에 접근할 수 있다. 구체적으로 수치화하기는 어려울지라도 당신이 자원봉사를 위해 투입한 기술과 시간 기부의 금전적 가치도 캐치어파이어(Catchafire)와 같은 해당 비영리단체의 웹사이트를 통해 예전보다 훨씬 더 측정하기 쉬워지고 있다. 사실 인터넷은 비영리단체들에게 보다 쉽게 자신들의 결과물을 보여주고, 기부자가 그것을 조사할 수 있도록 함으로써 비영리 세계에 새로운 투명성을 제공하고 있다.

한편, 당신은 문제의 근본 원인을 해결하기 위해 노력하는 비영리단체의 프로그램에 자금을 기부하기로 결정할 수도 있다. 이 경우 당신은 그 단체가 초점을 맞추는 영역에서 특정 변화를 만들어내기 위한 명확한 계획을 가지고 있는지를 알아내는 것부터 시작해야 한다. 이것은 종종 '변화의 이론(theory of change)'이라고 불리는데, 좀 복잡하게 들릴 수 있겠지만 기본적으로 이것이 바로 '사업계획(business plan)'이다. 더 많은 고객을 유치하고자 하는 의류 매장 체인을 생각해보자. 이 회사는 판매 팀의 능력을 강화하거나, 잡지에 광고를 게재하거나, 또는 눈부신 매장 디스플레이를 새롭게 만들어 고객을 유치할 수 있다. 그러나 이런 투자의 경우 잠재적 수익과 실제 수익을 평가해봐야 한다. 영업 인력 교육, 광고, 또는 점포 인테리어 비용에 소요되는 비용 대비 과연 몇 명의 새로운 고객을 유치할 수 있겠는가? 비영리단체에도 이 같은 변화의 이론을 적용할 수 있다. 저소득 가정 자녀의 언어 능력을 향상시키고자 하는 비영리단체를 예로 들어보자. 이상적으로 생각하면 이 단체는 가장 먼저 특정 지역에서 각 학년 수준으로 읽을 수 있는 어린이의 수가 해마다 증가하는 것과 같은 명확한 목표를 세울 것이다. 다음에는 그 목표를 달성하는 방법에 대한 전략을 만들 것이다. 예를 들어 지역 대학생 또는 직장인을 모집해 어린이들을 가르치는 자원봉사에 투입할 수 있다. 그런 다음에는 교실, 책, 프로그램 데이터 수집 등 필요한 자원과, 각급 학교의 지원 및 캠페인 광고 등을 통해 아이들을 등록시킬 방법을 정할 것이다. 여기서 중요한 것은 시험 점수와 참여 학생 수, 학생들의 만족도와 자부심 등을 통해 기부자들에게 그들의 기부가 아이들의 언어 능력을 향상시키는데 어떻게 기여했는지를 보여주는 것이다. 당신의 기부를 받는 비영리단체의 프로그램은 기부자들로부터 모은 성금과 투입된 인력의 영향력을 극대화하도록 설계될 것이다. 또한 프로그램은 그들에 대한 투자 이전과 이후로 구분해서 기부하는 돈 또는 인적자원의 노력의 결과를 보여줄 것이다.

　이런 종류의 정보를 얻기 위해 당신은 해당 단체의 웹사이트를 통해 각종 프로그램에 대해 더 깊이 알아볼 수 있다. 비영리단체의 미션은 물론 해당 단체가 추구하는 결과에 대한 설명, 목표를 달성하기 위해 사용하는 전략과 활동, 그 같은 미션과 목표를 실현하기 위해 필요한 자금 및 자원봉사 규모 등의 정보를 파악할 수 있다. 아울러 비영리단체의 웹사이트를 조사할 때 그들의 전략이 제대로 작동되고 있다는 것을 보여주는 감동적인 실화가 뒷받침되어야 한다는 것을 기억하라. 또한 비영리단체가 평가 관련 정보를 만들거나 당신이 한 기부의 가치를 보여줄 수 있는 통찰력을 가지고 있는지도 알아봐야 한다. 만약 단체 자체에서 이러한 정보를 찾을 수 없다면 '재단 센터(the Foundation Center)'를 활용하라. 재단 센터는 연차 보고서에 주요 비영리단체와 기금 수혜 대상 단체들을 망라하는 광범위한 리스트를 발행하고 있다. 당신이 기부하고 있는 비영리단체를 지원하는 재단을 찾아보는 것도 한 방법이다. 모든 재단이 그렇지는 않지만 수혜자들의 성공적 프로그램에 대한 자세한 공개 보고서나 백서를 제작했을 수 있기 때문이다. 그렇지 않은 경우라도 그들이 어떤 단체에 지속적으로 투자하는지를 보아라. 이것이 성공의 지표 역할을 할 수도 있다.

일단 비영리단체에 자금을 지원하기 시작했다면 당신의 기부 방식은 해당 단체의 프로그램과 접근 방법이 효과적이라는 것을 보기 위해 찾고자 하는 증거가 무엇인지에 영향을 미칠 것이다. 예를 들어 내가 FLY의 전화 시스템에 투자했던 것처럼 만약 당신이 전반적인 효율성을 개선하기 위해 비영리단체의 운영에 투자한다면 영향력의 증거를 찾기는 쉽지 않을 것이다. 하지만 당신의 자금이 조직의 프로그램 운영을 개선하는 것을 돕기 위해 투사되었기 때문에 딩신은 몇 개의 간단한 통계를 요청할 수 있다. FLY의 사례에서 주요 측정 항목은 얼마나 많은 청소년들이 도움을 요청하는 전화를 사용했는지가 될 수 있고, 그에 못지않게 중요한 항목으로는 그 단체가 지원하는 불량 청소년들이 같은 문제를 반복하는 것을 얼마나 막을 수 있었는지의 여부를 보여주는 것 등이다.

점점 더 많은 이런 종류의 정보가 지금 온라인에서 제공되고 있다. FLY의 웹사이트는 이 조직의 프로그램 결과 개인의 삶이 어떻게 바뀌었는지를 보여주는 영상을 제공한다. 그리고 3개월간의 불량 청소년 감금을 위해서는 2만1,150달러가 드는 데 비해 FLY의 프로그램 비용은 같은 기간 동안 1천 달러에 지나지 않는다는 설명과 같이 이 프로그램의 효과로 납세자들의 세금이 얼마나 줄어드는지도 보여준다. 당신은 또한 FLY의 프로그램이 만들어낸 차이에 대한 심사위원과 교장선생님의 평가를 읽을 수 있다. 이런 종류의 온라인 정보를 구축하는 것은 더 쉽고 저렴해지고 있으며, 심지어 이것은 비영리단체가 얼마나 책임감과 투명성을 갖고 있는지를 보여주는 지표가 될 수도 있다.

내가 남편 마크와 스탠퍼드 병원에 했던 것처럼 당신이 즉각적인 요구에서부터 장기적인 변화까지의 다양한 목표를 노리고 지원하는 단체에 자금을 지원한다고 가정해보자. 이는 곧 기부금이 좋은 사용처에 제공되었는지를 증명하기 위한 충분한 증거와 올바른 정보를 확보하기 위해 기관과 긴밀하게 협력해서 일해야 한다는 것을 의미한다. 나는 마크와 함께 스탠퍼드 병원 응급센터에 매년 기부하기로 결정하기 전에 기금 모금을 담당하는 대학 교직원과 의사 대표, 간호사들과 만났다. 나는 우리의 기금이 투자되어야 하는 곳이 어디인지 결정하기 위해 응급 부서와 함께 일했고, 기부의 영향을 평가하는 방법에 대해서 병원 직원들과

상의했다. 스탠퍼드 병원은 재정적으로 필요한 자금을 얻게 되었고, 우리는 기부의 성공 여부를 측정할 수 있는 벤치마크 측면에서 우리가 필요한 것을 얻었다. 우리는 스탠퍼드 병원이 하는 일을 믿고 그들이 우리에게 말한 요구사항에 대해 들으며, 우리 기금으로 진행한 상황을 추적하는 데이터를 우리에게 제공해주는 것에 동의했다. 예를 들어 스탠퍼드 병원에서 우리가 기부한 자금이 환자 서비스를 개선하는데 미친 영향에 대해 평가하고 있다는 것을 발견하고 나는 환자 설문조사에 포함시킬 아이디어를 내는데 기여했다. 성장을 추구하는 비영리단체에 기부하는 경우라면 당신의 기부금 또는 지원금의 영향력을 가늠하기 위한 평가를 수행하도록 함으로써 보다 책임감을 유지하도록 만들 수 있다. 우리는 스탠퍼드 병원 측에 우리의 프로그램이 어떻게 수행되고 있는지에 대한 경과보고를 서면으로 하도록 요구했다. 우리의 기부금이 미치는 영향을 보면서 나는 스탠퍼드 병원이 무엇을 더 필요로 하는지를 배우게 되었고, 그에 따라 우리의 기부를 계속하는 것에 더 신이 났다. 당신이 지원하는 단체로 하여금 영향 평가를 제대로 하도록 도와주면 그것은 곧 당신은 물론 그 단체가 보다 많은 기부자를 끌어들일 수 있는 강력한 기반을 제공하는 것이다.

　즉시 관찰할 수 있는 변화의 증거가 적은 장기 기부일지라도 측정은 가능하다. 시민운동의 결과 법률의 일부 통과 또는 해당 이슈에 대한 대중의 인식 증가가 지표가 될 수 있다. 만약 지표가 대중의 인식이라면 해당 단체는 미디어에 실린 뉴스 또는 칼럼의 수, 투표 결과, 유권자 등록 증가 등을 결과로 제시할 수 있다. 찰리와 마크의 경우처럼 기부의 영향력을 수치로 재거나 셀 수 없는 경우라면 성적 소수자들의 자선활동 참가 정도가 그들이 노력한 가치의 증거가 될 것이다. 찰리는 말한다. "우리나라에서 우리는 다른 사람들과 동등한 권리를 가진 첫 세대로 알려지고 싶습니다. 한 걸음 더 나아가 우리는 이 세상에 존재하는 문제들을 해결하는 것을 돕는 사람으로도 알려지고 싶습니다."

효율적인 기부방법 선택하기

자선활동은 일시적이거나 순간적인 행동이 아니다. 그것은 당신의 돈과 시간을 사용하는 더 좋은 방법이 있는지를 스스로에게 꾸준히 물어야 하는 긴 여행이다. 또한 기부가 하나의 여행이라면 그것은 출발뿐만 아니라 도착하는 것까지를 포함한다. 가끔은 당신이 기부하고 있는 단체에게서 기부를 중단해야 하는 경우도 발생할 것이다. 그렇지만 당신이 오랫동안 꾸준히 배우고 지식과 경험을 향상시킨 만큼 당신의 자금과 시간을 낭비한 것은 아니다. 더 많은 지식과 경험을 바탕으로 모든 새로운 기부가 더 큰 영향을 만드는 보다 좋은 기회를 가질 수 있기 때문이다.

나의 친구이자 동료인 자선가 알렉사 코테스 쿨웰(Alexa Cortés Culwell)을 예로 들어보자. 알렉사의 새로운 경력은 그녀에게 자신의 기부를 다시 생각하게 만드는 계기를 만들어 주었다. 그녀는 자선활동의 일환으로 지방도시와 주(州), 전국 단위의 많은 비영리단체의 자원봉사위원회 위원 역할뿐 아니라 '스툽스키 재단

(Stupski Foundation)'과 '찰스 앤 헬렌 슈왑 재단(Charles and Helen Schwab Foundation)' 등의 기관에서 CEO를 맡기도 했다. 그러나 자신의 컨설팅 회사를 세우고 운영하면서 그녀는 그동안 봉사해 왔던 비영리단체의 위원 역할을 더 이상 맡지 않기로 했다. 예를 들어 그녀는 위험에 처한 젊은이들에게 일자리와 취업 준비, 지원 커뮤니티를 제공하는 샌프란시스코의 비영리단체인 '뉴도어 벤처스(New Door Ventures)'의 이사회 의장 역할을 벗어나 고문 겸 후원자로 물러났다. 그러면서 그녀는 자신이 과거에 했던 몇 가지 직접적인 자선활동을 돌이켜보며 자신의 영향을 재정의했다. "나는 눈코 뜰 새 없이 바쁘기 때문에 절대 '예스'라고 대답할 수 없는 것에 대해서도 항상 '예스'라고 말하는 것이 나 자신에게 무엇을 의미하는지 궁금했어요. 그것은 뒤로 물러설 때라는 뜻이겠지만, 나는 나를 필요로 하는 사람들에게 뭔가 답할 수 있어야 했습니다. 그 결과로 나는 기회와 배움을 위한 공간을 만들었습니다." 그녀는 자신의 삶을 조직적인 구속력으로 포장하는 대신 다른 종류의 자선활동에 전념했다. "나는 조언과 충고를 원하는 사람들과의 점심 식사와 커피를 마시는데 많은 시간을 할애했고, 문제를 해결하기 위해 그들을 나의 네트워크 안으로 끌어들였습니다." 사람들은 알렉사가 예전처럼 활동적이지 않다고 말할 수도 있겠지만, 그녀는 자신의 지식과 조언, 경험, 네트워크를 다른 자선가들에게 전달하는 것도 나름대로 영향력을 가지고 있다는 것을 발견했다.

당신의 삶의 변화뿐만 아니라 외부요인들로 인해 당신이 자선활동에서 한 걸음 뒤로 물러서는 것을 고려해야 할 때가 있다. 가장 흔히 볼 수 있는 것은 스캔들이나 사기사건이 발생한 때이다. 예를 들어 당신이 지원하는 비영리단체의 임원이 개인적인 용도로 사용하기 위해 자금을 빼돌리는 경우를 들 수 있는데, 그런 한 사람의 행동이 반드시 그 단체의 가치나 서비스의 질을 모두 반영하는 것은 아니다. 따라서 최종적으로 결정을 하기 전에 이사회의 구성원이나 다른 경영진과 대화를 통해 조직이 당면과제를 처리하는 상황을 지켜보는 것이 좋다. 한편 사회적 선의에도 불구하고 당신이 기부하는 비영리단체가 조직의 목표를 발전시키지 않거나 오히려 해를 끼칠 수 있는 잘못된 전략을 채택하는 경우도 있을 수 있는데, 이때에도 그것을 반드시 기부를 철회하는 이유로 연결할 필요는 없다. 다만 새로운 약속을 하기 전에 조직이 그 결과를 추적 분석하고 있는지, 단체의 전략을 바꾸기 위해 어떤 정보를 사용하는지 등을 면밀히 살펴봐야 할 것이다.

리더십의 변화 또한 기부 여부를 재평가하는 메시지가 될 수 있다. 새로운 리더십 또는 다른 조직과의 합병은 문화, 전략의 초점, 때로는 비영리단체의 미션을 변경할 수도 있으며, 결과적으로 더 이상 당신의 열정이나 목표와 일치하지 않을 수 있다. 그래도 다행인 것은 비영리단체의 수는 계속 증가하고 있으므로, 기부하려는 당신 앞에는 여전히 많은 선택이 기다리고 있다는 사실이다. 이제부터 철회하기로 한 기부에서는 물론, 그동안 기부해 온 것을 후회하는 기부에서도 당신은 뭔가를 배울 수 있다. 또한 원하는 결과를 내놓지 않았기 때문에 기부를 중단할 때도 당신은 여전히 그 경험으로부터 배울 수 있다. 그리고 하나의 프로그램에서의 결과 미달이나 실패에 대한 자세한 보고서는 다른 비영리단체로 하여금 비슷한 함정을 피하는 것에 도움을 줄 것이다.

리더는 언제든지 실수를 할 수 있다. 따라서 리더가 실수한다고 해서 그 조직이 다른 분야에서 의미 있는 일을 하고 있지 않다는 의미는 아니다. 무엇보다 문제가 된 실수를 리더가 어떻게 처리하느냐가 중요하다. 누군가가 방향을 잘못 잡거나 어떤 프로젝트에서 실패했다면 리더 또는 이사회는 즉시 그에 대한 모든 책임을 져야 한다. 그 다음으로 이사회 및 직원들에게 보고를 하고, 조직이 또다시 같은 일을 되풀이하는 것을 방지하기 위한 계획을 내놓는 것이다. 이 때 문제를 일으킨 원인이 되는 최초의 결정 또는 중간에 전략의 방향을 바꾼 일 등을 포함해야 할 것이다. 자선활동은 계속해서 새로운 경로를 선택하는 것이고, 그것은 전략을 다시 생각하고 더 나은 경로로 이동하는 또 다른 기회이기도 하다. 어떤 실수도 발생하지 않고, 또 조직의 목표가 변경되지 않았을지라도 특정 비영리단체를 영구적으로 지원하는 경우는 몇몇 투자자밖에 없다.

만약 당신이 그 간의 기부를 종료하고자 한다면 가장 우아하게 그만둘 수 있는 최선의 방법을 찾아야 한다. 무엇보다 최소한 1년 전에는 해당 단체에게 당신의 의사를 표명해야 한다. 당신의 기부금을 대체할 기부자 또는 기부단체를 찾을 시간적 여유를 줘야 하기 때문이다. 당신이 오랫동안 기부한 단체라면 2~3년 전에는 알려주는 것이 더 좋을 것이다. 해당 단체에게 왜 당신이 기부를 중단하는지를 설명하고, 당신이 다른 관심 분야로 이동한다고 말하라. 그렇지 않으면 그 단체는 1년이나 2년 후 당신에게 다시 기부를 요청할 수도 있다. 비영리단체들은 기금을 모으기 위해 과거 기부자들을 먼저 접촉하는 경향이 있기 때문이다. 그런 다음 당신의 기부가 성공적이었는지, 그 성공이 당신의 기대를 충족시켰는지, 그리고 그것이 당신의 미래 기부 의사결정에 어떻게 영향을 미칠 것인지를 평가하라. 당신의 고통스러운 기부 철회나 심지어 실패도 때로는 유익할 수 있다. 당신의 기부 전략을 실험하고 결과를 달성하지 못하는 단체에 대한 기부를 거절하면서 당신은 기부와 관련된 많은 지식을 쌓을 수 있고, 당신의 영향력을 더 많이 확산시킬 수 있다. 당신의 자선여행에서의 모든 경험은 반드시 당신의 기부 전략과 미래의 기부에 좋은 정보를 제공해줄 것이다.

양적 기부에서 보다 의미 있는 기부로

알렉사는 자신이 낸 기부금의 영향을 평가할 때 해당 조직이 어떻게 활동했는지를 다음 세 가지 질문, 즉 '얼마나 많은 사람에게? 얼마나 심도 있게? 그리고 얼마나 많은 양을?'이라는 질문으로 간단한 평가표를 만든다. "저는 얼마나 많은 사람들이 제공받는지, 그리고 얼마나 만족하는 서비스를 받는지 보는 것을 좋아합니다. 이를 통해 프로그램의 질과 규모를 이해할 수 있고, 그만한 결과를 달성하는데 얼마만큼의 비용이 들었는지를 알 수 있거든요. 때때로 비용 계산은 산수처럼 간단합니다. 그 조직이 얼마나 많은 금액을 사용했고, 그에 대해 얼마나 많이 봉사했는지는 직결되거든요."

알렉사와 그녀의 남편 트래비스(Travis)는 매년 자신들의 수입의 10%를 기부하는 것부터 자원봉사를 하는데 시간을 투자하는 것까지 자신들이 하는 모든 일을 기부하는 삶으로 이끌기 위해 노력하고 있다. 알렉사가 자원봉사위원회의 CEO로 활동하는 동안, 트래비스는 자신의 MBA 및 브랜드 전문지식을 활용해서 봉사하고 있다. 그는 자신에게 비용을 지불하는 고객에게 서비스하는 수준의 무료 프로젝트를 비영리단체에 기부하고 있는 것이다. 트래비스의 여러 자원봉사 가운데 세 개는 이들 부부가 추가적인 10만 달러 단위의 기부를 하는 것에 상응하는 브랜드 컨설팅으로 비영리단체를 돕는 일이다. 물론 이것은 좋아하는 노동에 대한 기부의 금전적 가치를 추정하는 것일 뿐이므로 서비스의 시장가치에 대한 세금 공제를 법적으로 받을 수는 없다. 지난 20여년간 알렉사와 트래비스는 '뉴도어 벤처스'에 많은 자선 에너지를 할애하는 동시에 돈을 기부해왔다. "시간과 재능, 그리고 재정적으로 정말 모든 면에서 그 조직에 최선을 다해 지원했던 20여년간의 여행이었습니다." 알렉사는 자신들이 끼친 영향의 결과를 광범위하게 정의한다. "우리가 열정을 가지고 있는 기부 대상을 순서대로 세워 놓고 우리의 돈과 시간, 재능을 종합적으로 활용하려고 노력했어요. 그것은 정말 위대한 삶의 한 방식이었습니다."

알렉사는 '얼마나 많은 사람에게? 얼마나 심도 있게? 그리고 얼마나 많은 양을?'이라는 기부 공식의 단순함을 좋아한다. 그러나 모든 기부가 이 방식으로 평가될 수는 없을 것이다. "만약 어떤 비영리조직이 정책 변경 노력이나 시민운동, 또는 쉽게 계산되지 않는 다른 일을 한다면 그 평가는 공식처럼 간단하지 않을 겁니다."라고 알렉사는 말한다.

다른 한편으로는 비영리단체의 일반적인 책임에 대해 생각하는 것도 중요하다. 여기에는 급여가 업계 표준 수준인지, 사무실 임대료와 운영비용은 합리적인지, 그리고 간접비 사용은 미션과 조직의 활동과 일치하는지 등을 포함한다. 비영리단체들은 이러한 항목들에 대해 어떻게 관리하고 있는지를 보여줄 수 있어야 한다.

측정에 대해서도 광범위하게 생각할 필요가 있다. 만약 독서 프로그램에 더 많은 아이들을 등록시키는 등 특정 목적을 위한 기부를 하는 경우, 당신은 얼마나 많은 아이들이 그 프로그램에 실제로 등록되었는가를 물어볼 수 있다. 그러나 그 결과는 당신의 잠재적인 영향력의 일부만을 보여줄 뿐이다. 예를 들어 독서 프로그램이 학생들에게 앞으로 몇 년간 어떻게 영향을 줄 것인가? 방과 후에 독서 프로그램에 참석하는 것이 그 아이들로 하여금 갱 집단에 참가하라는 압력에 저항할 수 있다는 뜻인가? 프로그램에 참여하지 않았다면 고등학교를 졸업하지 못했을 몇몇 아이들이 프로그램 참여로 인해 졸업이 가능해질 수 있는가와 같은 점에서 말이다.

반면 당신의 기부가 특정 결과에 연관되어 있지 않은 경우에도 측정은 가능하다. 예를 들어 비영리단체가 하는 것처럼 당신도 3학년 수준에서 읽는 것이 가능한 아이의 수와 그들이 고등학교와 대학을 졸업할 가능성 등을 측정해보는 것이다. 당신이 어떻게 기부하는지가 당신의 영향력을 계산하는 방식에도 영향을 미칠 것이다. 따라서 서로 다른 목표와 사회 문제에 서로 다른 기부 전략을 적용하는 것처럼 당신의 기부도 서로 다른 형태의 측정 방법을 적용해야 한다. 다시 말해 조직을 확대하려는 비영리단체에게 사용처에 대한 제한이 없는 기부금을 제공할 경우 당신은 프로그램의 결과와 제공되는 서비스뿐 아니라 회계 책임부터 마케팅 효과에 이르기까지 모든 것을 측정할 수 있다. 개선된 운영 인프라에 투자하는 것은 비영리단체로 하여금 영향력을 키워나가도록 돕는 것의 일부이므로 우리는 그것 역시 측정해야 한다.

물론 특정 유형의 자선투자 활동의 영향력은 한 개의 프로그램이나 한 지역사회의 삶의 성공을 넘어서기도 한다. 그렇기에 모든 것에 대해 윤곽이 뚜렷하게 숫자로 표현되는 평가를 내놓을 수는 없다. 자신들의 기부가 보다 더 영향력을 가지기 위해 더 많은 성적 소수자 단체가 자선활동에 관심을 가지도록 격려하고 있는 찰리와 마크를 예로 들어보자. 그들은 해외에 있는 사람들에게 삶을 개선할 수 있도록 돕는 것이 자신들의 영향력의 중요한 부분이라고 믿는다. 이때 기부의 파급 효과는 국내 기부에서도 나타나지만, 같은 금액의 기부금이 개발도상국에 투자될 경우 더 큰 영향력을 미칠 수 있다. 2005년 4명의 에콰도르 출신 형제 중 막내가 찰리를 찾아왔다. 그는 찰리가 운영하는 레스토랑에서 일하고 있었으며, 이제 두 딸을 양육하기 위해 에콰도르로 돌아가야 하지만 에콰도르에서는 자신이 할 일을 찾을 수 없었다고 말했다. 그러면서 그는 찰리와 마크에게 에콰도르에서 소득과 일자리를 창출할 수 있는 소액금융(microfinance)을 운영할 계획이며, 그 프로젝트에 두 사람이 투자할 것을 제안했다. 찰리는 크게 놀라 말했다. "초등학교 3학년 수준의 교육을 받은 그가 그 제안의 모든 것을 만들어냈어요. 학교 숙제를 하듯이 만든 거예요." 찰리는 이 청년의 제안을 듣고 난 다음 마크와 함께 소액금융(대출)을 제공하는 대신 에콰도르 사람들이 소득을 창출할 수 있는 시스템을 제공해주기로 결심했다. "에콰도르에서 소액대출이 단기적으로 효과가 있기는 하지만 닭이나 기니피크(guinea pig)를 키우는 농업에 기반을 두고 있기에 경제적 자립에 한계가 있습니다. 그들은 정말로 수출할 수 있는 뭔가가 필요하므로 우리는 성장할 수 있는 소기업(micro-enterprise)을 설립하는데 집중했습니다." 실제로 찰리와 마크가 에콰도르에 만든 기업은 마을 여성들이 뜬 유아용 유기농 면 스웨터를 수출하는 회사다.

결과적으로 찰리에게 이것은 더 큰 그림의 일부가 되었다. "불법 이민에 대한 근본적인 해결책은 사람들이 자신의 나라에서 살기 좋은 안전한 환경을 만들고, 일자리를 갖도록 돕는 것입니다. 그렇게 하면 아마 불법 이민은 5년 내에 사라질 거예요. 사람들은 굳이 조국을 등지면서까지 1월 평균기온이 영하 13℃까지 내려가는 미네소타에서 살고 싶어 하지는 않습니다." 더 많은 미국인들에게 이런 식의 생각을 갖도록 하기 위해 찰리는 또 다른 여행 회사를 세울 계획을 하고 있다. "과거 우리가 동성애자 그룹을 위해 2천 명의 동성애자를 크루즈에 태워 개발도상국으로 데려간 것처럼 2천 명의 청년(Gen-Y)들을 개발도상국에 데려갈 수 있습니다. 가난한 사람들의 얼굴을 직접 보기 전까지는 사람들에게 일정한 거리감이 유지될 수밖에 없어요. 따라서 우리는 가난과 같은 문제들을 직접 볼 수 있도록 더 많은 미국인들로 하여금 해외로 나가게 해야 한다고 생각해요."

많은 자선가들이 깨닫고 있는 것처럼 국제적으로 기부하는 이유는 인류에 대한 열정을 넘어서는 것이다. 빈곤과 열악한 교육환경, 질병 및 기후 변화와 같은 글로벌 과제는 더 이상 고립된 문제로 볼 수 없다. 이 같은 글로벌 이슈의 파급 효과는 우리 모두에게 영향을 미친다. 우리는 상호밀접하게 연결된 세계에서 자신이 하고 있는 기부의 영향에 대해 보다 넓게 생각할 필요가 있다. 이러한 문제들이 풀리지 않고 남아 있다면 글로벌 문제들이 바로 우리 자신의 문제가 될 것이다.

당신이 세계적인 문제에 기부를 하든, 가시적 영향이 덜 보이는 자선활동에서 큰 물결을 만들든 간에 공식적인 평가는 당신에게 도움이 되지 않을 수도 있다. 파급 효과에 대해 한 번 생각해 보자. 잔잔한 수면 위로 돌을 던지면 당신은 즉시 변화가 발생하는 것을 볼 수 있다. 이것은 당신이 바로 관찰할 수 있는 가시화된 영향력으로 우리는 음식을 제공받은 배고픈 사람의 수나 읽기를 배운 아이들의 수와 같은 간단한 통계를 통해 확인할 수 있다. 그러나 당신의 기부로 인해 기아로 삶을 위협받는 아이들이 줄어들거나, 부모들이 자신의 어린 가족을 부양할 수 있게 되거나, 지구의 자연자원을 덜 사용하게 되는 등 수면 아래에서 또 다른 파급 효과를 만들어낸다는 사실을 간과하지 말자. 이 같은 결과는 당신이 직접 보거나 인식할 수 있는 이상의 보다 깊은 변화라고 할 수 있다. 보다 많은 아이들이 교육을 받게 된다면 청소년 임신이나 마약 사용, 갱 폭력이 줄어들게 될 것이다.

이 같은 파급 효과는 알렉사의 아들 카메론(Cameron)도 생각하고 있는 것이다. 그는 열 번째 생일에 자신이 믿는 이슈에 대한 기금을 마련하기로 결심했다. 그래서 친구들과 가족들에게 생일 선물 대신 욜코나 재단의 웹 사이트를 통해 아프리카의 사막화된 지역에 나무를 심는 프로젝트에 기부해줄 것을 요청했다. 그는 욜코나 재단 페이지에 다음과 같이 썼다. "저는 모든 지식인들이 20년 후에 남을 나무의 양에 대해 걱정해야 한다고 믿습니다. 나무는 여러 가지 방법으로 오염과 싸웁니다. 그것들은 산소와 음식을 제공하며, 지구가 생명을 유지할 대부분을 제공합니다." 욜코나 재단 웹사이트는 그의 나무심기 프로젝트의 과정을 업데이트 하고 비디오 등을 제공함으로써 카메론을 격려할 것이다. 이제 겨우 열 살에 불과했지만 카메론은 이미 파급 효과의 특성을 잘 이해하고 있었다. 그 같은 지식으로 무장하고 삶의 과정을 통해 앞으로 그가 만들 수 있는 영향을 상상해보라.

지식 기부

자신만의 간단한 통계를 요구하거나 또는 수년간 기부한 것에 대해 정식으로 평가를 실시할 때, 그 과정을 비영리단체의 비효율을 근절할 수 있는 테스트가 아니라 비영리단체가 더 잘 수행하고 전략을 새로이 짤 수 있도록 힘을 실어주는 방안으로 생각하는 것이 좋다. 만약 비영리단체가 당장 측정할 수 있는 시스템을 가지고 있지 않다면 그런 시스템을 해당 단체가 개발하도록 도와줌으로써 잠재적 기부자들에 대한 투명성을 재고할 수 있다. 당신이 기부하는 단체는 당신의 돈을 사회적 변화를 만들어내는데 사용하므로 그들이 성공할 수 있게 도와주는 것이 필요하다. 당신이 지원하는 단체의 성과를 평가하고 그들과 협력하는 것은 당신이 투자하는 프로그램이 어떻게 기능하는지를 배울 수 있음은 물론 그들의 활동과 전략을 보다 효과적으로 만들 여지는 없는지도 알 수 있게 해준다. 평가 또는 측정 관련 통계를 받았다면 당신은 어떤 행동을 취할 것인가를 결정해야 한다. 만약 결과가 당신의 기대와 일치하지 않는다고 해도 반드시 기부를 철회할 필요는 없다. 하지만 그 결과를 개선하는 방법에 대해 비영리단체의 파트너들과 의사소통을 해야 한다. 이 때 당신은 개선을 필요로 하는 분야에 쓸 수 있도록 당신의 기부의 일정 부분을 따로 떼어놓을 수도 있다. 당신의 기대에 미치지 못하는 결과에 대해서는 비영리단체와 함께 보다 좋은 결과를 가져올 수 있도록 노력해야 하고, 만약 그것이 불가능하다면 당신의 기부를 우아하게 중단해야 할 것이다.

내가 깨달은 핵심적인 교훈은 눈앞의 결과가 기대한 바에 못 미치는 경우라도 다른 결과가 당신의 기부를 가치 있게 만들 수 있다는 점이다. 당신이 10대의 미혼모들을 교육하기 위한 비영리단체에서 수행하는 상담 및 사회복지사 자원봉사 프로그램에 3년 동안 씨앗기금(seed funding)을 제공해왔다고 해보자. 그런데 그 단체가 수집한 정보를 바탕으로 3년째 평가를 한 결과, 프로그램의 지원을 받은 10대들 사이에서 계획되지 않은 두 번째 임신이 전국 평균과 비교해 겨우 몇 퍼센트 포인트만 낫아진 것을 발견했다고 하자. 이 때 당신은 이 프로그램에 투자를 지속하지 않기로 결정할 수도 있다. 그러나 당신이 비영리단체와 공동으로

제4장 기부 전략 세우기   163

평가 작업을 한다면 프로그램 내의 청소년들이 고등학교 졸업 평가 및 시험에서 보다 높은 점수를 얻었다는 것을 발견할 수도 있다. 또는 그들이 더 많은 자신감과 자기 가치를 깨달았다는 것을 알 수도 있다. 또는 평가 자체에 상당한 편차가 있어서 그 프로그램의 유익성을 평가하기에 부족한 것이 드러날 수도 있다. 이 때 당신이 기부를 계속한다면 그 같은 점을 개선하는데 도움을 줄 수 있을 것이다. 아니면 기존 프로그램에 대한 기부와 함께 매칭 그랜트(matching grant)를 제공할 수도 있다. 당신이 지원하는 단체와 협력하여 평가를 수행하는 경우 모든 평가는 향상된 서비스와 증가된 영향으로 지식을 전달할 수 있는 기회가 될 것이다. 어떤 시스템이 작동하는지 아닌지에 대해 배우는 것과 이 결과를 다른 사람과 나눔으로써 당신은 실패의 위험을 줄이는 한편, 자선 자원의 효과를 높일 수 있을 것이다. 하나의 특정한 사회 변화 모델만이 문제를 해결할 수 있는 것이 아니라는 사실과 더불어 때로는 그것이 부정적 결과를 가져올 수도 있다는 사실을 아는 것은 중요하다.

    이 방식으로 몇 천 달러의 기부가 미래의 몇 십만 달러와 다른 자원의 영향을 크게 향상시키거나 낭비를 방지할 수 있는 지식을 만들어낼 수 있다. 당신이 기부하는 단체의 영향을 평가하는데 투자해야 하는 가장 큰 이유는 이러한 학습과정 때문이다. 당신의 기부가 얼마나 효과적인가를 보기 위해서 몇 년이 걸릴 수도 있다. 하지만 이 같은 기부는 나름대로 배움의 기회를 제공하면서 미래의 기부자들을 위한 보다 나은 사회로의 변화 기반을 구축하는데 도움이 될 것이다.

🍀 실천과제

- **자신에게 물어야 할 항목**
  - 당신의 차별화된 기부의 영향력을 어떻게 정의하며, 성공을 위한 핵심 지표는 무엇인가?
  - 당신은 노숙자 쉼터나 아이들을 후원하는 것처럼 직접적인 요구에 기부하여 즉각적인 영향을 원하는가, 아니면 시민운동, 글로벌 기부, 또는 다른 자선가를 지원함으로써 핵심 문제들을 해결하기를 원하는가?
  - 당신의 기부가 특정 결과를 달성하기 위해 사용되기를 원하는가, 아니면 비영리단체의 운영이 가능할 수 있도록 기본적인 지원을 제공하기를 원하는가?
  - 피드백을 어떤 형식으로 받기 원하는가? 측정이 가능하고 가시적인 유형의(tangible) 피드백을 원하는가, 아니면 정서적이고 에피소드 중심의 무형의(intangible) 피드백을 원하는가?

- **평가와 측정을 위한 자원**
  - 기부 수혜자가 작성한 연말 기부금 보고서: 당신이 기부를 하는 비영리단체는 당신이 단순히 특정 정보나 평가를 요청하기만 하면 제공할 수 있는 보고 및 평가 시스템을 가지고 있을 수 있다. 실제로 많은 비영리단체들이 웹사이트 또는 온라인 연차 보고서에 연간 진행상황을 올려놓고 있다. 그러나 만약 단체가 새로운 프로그램을 시작하는 경우, 평가 자체를 위한 보고서 작성이나 시스템 개발을 위해 당신의 도움을 필요로 할 수 있다.
  - 기부 수혜자가 다른 투자자에게 제출한 정보: 기부하고자 하는 비영리단체가 다른 투자자와 기관들에게 어떤 종류의 데이터를 제공하고 있는가? 당신이 새로운 틀을 만들 필요는 없다. 특히 기금을 지원하는 재단이나 기관들은 이미 광범위한 자체 평가과정을 갖고 있으므로 그들의 평가결과를 따르는 것도 한 방법이다. 만약 더 많은 평가자료를 원할 경우 불필요한 행정 부담을 주는 것은 물론 그로 인해 해당 단체가 본연의 미션을 수행하는데 차질이 생길 수도

있다.
- 제3자의 평가: 만약 당신이 비영리단체가 내부적으로 작성한 통계 또는 보고서 이상의 것을 원하지만 그 단체에게 전문적 지식이나 경험이 없다면 제3자에게 전문적인 평가를 요청하면서 수수료를 지불할 수 있다. 이 방법은 통상 10만 달러 이상의 다년간 기부에서는 일반적이다. 이 때 당신은 비영리 컨설턴트를 고용할 수도 있는데 중요한 것은 해당 분야에 전문 지식과 경험을 가지고 있는 전문가를 잘 선택해야 한다는 것이다. 만약 당신이 다른 기부자 또는 기관과 함께 기부하는 경우라면 이들과 함께 정보를 공유할 수도 있을 것이다.

- **평가시 비영리단체에 문의해야 할 항목**
  - 그 단체는 성공을 무엇으로 정의하는가?
  - 그들이 사용하는 평가 양식은 어떤 것이 있는가? 얼마나 자주 평가하는가?
  - 과거의 평가 결과가 그 비영리단체 또는 활동에 어떤 변화를 가져왔는가?

- **새로운 접근: 테스트 해볼 만한 아이디어**
  - 당신이 존경하는 친구나 동료들과 점심을 먹으면서 당신이 하고 있는 자선활동에 대해 말하고, 그들의 생각을 물어보라.
  - 당신이 관심 있는 분야에서 3개의 비영리단체를 선택한 후 그들의 웹사이트에 들어가서 투명성 정도를 비교하라. 성공과 실패에 대해 각각 얼마나 많은 정보를 온라인에서 공개하고 있는지를 확인하라.

- **가족을 위한 코너**
  - 비슷한 서비스를 제공하는, 국내와 해외에 각각 하나씩 2개의 비영리단체를 자녀들에게 선택하게 하라. 가능하다면 자녀들과 국내 단체를 방문하여 함께 자원봉사를 하라. 금액을 정해서 각 단체에게 기부한다면 어떤 영향력이 발생하는지 평가하게 해보라. 그런 후

둘 중 어느 단체에 기부하면 좋을지를 선택하게 하라.
- 가족과 저녁식사를 하면서 만약 집을 잃는다면 당신의 인생이 어떻게 바뀔지에 대해 토론해보라. 다만 이 토론은 16세 이상의 자녀에게만 적합할 것이다.

● **기억해두면 좋은 것들**

- 평가는 학습 기회를 제공한다. 단순히 비영리단체 프로그램에 접촉한 사람들을 헤아리는 것보다는 그 단체 자체를 평가하고 측정하는 과정이 프로그램과 결과를 개선하는데 더 큰 도움이 될 것이다.
- 만약 비영리단체가 영향이나 수행결과를 측정할 수 있는 시스템이나 자원을 가지고 있지 않은 경우, 당신은 기부하지 않기로 결정할 수 있다. 하지만 당신의 기부금을 이용해서 단체가 측정하고 실적을 보고할 수 있는 시스템 자체를 구축하는 것을 도울 수도 있다.
- 당신의 기부 열정과 영향을 매년 평가함으로써 장기간에 걸친 당신의 기부가 가져올 영향을 더 증가시킬 수 있다. 평가를 거치지 않고 어떻게 당신의 기부 중에서 어느 부분이 가장 영향력이 큰가를 알 수 있겠는가?

제5장

게임을 바꾸는 사람들

: 아이디어 공유로 세계를 변화시켜라

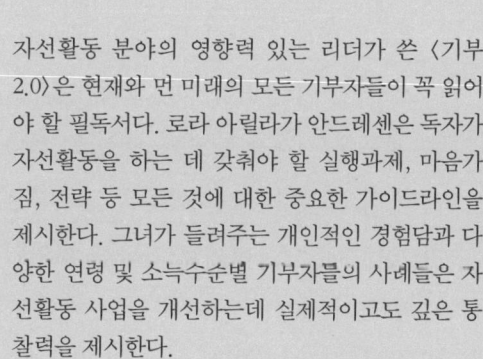

자선활동 분야의 영향력 있는 리더가 쓴 〈기부 2.0〉은 현재와 먼 미래의 모든 기부자들이 꼭 읽어야 할 필독서다. 로라 아릴라가 안드레센은 독자가 자선활동을 하는 데 갖춰야 할 실행과제, 마음가짐, 전략 등 모든 것에 대한 중요한 가이드라인을 제시한다. 그녀가 들려주는 개인적인 경험담과 다양한 연령 및 소득수준별 기부자들의 사례들은 자선활동 사업을 개선하는데 실제적이고도 깊은 통찰력을 제시한다.

- 존 헤네시, 스탠퍼드 대학 총장

> 🦎 다른 사람에게 권한을 넘겨라: 길게 보면 당신의 영향력이 더 커질 것이다.

인도의 라자스탄 주(州) 북서쪽에 있는 작고 하얀 집의 문에 '환영(Welcome)'이라는 글귀가 붙어 있다. 그 집 벽에는 망고 잎으로 테두리를 장식한 위에 코코넛이 올려진 금속 냄비 그림이 그려져 있는데, 힌두교에서 '푸르나 칼라샤(Purna-Kalasha)'라고 부르는 풍요의 상징이다. 그러나 우리들 대부분은 '풍요롭다'는 단어를 이처럼 작고 초라한 집을 묘사할 때 사용하지는 않을 것이다.

3개의 방에 간단한 몇 개의 목재가구가 놓인 이 주택은 지타(Geeta)라는 여성의 집이다. 그녀가 살고 있는 파치파드라(Pachpadra)는 지구에서 가장 건조한 장소 중 하나인 타르 사막의 심장부에 자리 잡고 있다. 또한 이곳은 경제적으로도 아주 궁핍한 지역이다. 인도에서 두 번째로 가난한 지역인 라자스탄은 높은 문맹률과 빈곤이 남성 중심의 카스트 제도와 맞물려 여성의 삶을 특히 더 열악하게 만들었다. 수인성 질환은 물론 영양실조, 빈혈, 높은 유아 및 산모 사망률은 일상적인 일이며, 조혼 풍습과 가정 폭력, 성적 학대 역시 마찬가지이다.

지타의 집은 상수도 시설이 갖춰져 있지 않은 데다 전기 공급도 원활하지 않다. 게다가 여름에는 타오를 정도로 뜨거운 반면, 겨울밤은 유난히 추웠다. 이곳에서 빨래를 한다는 건 양동이와 플라스틱 욕조에 물을 채워 손으로 세탁하는 것을 의미한다. 그러나 빨래를 하기 훨씬 전부터 집안일로 긴 하루가 시작된다. 그녀는 새벽 5시에 일어나 파란 꽃무늬 사리와 밝은 청록색의 베일을 입고 가족의 힌두 신사 앞에 서서 짧은 기도를 한 후, 차 한 잔뿐인 아침식사가 끝나면 어린 두 딸을 학교에 보낸다. 그리고 나서 집안일을 시작하기 전에 콘크리트 테라스를 청소하기 위해 밖으로 향한다. 남편과 사별한 후 혼자 사는 지타는 마을의 다른 많은 사람들과 마찬가지로 하루 몇 달러로 살아가고 있다. 그녀의 점심식사는 몇 조각의 작고 납작한 빵과 매콤한 처트니(chutney) 양념뿐이며, 주된 식사인 저녁은 죽과 야채를 곁들인 빵, 또는 요구르트 커리를 섞은 국물과 말린 콩이 전부다.

이와 대조적으로 피터 케인(Peter Cain)은 이곳에서 몇 천 마일 떨어진 미국 뉴욕 맨해튼 근처의 신도시인 배터리 파크의 9층 콘도미니엄에 살고 있다. 피터는 자신의 집에서 허드슨 강, 뉴저지의 스카이라인, 자유의 여신상을 볼 수 있다. 그는 주말이면 하이킹을 가기 좋은 록랜드에 있는 고향집으로 향한다.

이처럼 지타와 피터의 생활은 너무나 달라 보인다. 그러나 이들 둘은 기부로 연결되어 있다. 피터와 함께 뜻을 같이 하는 사람들이 기부한 돈은 지타가 사는 마을의 보건환경을 개선하는데 사용된다. 미국에서는 샤워를 하거나 세탁을 하거나 또는 단순히 목이 마를 때 당연하게 여기는 자원, 즉 신선하고 깨끗한 물이 이곳에선 결코 당연한 것이 아니다.

기부가 비즈니스 모델을 만나다

지타의 집이 푸르나 칼라샤로 장식되어 있다는 사실은 그녀를 아는 사람들에게 놀랄 일이 아니다. 푸르나 칼라샤의 이미지가 물이 담겨 있는 꽃병이기 때문이다. 물은 짧은 시간 공급되는 것만으로도 이곳에서는 힘이 된다. 지타의 마을은 세계에서 가장 인구밀도가 높은 타르 사막의 심장부로, 물 부족이 일상적인 곳이다. 모래언덕과 험준한 바위가 마치 달의 표면처럼 거친 땅에는 볼품없는 몇 그루 나무들만이 유일한 녹색의 생명체이다. 정오에는 태양 아래 피어오르는 노란 아지랑이 사이로 지평선과 하늘의 경계가 사라져 버린다. 이 바짝 마른 지역은 여름에 기온이 43℃ 이상으로 치솟고, 연간 평균 강우량은 500㎜도 채 되지 않는다.

대부분의 선진국에서는 물을 안정적으로 공급받지 못하는 생활에서 오는 신체적, 정신적 스트레스를 상상하기 어렵다. 하지만 씻고, 마시고, 요리할 만큼의 물이 그나마 충분할지에 대한 걱정은 지타와 같은 이곳 여성들의 삶을 지배하고 있다. 여기에서 물은 귀중한 선물이며, 일상생활에 있어 결코 당연한 것이 아니다. 게다가 이런 극단적인 물 부족은 문제의 일부에 불과하다. 지하수는 맛이 고약할 뿐 아니라 염분 함유량이 많아 위장과 관절에 심각한 문제를 불러일으킨다.

다행스럽게도 이제 지타와 파치파드라의 주민들은 대안을 가지고 있다. 그들은 마을 가장자리에 있는 작은 건물에서 식물의 삼투압 현상을 역이용해 불순물과 물을 분리하는 역삼투압 여과 과정을 거쳐 염분을 제거한 물을 만들어 이용할 수 있다. 또한 해수 담수화 공장을 건설한 라자스탄의 'JAL 바기라티 재단(JAL Bhagirathi Foundation, JBF)'의 도움으로 이 지역사회는 훨씬 많은 사람들이 물을 편하게 이용할 수 있도록 마을 안과 변두리에 여러 개의 급수대를 만들 수 있었다. 파치파드라 주민들에게 깨끗한 물을 제공하는 이 프로젝트는 기존의 단순한 물 원조 프로그램이 아닌 나름의 비즈니스 모델을 갖추고 있다. 1루피 또는 몇 센트도 안 되는 몇 파이즈(paise: 루피 아래의 화폐 단위, 1파이즈=1/100루피)에 불과하지만, 마을 사람들은 자신들이 물을 사용하는 비용을 기꺼이 지불한다. 그리고 지역 내의 여성들은 급수대를 가동하는 것을 작은 사업으로 운영한다. 그들은 리터당 8파이즈에 물을 구입해서 고객이 직접 가져 갈 때는 리터당 15파이즈, 집까지 배달 서비스를 할 경우에는 25파이즈의 비용을 받는다. 이 같은 개인적 영리 사업 또는 비즈니스 모델을 돕기 위해 자선 기금을 사용하는 아이디어는 일부 자선가에게는 익숙하지 않을 수도 있지만, 이 개념은 빠른 속도로 추진력을 얻고 있다.

무엇보다 기부자들은 자신들이 지원하는 전 세계의 경제적 불이익을 받는 시억에서 영리 기업이 가난한 사람들을 위해 보다 나은 학교와 의료 시스템, 소액금융 대출 등 필수적인 서비스의 개발 및 전달 속도를 더 빠르게 할 수 있다는 것을 알게 될 것이다. 하지만 이에 대해 일부 사람들은 시장 지향적 모델로 풀 수 있는 문제를 해결하기 위해 귀중한 자선기금을 투입하는 것은 귀중한 자원을 낭비하는 것이라고 주장하기도 한다. 그러나 이것은 기부에 대한 중요한 접근 방식의 하나일 뿐이다. 개인 영리사업의 힘을 활용함으로써 자선가는 그들의 자선금액이 보다 많은 사람들에게 돌아가도록 할 수 있는 것이다. 이 개발 모델은 필수 서비스를 제공하는 것에 그치지 않고, 새로운 수입원을 제공하여 원조나 자선이 아닌 지속가능한 생계수단을 만듦으로써 지타와 같은 사람들이 자신들의 삶을 향상시킬 수 있도록 돕는다.

위생시설을 살펴보자. 계획적이지 않은 도시가 필수적인 사회기반시설 없이 점점 더 넓은 영역으로 확장되면 어떤 종류의 위생시설도 없는 빈민가가 자리 잡게 된다. 이 경우 주민들은 콜레라나 장티푸스 등의 전염병뿐 아니라 설사 관련 질병과 잠재적으로 생명을 위협할 수 있는 기생충 질환에 노출되는 위험에 처하게 된다.

2006년 케냐의 사업가이자 건축가인 데이비드 쿠리아(David Kuria)는 이 문제를 해결할 수 있는 아이디어를 개발했다. 이코토일렛(Ikotoilet), 즉 물 없이 미생물 분해제를 사용하는 공중화장실을 만드는 것이었다. 그러나 화장실을 운영하기 위해 환경적으로 지속가능한 기술을 쓰는 것이 첫 번째 도전이었다면, 또 다른 도전은 이것을 재정적으로도 지속할 수 있는 운영방법을 개발하는 것이었다. 쿠리아는 스낵과 신문 판매대, 구두 닦기 및 휴대전화 이용권을 판매하는 매점 등 작은 가게들과 함께 화장실을 둠으로써 재정적 문제를 해결했다. 이 작은 가게들을 운영하는 젊은 사업가들은 이제 경제적으로 독립할 수 있게 되었다. 당연히 그들은 사람들이 계속 화장실을 사용하고 가게에서 돈을 쓰도록 하기 위해 화장실을 깨끗하게 유지해야 할 강력한 사업적 유인을 갖고 있다. 지금까지 수십 개의 이코토일렛이 케냐에 설치되었고, 이 회사는 탄자니아와 우간다에도 사업을 확장할 계획을 갖고 있다.

비즈니스 모델의 일부는 채산성이 없는 사업을 다른 사업의 수익으로 유지하는 원칙에 의거하여 운영되기도 한다. 그 중 하나가 재산에 여유 있는 사람들에게 비용을 부과함으로써 가난한 사람들을 위한 기금 서비스를 하는 것이다. 뭄바이의 다이얼 1298 구급차(약칭 '1298') 사례를 보자. 인도 MBA 졸업생 그룹이 뭄바이에서 긴급 운송 서비스를 시작하기로 결정할 때까지 대부분의 인도 사람들에게 있어 병원에 간다는 것은 택시를 호출하거나 모터 인력거를 이용한다는 뜻이었다. 세계에서 가장 인구가 많고, 한 달에 4만 건 이상의 긴급 상황이 발생하는 이 도시에서 수천 개의 구급차가 이미 운영되고 있었지만 대부분은 단순한 들것보다 조금 더 장비를 갖춘 승합차 수준에 불과했다. 이 때 미국에서 교육을 받은 인도의 젊은 전문가 팀이 모든 사람이 구급차 서비스를 이용할 수 있는 아이디어를 냈다. 자선의 씨앗자금 확보 및 런던 앰뷸런스 서비스와 뉴욕 장로교 병원에서 기술 조언과 트레이닝을 받은 후 2007년에 '1298 서비스'가 출시되었다. 더 많은 자동차와 의료 보조원을 양성하기 위해 1298 서비스에서 자금을 추가로 모금하는 동안에도 이 서비스는 재정적으로 자급자족이 가능했다. 즉 가난한 사람들은 무료로 사용할 수 있을 만큼 서비스 자체적으로 충분한 수익을 만들어낼 수 있었다. 누가 비용을 지불해야 하고, 누가 비용을 지불하지 않아야 하는지 확인하기 위해 이 서비스는 현명하고도 간단한 방법을 사용한다. 병원비가 비싼 개인병원으로 가 달라고 요청하는 사람들은 전체 비용을 지불하고, 대신 병원비가 무료이지만 낮은 서비스의 국립병원으로 가는 사람들은 각자의 소득 수준에 따라 일부 비용만을 지불하거나 한 푼도 지불하지 않아도 된다.

　이러한 사회적 동기에 기반한 기업은 대부분 개발도상국에서 운영되지만 일부는 미국에서도 운영된다. 콘치 브리토스(Conchy Bretos)는 플로리다에서 고령자에게 저렴한 생활지원 서비스를 제공한다. 그녀는 메디케이드 면제기금을 사용하여 공공주택이나 보조주택을 금융적으로 개량하는 방법을 찾아냈다. 예를 들면 양로원 시설에서 살거나 집에서 그와 비슷한 관리 서비스를 받는 것을 포기하는 대신 다른 다양한 서비스를 제공하는 것이다. 초기 컨설팅의 타당성 연구 실시, 건물 개조, 참여주민과 직원 모집, 실행 역량 및 영향 평가 기간을 포함하여 3~5년이 지난 후, 이 시설의 관리는 지역의 주택 공급자에게 제공되기 시작했다. 그녀는 이 모델을 20개 이상의 주에서 약 5천 명의 노인들을 대상으로 하는 40개 이상의 프로젝트로 복제했다. 그리고 전통적인 양로원이 아닌 자신의 집에 머무름으로써 참여주민들의 물리적, 정신적 건강이 향상됨에 따라 약물 치료와 입원, 응급실에 대한 의존도가 낮아지면서 메디케이드는 상당한 양의 돈을 절약할 수 있었다. 그녀는 이 모든 것을 자선을 통하지 않고 자신이 1995년에 영리기업으로 설립한 'MIA 컨설팅'을 통해 진행했다. 이 회사는 그들 지역에서 저렴한 생활지원 시설을 설립하기를 원하는 공공주택기관과 비영리단체에서 수수료를 받는다. 회사는 이 수익으로 직원들의 급료를 지불한 후, 저렴한 비용의 충당과 무료 컨설팅 서비스의 보조금으로 사용한다. 이러한 종류의 서비스를 개발하는 조직과 개인은 기업가들이지만, 그들의 동기는 대부분의 영리기업과는 다르다. 이익을 만들 수 있다는 전망은 이들을 함께 나아가게 하지만, 그것은 재무적인 이득이 아닌 사회적인 이득이다. 그들은 사회적 기업가인 것이다.

당신은 '사회적 기업가'라는 용어를 이곳저곳에서 발견할 수 있는데, 그만큼 남용되거나 때로는 오용되기도 한다. 그러나 정확하게 사용되기만 한다면 사회적 기업가 정신은 기업가에 의한 비교적 새로운 인적 개발 방식이라고 할 수 있다. 이러한 사회적 기업가는 올바른 도구와 네트워크를 이용하여 거대한 글로벌 문제에 대해 단순한 원조가 아니라 오래 지속되는 해결책을 제공하는 지속적인 기업을 구축할 수 있다. 반면, 원조는 정치적 의지와 기증자의 자금에 의존하기 때문에 언제든지 변경되거나 고갈될 수 있다. 물론 방법이 다양하다보니 모든 사회적 기업이 이익을 창출하지는 못한다. 예를 들어 NGO들이나 시민단체에 의해 진행되는 프로젝트의 경우, 사업 확장이나 건물의 중요 인프라의 투자 자금을 위한 자선 금액을 찾는 등 운영비용을 대기 위해 수익창출 방식을 사용하기도 한다. 한편 사회사업가는 상품 또는 서비스를 전혀 제공하지 않고도 사회 혁신가가 될 수 있다. 농업협동조합 또는 의료 네트워크 등과 같이 빈곤과 불평등을 완화하는데 도움이 되는 시스템을 구축함에 있어 더 좋은 방법을 제시할 수도 있기 때문이다.

아쇼카(Ashoka) 재단의 설립자이자 사회적 기업의 정의 및 투자 아이디어를 개척한 빌 드레이튼(Bill Drayton)은 사회적 기업가는 설립 목적이 무엇이든 간에 그들 자신의 관심사와 주주의 이익, 또는 종교적이거나 정치적인 의제를 뒷받침하지 않더라도 모두를 위해 좋은 역할을 한다고 주장한다. 사회적 기업가의 또 다른 특징은 그들이 봉사하는 지역사회를 희생자가 아닌 고객으로 대한다는 것이다. "실제로는 도움을 필요로 하는 사람들이 그저 지원금을 받는 것이 아니라 스스로를 위한 결정을 내리기를 원한다는 것을 이해하는 것이 필요합니다. 그들이 결정에 함께 참여함에 따라 직접 자신의 문제를 해결하고, 그 과정에서 그들뿐 아니라 우리 모두가 인간 존엄의 가치를 지켜갈 수 있는 것이죠." '좋은 아이디어를 널리 퍼뜨리자'라는 취지의 비영리 재단 어큐먼 펀드(Acumen Fund)를 설립한 재클린 노보그라츠(Jacqueline Novogratz)의 말이다.

그들의 모델이 무엇이든 사회적 기업가들은 가난하고 소외된 사람들을 소비자나 직원 및 기업인으로 대우함으로써 결과적으로 그들의 삶을 개선하는 중심적인 역할을 스스로에게 맡기는 것이 되어 엄청난 힘을 부여한다는 사실을 깨달았다. 한 조사기관이 일방적인 원조 및 자선과 사회적 기업의 영향력을 비교하여 추적해보았다. 미국을 기반으로 하는 비영리단체인 킥스타트(KickStart)는 아프리카의 가난한 농부들에게 무작정 원조를 하는 대신 저렴한 물 펌프를 개발하여 판매한다. 그 수익은 킥스타트의 운영비용 중 일부로 충당되기도 하지만, 그들이 자선 기부의 일환으로 펌프를 무료로 배포하지 않고 판매하는 데는 중요한 이유가 있다. 가난한 농민들이 펌프를 구입하는 데에는 투자와 헌신이 요구되기에 구입한 장비를 자신들의 소득 창출을 위해 사용할 가능성이 높다. 킥스타트의 조사에 따르면 80% 이상의 고객들이 작은 기업을 시작하기 위해 킥스타트에서 산 펌프를 사용하고 있다고 한다. 이것은 30% 미만의 사람들이 기증된 펌프를 같은 목적을 위해 사용한다는 연구결과와 비교된다. 결과적으로 킥스타트는 거의 9만 명의 가족들이 작은 영농사업을 새롭게 시작하는 것을 돕고 있다.

가난한 사람을 위해 저렴하게 설계된 상품은 사회적 기업이 주목하는 또 다른 영역이다. 스탠퍼드 대학 디자인스쿨은 '매우 저렴한 기업 디자인(Entrepreneurial Design for Extreme Affordability)'이라는 프로그램을 통해 여러 가지 독창적인 아이디어를 발표해왔다. 학생들과 교수는 '저렴한 비용, 삶의 변화, 구명(救命)'을 목표로 30달러 미만의 비용이 드는 물 펌프, 전기 조명과 같은 장치를 개발하기 위해 해당 지역의 주민들과 함께 일했다. 그러한 노력의 결과로 높은 품질의 태양광 충전식 LED 램프 및 삼각대 펌프, 인력식 관개 펌프가 개발되었다.

당신은 자선가로서 이러한 사회적 기업가를 지원함으로써 전 세계에 걸쳐 확산되고 있는 혁신적이고 새로운 기부방법에 참여할 수 있다. 즉 스탠퍼드 대학 디자인스쿨처럼 인큐베이터를 통하거나, 재단 또는 자금 중개를 통하는 방식으로 간접적으로 참가하거나, 멘토나 디자인 코치, 투자자가 되는 것처럼 프로젝트나 개인들에게 직접적으로 참여함으로써 당신은 사회적 혁신의 한 부분이 될 수 있다.

자금제공자에게 자금을 제공하라

무엇이 피터 케인을 지타와 그녀의 가족으로 연결하는가? 피터는 지타에게 직접 기부하지 않는다. 다시 말해 피터는 그녀와 JAL 바기라티 재단에 개인적인 접촉을 전혀 하지 않는다. 그는 세계의 여러 개발도상국들을 광범위하게 여행했지만 인도의 라자스탄을 방문하지는 않았으며, 인도에 직접적으로 자신의 돈을 보낸 적도 없다. 대신 피터는 뉴욕에 있는 비영리단체인 어큐먼 펀드에 기부한다. 스스로를 가난한 사람들을 위한 비영리 벤처 자본 기금이라고 소개하는 어큐먼 펀드는 기부자와 자금을 모으고자 하는 사회적 기업 간의 중개자 역할을 한다. 이 단체는 피터의 돈을 다른 사람들의 기부금과 함께 모아서 혁신적인 사회적 기업의 프로젝트에 투자하고 있다.

어큐먼 펀드와 같은 중개 조직들은 '세계에서 가장 창의적인 사회적 기업 중 일부는 그들 자신의 업무를 기획하고 운영할 자신의 자금을 보유하는 한편, 다른 사람들에게 씨앗자본(seed capital)을 제공하거나 소액대출 또는 관리 및 기술적 조언 등의 형태로 도움의 손길을 주어야 한다.'고 주장한다. 이것은 자선가들이 자주 참여하는 영역이며, 2000년대 들어 비영리단체와 재단들도 사회적 기업가의 성장을 지원하기 시작했다. 이러한 조직은 민간자본을 유치하기에는 너무 위험할 수 있는 혁신적인 사업에 자선기금을 이용한다. 가장 큰 이유는 그들의 시장이 절대 고수익을 만들 수 없는 저소득 계층에 있기 때문이다. 하지만 이런 중개 조직들은 단순한 자선이 아닌 작은 장사 수단과 지속가능한 생계를 만드는 수단을 제공함으로써 지타와 그녀의 마을을 지원하는 것과 같은 프로젝트에 그들로 하여금 자금을 댈 수 있게 한다.

어큐먼 펀드는 다양한 비즈니스 모델을 사용하여 '피라미드의 하단(base of the pyramid, BoP)', 즉 깨끗한 물과 신뢰할 수 있는 보건 서비스, 살 만한 주거 공간 및 다른 기본적인 요구사항에 접근할 수 없는 수십억 명의 가난한 사람들을 지원하는 여러 사회적 기업가에게 투자한다. 그러나 다른 일을 하는 기관들도 많이 찾아볼 수 있다. 운영 규모의 확대와 재정의 지속가능성 달성을 원하는 비영리단체나 NGO, 자본을 필요로 하는 중소 영리기업, 또는 BoP를 대상으로 하는 특정 비즈니스를 시작하려는 좀 더 큰 회사 등도 이에 속한다. 물론 일부 기부자들은 사회적 기업가들이 아이디어를 진행하기 위한 신규 자금을 유치하거나 기존의 사업을 확장시킬 수 있도록 그들에게 직접 투자하기도 한다.

그러나 비교적 사업 경험을 많이 가진 사람이라 하더라도 이러한 일을 혼자서 하는 것은 도전적인 과제이다. 우선 당신이 해외에 있는 사회적 기업에 기부한다면, 그 기업이 미국에 지사를 갖고 있거나 복잡한 서류작업을 이행할 수 있다고 하더라도 당신의 기부금에 대해 세금 공제를 받지 못할 것이다. 또한 직접 기부하기 위해 당신은 아주 멀리 떨어진 장소에서 무엇이 필요한지, 당신의 돈이 어떠한 영향을 주었는지에 대한 결과를 확인할 수 있어야 한다. 투자 자금은 반드시 아이디어가 뿌리를 내리고 변화에 영향을 주기 전에, 적합한 시기와 신중하게 양성된 프로젝트에 한해 사용돼야 한다. 이처럼 당신이 사회적 기업에 직접 기부하면 진행 상황을 모니터링하고 그들이 어떻게 당신의 자금을 사용하는지 정확히 알기가 매우 어렵다.

만약 당신이 이 기업적 개발 모델을 지원하는데 자신의 돈을 쓰려고 한다면, 당신을 대신하여 모든 수고를 할 조직에 기부한다는 다른 선택지도 있다. 즉 중개자에게 기부함으로써 당신의 돈이 보다 잘 쓰이게 할 수 있다. 우선 당신의 기부금은 전체 기금에 추가된다. 그 후 중개기관은 당신이 투자할 만한 높은 잠재력을 가진 프로젝트를 선택할 수 있도록 모든 실사를 진행할 것이다. 미국에 살고 있는 개인 기부자가 자신들의 기부 대상이 되는 사람들이 직면한 엄청난 도전들에 대해 이해하는 것은 어렵다. 우리는 우리의 돈을 가장 시급히 필요로 하는 곳에 투자하기 위해 현지인을 고용하고, 지역적 통찰력을 갖춘 단체를 이용할 필요가 있다.

사회적 기업가를 지원하는 많은 중개기관과 단체는 투자는 물론 그 이상의 일을 한다. 그들은 프로젝트의 지도자가 대출, 컨설팅 서비스 관리, 인적자원, 멘토링 및 모금 네트워크에 접근할 수 있도록 돕는다. 따라서 그들은 당신이 혼자서 사회적 기업에 직접 투자하는 경우라면 제공할 수 없는 부가가치를 당신의 자금에 만들어준다. 이것은 개인에게 필요한 것을 직접 주는 방식의 기부와는 매우 다른 전략이다.

사회적 기업가를 지원하는 재단 및 비영리단체에 기부하면 사실 당신의 자선은 자선 수혜자에게서 한 걸음 더 멀어지게 된다. 그러나 그것은 당신이 보다 더 큰 영향을 미칠 수 있도록 만들어준다. 기금을 받은 사회사업가들이 성공적인 새 기업을 세운다면 그들은 자신들의 생활을 개선하는 것보다 더 많은 일을 할 것이다. 그들은 사업 확장에 따라 고용을 창출하며, 주위 사람들에게 없어서는 안 될 중요한 서비스를 제공할 것이다.

또한 당신이 한 사람에게 소득을 창출할 수 있는 능력을 준다면 그 선물의 파급 효과는 보다 광범위한 지역사회로 확산되면서 그들의 배우자와 자녀 등 보다 넓은 범위의 가족의 삶을 개선하는데 도움이 될 것이다. 전통적인 원조 프로젝트와 달리 이러한 사업은 가난한 사람들에게 필수적이고 지속가능한 서비스를 제공하게 될 것이다. 이는 향후 자선 자금이 줄어들고 정부 보조금이 바닥날 경우에도 계속 성장할 수 있을 것이다.

빌 드레이튼(Bill Drayton)은 이 분야의 개척자다. 하버드와 예일에서 법학을 공부하고 맥킨지에서 컨설턴트로 일한 경험을 살려 그는 몇몇 사람들만이 혁신적인 사회적 기업가에 대한 지원 개념을 이해했던 1980년에 아쇼카 재단을 설립했다. 아쇼카 재단은 거대한 글로벌 문제를 해결할 수 있는 혁신적이고도 실용적인 아이디어를 내놓은 콘치 브리토스와 같은 전 세계의 사회적 기업가를 찾아내어 그들에게 투자한다. 아쇼카 재단에서 일하는 사람들을 뜻하는 '아쇼카 펠로우(Ashoka Fellows)'들은 사회 혁신의 개발에 초점을 계속 맞출 수 있도록 자기 직업을 그만두고 가족을 먹여 살릴 생활비가 필요할 때도 있다. 첫 30년 동안 아쇼카 재단은 70개 이상의 국가에서 거의 3천 개에 달하는 사회적 기업에 지원했다. 또한 그 동료들이 공동 작업을 진행하고 지식을 공유하면서 더 큰 사회 혁신 공동체의 일부가 될 수 있도록 공식 네트워크를 만들었다.

아쇼카 재단은 사회적 벤처기업을 만드는 초기 단계의 개인들에게 자금을 지원한다. 그들 모두는 경제발전, 인권, 교육과 환경의 지속가능성 등 모든 사회문제에 이의를 제기하기 위해 새로운 접근방식을 사용한다. 또한 이곳에서는 어떤 사람이든 아쇼카 펠로우를 지명하고 기부를 하며, 또 그들의 멘토가 될 수 있게 함으로써 시민 자선이라는 새로운 개념을 촉진한다.

아쇼카 재단은 2010년에 '글로벌라이저(Globalizer)'라는 프로그램을 시작했다. 이 프로그램은 혁신의 성공이 입증된 글로벌 아쇼카의 네트워크 내에서 조직적이며 재정적으로 지속가능한 사회적 기업가를 찾아낸다. 뿐만 아니라 찾아낸 사회적 기업가들의 잠재력을 높이는 것은 물론 문화적, 지리적 차이에 상관없이 다른 나라의 많은 지역사회에서 사업 모델의 복제가 가능하도록 돕는다. 아쇼카 재단은 엄격한 선택 과정의 사회적 기업가 식별을 통해 사회적 기업가들의 모델을 구체화하고 지원한다. 이를 통해 그들의 혁신을 전 세계에서 복제할 수 있도록 하는 일에 개인 기부자들이 혼자서는 절대 제공하지 못할 큰 가치를 제공하고 있다. 그들의 도전은 성공했다. 매년 개최되는 글로벌라이저 서밋(Globalizer Summit)에서는 이러한 혁신가들이 서로의 통찰력을 공유하기 위해 함께 모인다.

글로벌라이저 펠로우들 가운데 마르타 아랑고(Marta Arango)는 콜롬비아의 가난한 동네 아이들이 학교에 입학하기 전에 효과적으로 학습을 준비할 수 있는 새로운 방법을 개척했다. 마르타와 남편 글렌 님니히트(Glen Nimnicht)가 1977년에 설립한 '교육과 인간개발 국제센터(the International Center for Education and Human Development, CINDE)'는 유아교육 지원을 위해 가족, 지역사회 및 양육 전문가를 포함하는 네트워크를 만들어 운영하고 있다. CINDE는 아쇼카 재단이 동료들 사이에서 추구하는 가치 중 중요한 요소를 가지고 있다. 바로 복제 가능하다는 점이다. 이에 따라 여러 재단은 물론 라틴 아메리카 정부, 유니세프와 같은 유엔 기관 및 세이브 더 칠드런(Save the Children)과 같은 NGO들이 공식 및 공공 교육 시스템에서 아이들로 하여금 더 좋은 학습결과를 내는 것을 목표로 하는 정책 및 프로그램을 만들 때 이 모델을 쓰고 있다. 이 방법을 통해 CINDE 모델은 30개 이상의 국가에 확산되어 세계적으로 10만 명 이상의 어린이들에게서 차이를 만들어내고 있다.

사업 초기 단계에서 아쇼카의 사회적 기업가를 돕고 싶은 비즈니스 전문지식을 가진 사람이라면 누구든 직접 아쇼카 재단의 지원 네트워크를 통해 참여할 수 있다. 이것은 국내나 해외에서 아쇼카 펠로우들과 일하고 만나면서 자신들의 개인적이고 전문적인 네트워크를 공유하는 개인들의 네트워크이다. 마찬가지로 아쇼카의 대학 프로그램 또한 완전히 새로운 사회적 기업가의 길을 터주기 위한 프로그램이다. 대학생들이 날개를 펴고 비상을 시작할 수 있도록 필요한 멘토링, 자원, 동료 그룹을 연결해주는 것은 물론 그들 스스로 사회적 혁신 모델을 육성할 수 있는 커뮤니티를 제공한다. 어느 누구든 자신의 모교에서 새 아쇼카 대학에 자금을 지원하거나, 또는 특정한 기업 모델을 확장하도록 시간을 내서 접촉하는 방법을 통해 아쇼카의 특정 사회적 기업가에게 기부할 수 있다.

빌 드레이튼이 '사회적 기업가 정신(social entrepreneurship)'이

라는 신조어를 만든 이후 여러 단체들이 시장원리에 기반한 발전 모델을 지원하는 흐름에 참여하고 있다. 그들 중에는 비즈니스 측면에서의 빈곤 해결책을 추구하는 워싱턴DC에 기반을 둔 테크노서브(TechnoServe)라는 조직이 있다. 이 조직은 사회적 기업을 확장하거나 개시하는데 필요한 기술을 사회적 기업가에게 전수해주는 훈련 프로그램을 운영하고 있다. 뿐만 아니라 사회적 기업을 글로벌 시장에 연결하며 그들이 운영 중인 사업 환경을 개선하고 자본에 대한 접근성을 향상시키고자 직접 금융기관과 연결시켜주고 있다. 특히 테크노서브는 농민과 식품 생산에 초점을 맞춰서 세계의 가난한 사람들이 스스로와 가족, 지역사회 및 궁극적으로는 자신들의 국가를 위해 소득을 올릴 수 있도록 돕는 것을 목표로 하고 있다.

어큐먼 펀드에서 기부자로부터 받은 자선기금은 수익성 투자와 자선의 중간적 성격이라고 할 수 있는 '인내성 자본(patient capital)'이라 불리는 투자에 투입된다. 이것은 사회적이거나 경제적 혜택을 가진 혁신적 아이디어를 구체화하는데 사용되며, 재무적 결과보다는 사회적 결과를 창출하는데 초점을 맞춘다. 이러한 투자는 보조금이 아닌 대출이나 담보의 형태이기 때문에 어큐먼 펀드는 이 프로젝트에서 다시 새로운 아이디어를 지원하고 새로운 사회적 기업가를 돕는 데 쓰일 수 있는 재무적 수익금을 얻을 수 있다. 추가적인 재투자 사이클이 또 다른 생활 변화의 사이클을 시작하는 것이다.

사회적 기업가들이 여러 비영리단체와 재단에서 사회적 기업을 운영하는데 필요한 씨앗자금을 제공받는 것 이상으로 중요한 것은 이러한 단체들이 제공하는 도움의 방식이다. 이것은 당신의 기부금이 사회적 기업으로 하여금 보다 효율적으로 사업을 관리하고 운영하거나, 또는 보다 고부가 가치를 지닌 시장에 연결되도록 도움을 주는데 기여할 수 있다는 뜻이다. 실제로 사회적 기업가를 후원하는 단체들은 그들 사회적 기업이 보다 높은 효율을 내기 위한 관리 및 전략 컨설턴트로서의 역할을 통해 더 큰 영향을 미친다.

일부 조직에서는 이 같은 컨설팅 요소가 그들의 핵심 임무다. 뉴욕에 기반을 둔 비영리단체인 엔데버(Endeavor; 노력 또는 시도라는 뜻)의 예를 보자. 엔데버는 아르헨티나, 멕시코, 우루과이, 남아프리카공화국, 인도, 이집트, 요르단과 같은 신흥 시장에서 아쇼카 재단이나 테크노서브, 어큐먼 펀드처럼 활동하면서 사회적으로 '영향력이 높은' 사회적 기업가를 찾는다. 엔데버는 기금 모금이나 자금 지급보다는 사회적 기업이 자금조달이나 마케팅, 리더십 개발 등의 분야를 선택하는 경우를 멘토링하는데 거의 모든 자원을 투입했다. 엔데버는 기업에서 잠시 떠나 있는 임원부터 경영대학원 학생까지 멘토에 포함시켰다. 그 결과 작은 투자가 큰 영향을 만들어냈다. 예를 들어 브라질에서 엔데버는 기술 관련 회사인 텍시스(Tecsis)를 도와 글로벌 시장으로 확대하는 프로그램을 만들어 결과적으로 1천 개 이상의 지역 일자리를 창출해냈다.

세계의 공예가들을 지원하는 비영리단체인 '장인 지원(Aid to Artisans)'은 엔데버와 비슷한 접근방식을 사용한다. 이곳은 장인(匠人)들에게 영업 및 회계 분야를 이해하도록 돕는 비즈니스 기술을 제공한다. 또한 그들이 공예작품을 보다 비싼 가격에 팔 수 있도록 선진국 시장에 연결되기 전에 작품의 품질을 향상시키는 것은 물론 수출시장을 개척하는 것도 도왔다. 미국이 도자기의 독성을 가진 광택 유약 때문에 멕시코 도자기의 수입을 금지한 이후 미국으로의 수출량이 급감한 멕시코의 전통적 도공들을 돕기로 한 것이다. 장인 지원 단체는 '무(無) 유약 동맹(Lead Free Alliance)' 운동을 전개했다. 이 동맹이 1천 명 이상의 도공들에게 독성 유약을 쓰지 않고 도자기를 만드는 방법을 훈련시킨 후, 마침내 미국의 식품의약품안전청(FDA)은 멕시코 도자기의 수입금지 조치를 해제했고, 멕시코 도공들의 수출량은 수입 금지조치 이전 수준으로 회복될 수 있었다. 장인 지원 단체에 따르면 도공들은 2006년 한 해 동안 20만 달러를 초과하는 수출을 달성했는데, 이것은 종종 집계에서 누락되는 가내수공업 방식의 비공식적 판매금액이 제외된 공식적 수출액이었다.

　이러한 종류의 단체를 지원하면 당신의 자금은 시장을 바꾸는 첫걸음에 기여하게 된다. 당신은 개별 사회적 기업에 직접 자금을 지원하지 않지만, 당신의 자금은 다른 이들의 자금과 합쳐진 후 거대한 영향을 가져올 아이디어와 사업 영역을 가진 사회적 기업가들에게 자금을 배분할 뿐만 아니라 서비스를 지원하는 단체에 의해 재분배된다. 이러한 사회적 기업가들은 때때로 지역사회를 단순히 지원하는 이상의 일을 하는데, 특히 전체적인 시스템을 바꿀 가능성이 있는 모델을 개발하기도 한다.

차별화된 투자

　시장원리에 기반한 자선활동에 종사하는 경우, 또 다른 선택지는 '사회 성과 투자(social impact investing)'로 알려진 방식의 기부를 하는 것이다. 우리는 자선가로서 기부 또는 기금 모금에만 책임이 있는 것이 아니다. 우리는 기부금을 위해 따로 떼놓은 자금뿐 아니라 우리가 가진 모든 돈을 좋은 일을 위해 쓸 수 있다. 인류 전체를 생각한다면 우리들이 지속적으로 관심을 가지고 있는 문제와 원인의 해결 방법을 한 걸음 더 전진시키기 위해 우리의 개인적인 금융투자를 이용할 수 있는 것이다.

　투자는 자선활동을 여러 가지 방법으로 보완할 수 있다. 우리는 사회에 미치는 영향에 관계없이 최고의 수익을 창출하는 투자를 함으로써 더 많은 돈을 만들어낼 수도 있다. 그러나 이와 반대로 우리는 낮은 수익을 낼 수 있지만 사회 환경적인 목표를 촉진시키기 위해 우리가 가진 투자 포트폴리오의 일부 또는 전체를 사용할 수도 있다. 예를 들어 지속가능한 농업, 접근 가능한 건강관리 또는 금융 서비스, 공적 혜택을 창출하는 비즈니스 모델을 사용하는 회사인 B-기업(B-corporations) 또는 L3Cs(limited liability, low-income corporations, 유한 책임의 저수익 기업), 시장원리에 기반한 다른 모델 등 사회적 혜택을 창출하는 기업에 돈을 제공하는 것이다.

　사회 성과 투자 전략은 '두 개의 핵심 결과(double bottom line)', '정렬된 자본(aligned capital)', '성과 투자(impact investing)' 또는 '목적 투자(mission investing)'라고도 불린다. 아울러 투자 또는 기

업 구매자금을 위한 사모 펀드, 상장주식 매수, 운용방식을 공개하지 않는 뮤추얼펀드나 사회적 책임 투자(SRI) 펀드를 포함한 다른 종류의 투자가 병행되기도 한다.

일부 단체는 수십 년 동안 사회 성과 투자를 실천해왔다. 이러한 투자 모델의 더 큰 움직임은 개인과 단체들이 비록 세금 혜택은 없지만 사회적이면서도 금전적 수익을 제공하는 방식에 자신들의 돈을 투자하는 것의 성과와 영향력을 깨달으면서 빠르게 확산되었다. 또한 2000년대 들어 새로운 단체들이 사회 성과 투자 방식을 선택하면서 추진력을 얻어 왔다. 최근에는 개인 기부에까지 확산되고 있다.

이런 종류의 투자가 통상 SRI 펀드와 연관되어 있기도 하지만, SRI 펀드의 전략은 주로 환경을 파괴하거나 인간의 개발을 지원하지 않는 회사들을 가려내는데 주목해왔다. 반면 사회 성과 투자는 그들의 돈을 환경보전과 교육 또는 사회적, 경제적인 사업을 하는 기업을 찾아서 비록 시장 수익률보다 낮더라도 여전히 수익성 있는 투자를 하고 있다.

사회적 성과를 노리는 투자는 당신의 자선활동을 보상하기 위해 당신의 다양한 문제를 해결할 수 있으며, 영리적 투자를 할 수 있도록 한다. 예를 들어 녹색 기술에 투자할 경우 당신은 태양광이나 풍력 발전과 같은 환경 친화적 기술을 발전시키는 회사에 당신의 돈을 투자할 수 있다. 또한 당신이 아프리카에서 기아를 추방하고 전 세계에 보다 큰 농업 생산성 향상을 만들어낸 새로운 녹색혁명과 같은 활동을 지원하는 영리 또는 저수익성 투자를 할 때 녹색 투자는 인간개발과 함께 결합될 수 있는 것이다.

이 투자방식은 마치 빙산과도 같다. 자선가로서 우리는 종종 빙산의 일각에 불과한 투자를 한다. 2010년에 실시된 GivingUSA의 조사에 따르면, 개인에게서 기부되는 평균 기부금은 소득에서 세금을 제한 가처분소득 중 2%에 불과하며, 단체들은 법적으로 매년 자산 규모의 5%만을 기부하게 되어 있다. 우리는 작은 얼음조각이 아닌 거대한 빙산을 이루는 보다 큰 얼음조각이 우리의 사회적 전략을 위해 사용되도록 할 수 있다.

당신은 다양한 방법으로 이런 종류의 투자에 참여할 수 있다. 가난한 사람들을 위한 주택제공 또는 교육에 대한 접근성 향상 등 당신이 관여하는 분야에 종사하는 기업의 성장을 위해 사모펀드를 이용할 수 있다. 또한 일부 투자 관리자는 이미 자신들의 고객에게 사회 성과 투자를 하나의 투자수단으로 제공하기 시작했다. 이러한 기부 방식이 당신에게 생소하다면 전문적인 펀드매니저의 조언을 받을 수 있다. 또 다른 방법으로는 글로벌 사회 성과 투자 네트워크(Global Impact Investing Network, GIIN)가 있다. 이 비영리단체는 사회 성과 투자의 효과를 촉진시키기 위해 설립되었다. 이 단체는 투자자가 색다른 투자를 함으로써 기대할 수 있는 사회적인 결과를 알 수 있도록 글로벌 사회 성과 투자 평가 시스템(Global Impact Investing Ratings System, GIIRS)을 개발했다. 또한 GIIN의 운영을 후원하는 록펠러 자선 고문단은 투자자의 투자 결정과 그 사회적 영향을 서로 연결시키는 방법을 보여주는 '사회 성과 투자자를 위한 해결책: 전략부터 실행까지'라는 가이드를 출판하기도 했다. 헤론(F.B. Heron) 재단은 '투자에 관련된 임무(Mission Related Investing)'에 관한 온라인 도서관을 운영하고 있다.

당신의 개인 자산을 관리하는 차원이라면 단순할 수도 있지만, 만약 당신이 창조적이고 보다 광범위하게 생각한다면 투자의 형태를 바꿀 필요도 있다는 점을 기억하라. 전통적인 투자의 기본조건이 금융 수익을 내는 것이라면, 사회적 성과를 노리는 투자자가 달성하기를 원하는 기본조건은 사회적인 수익이다. 그리고 모든 사람들에게 그렇지 않을 수도 있지만 이러한 유형의 투자는 기부를 한층 더 다양하게 만들고, 전체 자선의 기본조건인 사회적 수익을 최대화하기 위해 금융 투자와 사회적 투자를 결합하는 것도 가능하다.

돈 이상의 것

파리와 런던에서 몇 년을 보낸 후 뉴욕으로 복귀하면서 피터 케인은 글로벌 문제 해결에 기여하는 새로운 방법을 찾기 시작했다. 그는 나이지리아로 몇 번의 여행을 다녀오는 동안 개발도상국의 강력한 사회적 요구를 직접 경험했다. 다른 많은 사람들과 마찬가지로 피터는 전통적인 원조 모델이 정말로 가난한 사람들의 생활을 변화시킬 수 있는지를 자문했다. "많은 원조 자금이 낭비되는 것은 물론 자신이 어디서 무엇을 하는지조차 모른 채 생각 없이 랜드로버를 몰고 다니는 많은 사람들과 함께 그 돈이 헛되이 소모되고 있다는 생각이 들었습니다."

피터의 경력은 그에게 공공 및 비영리 세계가 민간 부문과 일하기 위해 필요한 것에 대해 잘 이해할 수 있는 연결고리를 제공했다. 미국의 공공재정 부문에서 근무한 경험을 바탕으로 그는 영국의 비즈니스와 공공 부문 인프라 간의 협업을 지원하는 정부 프로그램인 민간투자개발산업(Private Finance Initiative)에서 몇 년을 일했다. "정부를 대신해 민간 부문에서 병원과 학교를 지을 수도 있습니다. 저는 항상 정부와 금융, 정책과 정치 사이의 교차점에서 그 같은 임무를 어떻게 수행할 것인가에 대해 고민하면서 즐겁게 일했습니다."라고 피터는 말한다.

그래서 피터는 어큐먼 펀드의 활동에 대해 들었을 때 매우 흥미로워했다. 그는 자신이 어떻게 도울 수 있는지를 물었고, 그 단체가 기금을 모으고 있다는 이야기를 듣고 그 자리에서 기부하겠다고 말했다. 피터는 자신의 회사가 진행하는 매칭 프로그램을 통해 기부하는 펀드를 포함하여 연간 4만여 달러를 어큐먼 펀드에 기부했다.

2008년 9월 15일, 월스트리트에서 가장 큰 투자은행 중 하나인 리먼브라더스(Lehman Brothers)가 파산을 선언했다. 그것은 세계 대공황 이후 가장 큰 금융 위기의 시작을 알리는 신호탄이었다. 이후 미국 경제는 깊은 침체에 빠져들었다. 충격의 여파로 금융 부문의 많은 자선가들은 기부 규모를 줄여야 했고, 피터 케인도 예외는 아니었다. 금융 위기 이후 신규 거래와 매출이 줄어들면서 회사의 주가가 요동치는 가운데 그는 수표 발행을 중단해야만 했다.

그러나 이것이 피터가 어큐먼 펀드와의 관계를 끊는다는 의미는 아니었다. "저는 투자를 하는 사람들을 위한 비공식적인 홍보 담당관이 될 수 있었지요. 그들은 내가 했던 방식에 따라 일을 진행하고, 나에게 질문을 했습니다." 예를 들어 파키스탄에서의 주택공급 체계의 경우 피터가 공공자금 조달 지식 및 저소득층 모기지에 대해 많이 알았고, 시스템을 개선하기 위한 올바른 질문을 할 수 있기 때문에 특히 도움이 되었다. "당신이 홍보 담당관이 되기 위해 필요한 것은 많은 시간뿐입니다."라고 피터는 말한다.

어큐먼 펀드의 투자위원회는 몇 년 전부터 발족하여 운영되고 있는데, 이 팀은 공식 회의에 앞서 보다 효과적으로 준비하기로 결정했다. 피터는 투자위원회 진행 전에 있었던 준비회의에 참석해 필요한 메모를 읽고 어려운 예상 질문들을 도출해내는 등 팀의 회의준비 전반을 도왔다. 이렇게 진행되던 중 3명의 투자위원회 위원으로 구성된 어큐먼 펀드는 독립적인 새 위원을 찾기 원했고, 그 자리에 피터를 초청했다. "저는 그 단체에 시간을 갖고 참여하기 시작했고, 지금은 어큐먼 캐피털 마켓(Acumen Capital Markets)이라고 불리는 자금위원회에 속해 있습니다."라고 피터는 말한다. "지금 어큐먼 펀드는 내 삶의 중요한 한 부분이 되었습니다. 어큐먼 펀드는 내 커뮤니티 중의 하나로 긍정적인 에너지를 많이 갖고 있으며, 특히 금융 위기 이후 지난 몇 년간의 고생을 고려하면 정말 재미있고 보람찬 일이 되었습니다."

피터는 회의 및 분기별 포트폴리오 리뷰를 위해 정기적으로 어큐먼 펀드 사무실을 방문한다. 또한 그는 어큐먼 펀드의 자문위원회에 합류함에 따라 팀을 보다 잘 알게 되었고, 그들이 운영되는 방식을 직접 볼 수도 있게 되었다. 그러나 피터에게 있어 최고의 순간은 그가 젊은 어큐먼 펀드 경영진 팀에 합류해 케냐의 수도인 나이로비에서 기부를 받은 수혜 기업가들과 함께 하는 이벤트에 참가했을 때였다. 그곳에서 인도, 파키스탄, 케냐 및 여러 곳에서 온 사회적 기업가들은 서로의 경험을 공유하며 아이디어를 가진 사람들끼리 커뮤니티를 만들 수 있었다. 이들 사회적 기업의 뛰어난 직원들은 보상을 받았으며, 저녁과 휴식시간은 모두에게 서로를 알 수 있는 기회가 되었다. 이 5일간의 여행은 데이비드 쿠리아의 회사가 설치한 이코토일렛과 에코택트(Ecotact)가 설치된 장소를 방문하는 일정을 포함하고 있었다.

나이로비의 끝이 보이지 않는 빈민가는 피터에게 깊은 인상을 남겼다. "빈민가가 눈앞에 펼쳐져 있었어요. 아이들은 천진난만하게 웃고 있었지만 판잣집 너머 길 건너편은 거대한 쓰레기 더미였고, 좁은 길 사이로 오수가 흐르고 있었죠." 데이비드 쿠리아의 작은 상점과 구두 닦기 부스로 둘러싸인 깨끗한 공중 화장실은 그런 혼돈의 중앙에 놓여 있었다. "그곳을 방문했던 경험은 매우 보람 있는 일이었고, 왜 도전해야 하는지에 대한 이해를 더 깊게 해주었습니다. 당신은 이러한 사업이 단지 기회만 만들 수 있는 것이 아니라 가난한 이들을 고객으로 대우함에 따라 그들에게 존엄성 또한 높여준다는 것을 알 수 있을 겁니다."라고 피터는 말한다.

복제의 힘

일부 사회적 기업가들이 시장원리에 기반한 수익 모델에 의존하는 동안 다른 이들은 하나의 중요한 방식, 즉 자신들의 아이디어를 공유한다는 점에서 수익 중심의 사업과는 매우 다른 모델을 추구했다. 심지어 아쇼카 재단에서도 다른 사람에 의한 독립적인 복제 가능성은 조직의 평가 과정에서 핵심 요소가 되었다. 매년 동료들에게 묻는 설문지의 질문 중에는 "당신의 연구가 당신이 지휘하지 않은 개인이나 그룹에 의해 복제된 적이 있나요?"라는 것이 있다. 여기서 '그렇다'라는 답변은 성공을 의미하는 것이다.

이 성공의 척도는 일반 기업 세계와는 매우 다를 수 있다. 새로운 아이디어나 제품 또는 서비스를 개발한 회사는 다른 회사나 다른 사람들이 지적 재산권을 훔치고 복제하여 사업에 쓰는 것을 방지하기 위한 모든 종류의 조치를 취할 것이기 때문이다. 그러나 글로벌 문제에 대처하고자 하는 개인이나 사회적 기업으로서는 복제 가능한 좋은 아이디어가 세계 여러 곳의 기후 변화와 건강 환경의 열악함에 따른 가난과 질병에 맞서 싸울 수 있는 강력한 무기가 된다. 어느 한 아이디어가 한 번 영향을 끼치면 잔잔한 수면에 작은 돌이 떨어져 바깥쪽으로 확장되는 물결을 만드는 것과 같은 파급 효과를 발생시킨다는 것을 사회적 기업가를 후원하는 사람들이 직접 볼 수 있는 것이다.

이베이의 공동 설립자인 제프 스콜(Jeff Skoll)은 스콜 재단(Skoll Foundation)을 통해 사회적 기업가 영역의 홍보 및 공식화의 초석을 마련하는데 크게 기여했다. 아쇼카 재단의 친목 모임에서 상을 받는 것처럼, 스콜 상을 받는 것은 성장하는 조직이나 회사에게 큰 신뢰도를 가져다주었다. 스콜 재단은 사회적 기업가와 그들의 지지자를 위해 강력한 온라인 커뮤니티인 '소셜 엣지(Social Edge)'를 구축한 첫 번째 재단이었다. 또한 스콜 세계 포럼은 세계 각국에서 개인 기부자와 게임 변화자(game changers; 기부를 통해 사회 변화를 꾀하는 사람들이라는 뜻으로 사용)를 초청했다. 직접 기부하거나 조직된 재단을 통하지 않는 그 누구에게든, 스콜 재단의 연례 시상 사례를 따라 하는 것은 스콜 재단의 실사 과정을 활용하고 사회 변화의 가장 흥미로운 모델을 실행할 수 있는 좋은 방법이 될 수 있을 것이다.

다른 곳에 적용될 수 있는 아이디어를 개발하기 위해 자선 자금을 사용하는 또 다른 조직은 미국에 기반을 둔 그룹인 환경보호 펀드(Environmental Defense Fund, EDF)이다. EDF는 월마트나 페덱스(Fedex)와 같은 대기업으로 하여금 보다 깨끗하고 환경 친화적인 기술을 개발하도록 돕는다. 그 이유는 대기업들이 자신들의 습관을 바꿔 갈수록 친환경적 변화가 일어날 것이며, 저탄소 및 지속가능한 세계를 만들 것으로 믿기 때문이다. EDF는 개인들의 크고 작은 기부뿐 아니라 재단으로부터도 기부를 받지만, 함께 일하는 기업으로부터는 절대 기부를 따로 받지 않는다. 심지어 그 기업들이 에너지 효율 혁신으로 연료 절감을 하는 등 파트너십에 따라 이익을 얻은 경우에도 마찬가지다. 이 원칙이 EDF의 독립성과 함께 그와 일하는 공동사업의 신뢰성을 보장한다고 믿기 때문이다. 기업 컨설팅 서비스에 대해 대가를 요구하는 대신, EDF는 공동 개발하는 모든 혁신이 반드시 공개되어 다른 회사들이 그와 유사하게 자신들의 사업에서 유익한 변화를 만들 수 있도록 하고 있다.

EDF와 아쇼카 재단 같은 단체는 성장을 위해 다른 접근방식을 취하기도 한다. 자신들의 운영을 획기적으로 확장하거나 전 세계에 사무실을 여는 대신, 그들은 조직을 작고 민첩하게 유지시키려고 노력한다. 동시에 이들 단체들은 자신들이 지원하는 새로운 아이디어를 공식화하고 소득 창출을 확산시키며, 체계 및 정책 변화를 일으키는 개인과 단체의 활동을 통해 자신들의 업적을 실현시키고자 한다. 뿐만 아니라 그들은 다른 사람이 복제 가능한 아이디어의 성장을 육성하고, 세계의 다른 지역에 적용시키며, 그것을 확장시키는 것을 지원한다.

노벨상 수상자인 무하마드 유누스(Muhammad Yunus)가 방글라데시에서 가난한 사람들에게 소액대출을 제공하기 위해 설립한 금융기관인 그라민 은행의 예를 들어보자. 이 은행의 소액대출 대부분은 아시아의 저소득층에게 제공되고 있다. 동시에 이 은행은 사업을 세계 각국, 심지어 미국까지 확대시켜 미국인들에게도 동일한 소액대출을 제공하고 있다. 또 다른 파급 효과는 제시카 재클리(Jessica Jackley)가 스탠퍼드대 경영대학원에서 유누스의 강의를 들으면서 영감을 얻었을 때 일어났다. 제시카는 선구적인 온라인 대출 웹사이트인 'Kiva.org'를 매트 플래너리(Matt Flannery)와 함께 공동으로 설립했다.

한편, 인도의 지타가 자신의 작은 사업을 시작할 수 있게 도움이 된 물 프로젝트를 통해 배운 교훈 역시 아프리카에 적용될 수 있었다. 이 프로젝트는 '파급 효과(Ripple Effect)'라고 불리는 계획 중 하나로 선정되었다. 어큐먼 펀드, 디자인 컨설팅 업체인 이데오, 빌&멜린다 게이츠 재단이 지원하는 이 프로그램은 세계의 가장 가난한 사람들 50만 명 이상을 위해 깨끗한 물에 대한 접근성을 향상시키기 위한 아이디어를 찾는 것을 목표로 하고 있다.

'파급 효과' 프로젝트는 케냐의 4개 단체를 선택해 생존의 필수자원인 물에 대한 접근이 어려운 다른 지역사회에 물의 배달 및 저장을 위한 새로운 아이디어를 시험하도록 했다. 인도 뭄바이의 1298 구급차 서비스도 급속하게 확장되었다. 지난 3년 동안 고객들은 10만 건 이상 서비스를 이용했고, 이 중 수천 명은 1298 구급차를 무료 또는 매우 낮은 가격으로 이용하여 의료기관까지 이송되었다. 이 모델의 성공이 입증되자 인도의 지역 정부는 이제 다른 도시와 지역에서도 이 구급차 서비스를 개발할 수 있는지를 단체에게 문의하게 되었다.

이러한 활동들을 모두 합쳐보면 사회적 기업의 활동에서 수혜를 받는 사람들의 수는 인상적이다. 앤데버의 기부활동을 보자. 1997년 이후 11개 신흥시장 국가에서 지원받은 500개 이상의 사회적 기업이 13만 개 이상의 일자리를 만들었다. 2010년에는 지원을 받은 앤데버 기업의 83%가 새로운 세대의 사회적 기업가를 지원하기 위해 자발적으로 이사회 멤버 및 기부자로 올라섰다. 또한 지난 10년 동안 장인 지원 단체는 12만5천 명 이상의 장인들의 소득을 향상시켰고, 그들이 멕시코의 1인당 소득 평균의 약 4배 수준까지 벌 수 있게 만들었다. 각각의 일자리가 그들의 가족 4명을 지원한다고 볼 때, 10년 동안 그 영향력은 50만 명까지 확산되었다고 할 수 있다.

여기서 우리는 이 같은 방식의 기부가 가지는 진짜 힘을 볼 수 있다. 좋은 아이디어에 기반한 프로젝트에 투자하고, 그 아이디어를 실현시킬 기업가를 육성하는 사회적 기업을 지원하는 것은 당신의 돈이 단순히 개인의 삶을 향상시키는 것뿐 아니라 시스템 자체를 바꾸는데 이용됨으로써 보다 효과적으로 사용되는 것을 뜻한다. 결국 그것이 사회를 바꾸는 데까지 성공한다면 복제 가능한 아이디어는 축하할 일이 되는 것이다.

빌 드레이튼은 이러한 아이디어를 만드는 개인을 '변화 창조자들(Changemakers)'이라고 부른다. 이들 변화 창조자들은 필수 서비스를 전달하는 방법을 재창조하고 복제 가능하도록 만드는 동시에 수백만 명의 삶을 개선시킬 수 있도록 게임을 바꾸는 해결책을 만들기 위해 노력한다. "우리의 작업은 사람들에게 물고기를 주는 것이 아닙니다. 또한 어떻게 물고기를 잡는지 가르치는 것도 아닙니다. 이것은 새롭고 더 나은 낚시 산업을 구축하는 것입니다."

라자스탄에서의 지타의 새로운 생활은 이러한 원칙을 보여준다. 지타의 삶은 그녀가 급수대를 운영하기로 한 이후부터 변화했다. 남편을 잃은 미망인은 사회적 지위 또한 잃게 되는 사회에서 그녀의 과거 생활은 매우 고단했다(심지어 일부 가난한 농촌지역에서 과부는 머리카락을 자르고 자신의 인생의 나머지 시간 동안 남자와 만나지 못하도록 요구되기도 한다). 다른 소득이 전혀 없던 지타는 종종 우물을 파고 건설 현장에서 돌을 깨는 육체노동을 하기도 했다.

현재 지타의 일은 보다 쉬워졌다. 이틀마다 트럭이 그녀의 물탱크를 채우기 위해 물 여과공장에서 도착한다. 트럭은 물 2천 리터를 담아 나르고, 그녀는 트럭 운송비를 포함하여 160루피를 지불한다. 그녀는 이틀 동안 이 물을 판매할 것이고, 여름에는 이 2배의 양을 판매할 수 있다. 지타의 집 앞에 있는 파란색 원통형 물탱크의 측면에는 그녀의 휴대폰 번호가 큰 숫자로 적혀 있다.

많은 사람들이 물을 구매하기 위해 그녀의 집에 직접 오는가 하면, 어떤 사람들은 그녀에게 전화하여 조금 더 비싼 가격에 집까지 배달 받는 서비스를 선호하기 때문이다. 사람들은 요즘 지타를 가난한 과부가 아니라 한 명의 사업가이자 지역사회에서 존경받는 일원으로서 보고 있다. 그녀는 이제 가족을 위해 더 영양가 높은 음식을 구입할 수 있으며, 물 소비가 많은 여름에는 의료비 및 기타 긴급 상황에 대비해 저축할 여유도 생기게 되었다. 아직도 많은 사람들이 여자는 결혼과 함께 운명이 결정되는 것으로 믿고 있는 나라에서 지타의 기회는 엄청난 한 걸음을 내딛는 것을 의미한다. 지타의 딸들은 졸업 후에 이러한 일에 착수하여 지역사회의 적극적인 일원이 될 것이다. 딸들이 결혼하여 다시 그들의 딸들을 교육시킨다면 그녀들은 마침내 불평등의 고리를 끊고 자신의 의견이나 선택의 여지가 없었던 여성의 삶의 굴레에서 벗어날 수 있을 것이다.

이 변화는 그냥 돈을 주는 것만으로는 절대 일어날 수 없는 일이다. 그녀의 사회적, 경제적 상황의 변화는 멀리 있는 누군가가 그녀에게 삶을 변화시킬 수 있는 비즈니스 모델과 자원을 제공했기 때문에 일어날 수 있었다. 그리고 이 모델은 그 지역의 수십 개 마을에서 반복 재생산되고 있다.

지타는 또한 상업적인 물 공급이라는 자신의 역할에서 또 하나의 예기치 못했던 혜택을 받고 있다. 여성들이 물을 구매하기 위해 그녀를 찾을 때, 그것은 같은 처지의 여성들이 서로를 지원하고 지역사회에 참여할 수 있는 기회가 된다. 우리에게 이것이 아무 것도 아닌 것처럼 보일 수 있어도 살기 위해 육체노동을 할 수

밖에 없었던 과부에게는 그렇게 이웃과 함께 하는 휴식의 순간이 더욱 새롭고 좋은 삶이라는 큰 의미를 가진다. 그리고 지타는 딸들을 좋은 학교에 보낼 수 있는 돈를 벌면서 이제 그들에게 자신이 갖지 못했던 선택이라는 큰 선물을 제공할 수 있게 되었다.

실천과제

- **기업가에게 기부하려고 할 때 스스로에게 물어야 할 항목**
  - 지식의 공유와 성공적인 모델의 확장 및 재생산에 얼마의 가치를 두는가?
  - 사람들을 즉시 도울 수 있는 것을 주고 싶은가, 또는 지속적인 수입을 만들 수 있도록 커뮤니티의 구조를 만드는 것을 돕고 싶은가? 물론 둘 다를 할 수도 있다.
  - 중개기관을 통해 기부할 경우 비영리단체에게 직접 기부하는 것보다 당신의 기부금이 거대한 자금 풀에 포함되는 것을 더 선호하는가?
  - 해당 사업 모델의 재무적 결과는 얼마나 중요한가?

- **새로운 접근: 테스트 해볼 만한 아이디어**
  - 당신의 연간 기부금액의 일정 비율을 보다 높은 위험을 가진 기부단체에 제공하라. 자선활동은 결국 사회적으로 위험자산이라고 볼 수 있기 때문이다.
  - 굉장한 잠재력을 지닌 아이디어를 기반으로 하는 사회적 기업을 선택하여 매년 기부하라.
  - 지역 대학에서 새로운 비영리기업을 세우고 싶어 하는 학생을 찾아 그 진행과정 동안 멘토로서 도움을 줘라.

- **가족을 위한 코너**
  - Kiva.org 또는 아쇼카 재단과 같은 사회적 기업의 홈페이지를 찾아

그 회사의 소개 글과 활동내역을 아이들과 함께 읽어보자.
- 세계의 여러 문제들을 아이들에게 설명해주고, 그들이 그 문제 중 하나를 해결할 수 있는 새로운 아이디어를 찾도록 도와주자.

- **기억해두면 좋은 것들**
  - 사회적 기업에 직접 투자할 때 현재의 기부자가 누구인지 확인하라. 기부자는 친구나 가족이 될 수도 있지만 잘 알려진 자선가나 재단 또는 기업일 수도 있다. 이것은 모델의 잠재적 성공 가능성을 알려주는 지표가 될 수도 있기 때문에 중요하다.
  - 당신의 기부는 성공할 수도 있지만 실패할 수도 있으며, 이것은 심지어 당신이 사회적 기업으로 신뢰가 높은 중개기관을 통해 기부할 때도 마찬가지이다. 입증된 과거 경력이 있는 사회적 기업이라도 모든 투자가 성공적이라는 보장은 없다. 실패하더라도 이것을 '배우는 비용(learning grants)'이라 생각하고 다른 전략이나 아이디어, 기업을 찾아 다시 움직여라.

제6장

모험이 필요한 세상

: 함께 기부하면서 배우기

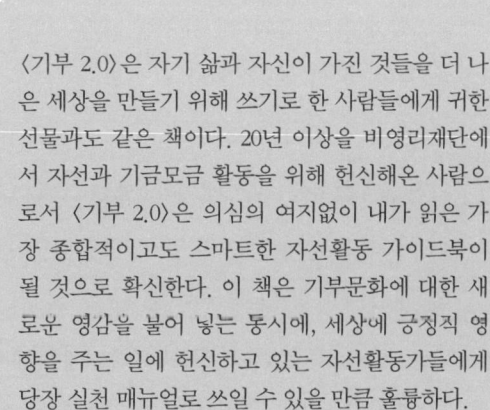

〈기부 2.0〉은 자기 삶과 자신이 가진 것들을 더 나은 세상을 만들기 위해 쓰기로 한 사람들에게 귀한 선물과도 같은 책이다. 20년 이상을 비영리재단에서 자선과 기금모금 활동을 위해 헌신해온 사람으로서 〈기부 2.0〉은 의심의 여지없이 내가 읽은 가장 종합적이고도 스마트한 자선활동 가이드북이 될 것으로 확신한다. 이 책은 기부문화에 대한 새로운 영감을 불어 넣는 동시에, 세상에 긍정적 영향을 주는 일에 헌신하고 있는 자선활동가들에게 당장 실천 매뉴얼로 쓰일 수 있을 만큼 훌륭하다.

- 에드워드 노턴, 자선단체 크라우드라이즈 공동설립자

> 결과를 위해 힘을 합쳐라: 자원의 공유가 당신과 당신의 기부금에 더 큰 변화를 가져올 것이다.

1990년대는 비즈니스 세계에 있는 모두에게 짜릿한 시기였다. 인터넷 연결, 통신, 상업 거래를 위한 모든 종류의 기회가 열리기 시작했다. 나는 1995년에 MBA를 공부하기 시작했고, 그 때 스탠퍼드 대학의 우리 반 학생들 대부분은 닷컴(dot-com) 관련 사업계획을 작성했다. 나 역시 그들처럼 내 자신의 기업을 만들고자 하는 욕망을 불태웠다. 하지만 나는 뭔가 다른 일을 하고 싶었다. 즉 돈을 벌기 위한 조직을 만드는 대신, 기부하는 기업을 설립하고 싶었던 것이다. 어머니를 여읜 후 경영대학원 첫 1학기의 6주간을 보내면서 나는 내가 자선활동에서 경력을 쌓고 인생을 기부에 바치고 싶어 하는 것을 깨달았다. 어머니를 잃은 고통이 자꾸만 생각나면서 나는 되도록 빨리 어머니의 유산을 가치 있는 것으로 만들고 싶었다. 또한 자선 세계에서 나만의 특별한 발자취를 남기고 싶었고, 아버지의 자선활동 자원을 관리할 수 있을 만큼의 신뢰를 쌓고 싶었다.

  많은 IT 회사들이 주식을 공개함에 따라 잠재적인 기부자 커뮤니티가 생겨나는 것을 보면서 나는 주위의 많은 사람들이 기부에 있어 도움을 필요로 한다는 것을 느꼈다. 나는 높은 기술력을 가진 젊은 백만장자들이 새로운 세대로 떠오르는 현상에 대해 미디어들이 반발하는 것을 목격했다. 신문과 TV는 그들을 '사이버 구두쇠'라고 부르면서 그들이 그처럼 많은 부를 축적했음에도 왜 사회에 환원하고 기부하지 않는지를 힐난했다. 그러나 그 같은 비판 중 일부는 불공평한 것이었다. 우선 그들이 가진 재산의 대부분은 현금이 아닌 회계상으로만 존재했기 때문이다. 또한 높은 기술력을 가진 기업가의 대부분은 재무적인 성공을 거둔 첫 번째 세대였으며, 나처럼 그들을 기부하도록 만드는 가족 배경이나 내력을 가지고 있는 경우도 극히 드물었다. 그때까지만 해도 자선활동은 은퇴한 후에나 하는 것으로 생각하고 있었는데, 이들은 경제적으로 부를 이루기는 했지만 20대, 30대, 또는 40대일 뿐이었다. 사실 이 같은 현상은 과거에 없던 새로운 것이었다. 또한 대부분의 실리콘밸리의 기업가들은 다른 주 또는 다른 국가에서 왔기 때문에 지역사회에 아무런 연고를 갖고 있지도 않았다.

  나는 이 같은 상황에 처한 새로운 기업가들이 어떤 방식으로, 어디에, 또 효율적으로 어떻게 기부해야 하는지에 대해 도움이 필요하다고 생각했다. 그들은 활력이 넘치는 기업가적 태도를 가지고 있었기 때문에 진지함과 책임, 효율성을 가진 자선활동에 영리적 투자와 같은 수준으로 매력을 느낄 것이라고 믿었다. 나는 그러한 자선시장의 틈새를 찾아냈고, 그 후 내가 그 틈새를 메울 수 있다는 확신을 갖게 되었다.

　SV2는 1998년에 시작되었다. 우리는 그것을 '벤처 자선사업 파트너십'이라고 불렀고, 우리의 기부자이자 파트너들은 비영리단체들이 다년간 조직적 역량을 구축할 수 있도록 자신들의 돈을 기부했다. 기부 프로그램 내에서 우리가 투자하는 비영리단체들은 조직적 역량의 필요성과 자신들의 열정을 제시하고, 어떻게 그것을 달성할 것인지를 우리에게 설명했다. 우리는 기부 수혜자들과 함께 그들의 전략과 실천계획, 목표를 달성하기 위해 충족해야 하는 분기별 기준 등을 포함하는 일종의 기부 계약을 개발했다. 기부 수혜자들이 자신들의 목표를 달성하고 보고할 책임을 가지는 한편, 우리 또한 돈을 투자하는 것 외에도 우리의 시간과 전문성을 투자하여 그들의 목표를 달성할 수 있도록 도울 책임이 있기 때문이었다.

　우리의 파트너들은 비영리단체에 기금을 할당할 때 결정권을 갖고 있는데, 이 때 기부의 규모와 관계없이 동등한 투표권을 가지도록 했다. 또한 새로 들어온 파트너도 기부 결정에 곧바로 참여할 수 있도록 했다. 초대를 받거나 공개제안 요청에 회신한 비영리단체들은 기부 결정 과정에서 파트너들에게 자신들의 필요성과 성장 가능성, 추가 자금 지원, 경영 지원, 파트너들의 네트워크에의 접근성 등을 발표하도록 했다.

　다양한 직업, 연령 그룹, 사회적 열정 및 배경을 가진 파트너들은 SV2가 지원하는 비영리단체 중에서 일부를 선택하여 돕게 된다. 특히 자선 금액이 수천 달러 수준일 경우 처음에는 선택이 조금 어렵게 느껴질 수도 있지만, 기존 동료들의 협조와 지원을 통해 SV2 파트너들은 비영리단체들의 요구 사항과 확장 가능성을 평가할 수 있다는 자신감을 얻을 수 있게 되었다. 이 방식은 기본적으로 어떻게 하면 높은 영향력을 발휘할 수 있는 기부활동을 할 수 있는지를 가장 빠르게 배울 수 있는 방법을 제공한다.

SV2 파트너는 또한 비영리 기부 수혜자들이 자신들의 현재 목표를 달성하는데 필요한 역량을 구축해줄 뿐만 아니라 새롭고 더 야심찬 목표까지 세우도록 도와주고 있다. 파트너들은 해당 단체의 성장을 위한 전략적 계획을 마련하고, 그것을 단체의 이사회에 보고하는 것을 돕는다. 그들은 비영리단체의 대표와 함께 커피를 마시는 등의 자리에서 기부를 결정하는 위원들을 만나 단체의 목표, 계획, 활동 등을 결정하는 자리를 만든다. 동시에 나를 포함한 파트너 중 일부는 우리가 기부하는 단체의 이사회 이사로 취임하기도 했고, 그 중에는 이사회 의장을 지내기도 했다. 단체의 이사 또는 의장을 맡는 경우 그들은 SV2 자선금액에 더해 개인적으로도 그 단체에 기부를 하는 것이 보통이다. 따라서 파트너들은 훌륭한 목표를 가진 비영리단체를 높은 성장성을 가진 조직으로 바꾸는데 있어 SV2의 내부 및 외부적으로 직접적인 역할을 했다. 그들은 특히 비영리단체들이 교육, 지속가능한 환경, 또는 국제 개발의 시스템적 변화를 일으키도록 도왔다. 이에 따라 우리는 우리가 기부하는 비영리단체와의 상호 파트너십을 '사회혁신 프로그램' 이라고 부르기도 했다.

SV2를 만들어 운영하면서 나는 자선에 대한 여동저이면서도 새로운 시대의 요구에 부응하기 시작했다. 기부자가 자신들의 기부에 더 많이 관여하는 방식을 선택한 것이다. 이것이 바로 내가 기부를 시작한 처음부터 구상했던 것이었고, 자선활동을 시작한 지 15년이 지난 지금도 추구하는 방향이다. SV2 자선은 내가 한 기부 중 가장 자랑스러운 일이다. 단지 우리가 혁신적인 비영리단체를 만들었기 때문만이 아니라 우리의 파트너들이 자선활동을 하는 방식을 바꿀 수 있었기 때문이다. 우리의 파트너들처럼 나도 자신의 기부보다 SV2 자선을 통해 훨씬 더 큰 영향력을 만들 수 있었다. 일반적인 기부에서는 어떤 직원이나 전문적인 컨설턴트도 나와 내 가족들의 기부금을 어떻게 써야 하는지를 도와주지 않기 때문이다.

또한 나는 깜짝 놀랄 만큼 많은 새로운 동료 그룹을 만들 수 있었다. 요즘의 기부자는 혼자 기부하고 싶어 하지 않는다. 많은 사람들이 자신들의 생각과 신바람을 공유하기 위해 함께 하고자 한다. 그들은 자선에 대해 다른 사람들에게 이야기하고, 자신의 경험과 문제점을 비교하고, 지역사회의 믿을 수 있는 사람들에게 이런 저런 질문을 하고 싶어 한다. 그러면서 그들 사이에 우정이 싹트기도 한다.

모험적인 자선가가 되자

1969년에 열린 재단 세금 개혁에 대한 의회 청문회에서 존 D. 록펠러는 민간이 설립한 재단의 위험 부담 기능을 설명하는 용어를 만들어냈다. 록펠러는 "민간재단은 종종 '모험적 자선활동(venture philanthropy)', 즉 기존의 공공 자선단체가 일반적으로 수행하는 자선 형태에 비해 비전통적이거나 창의적 형태의 자선을 위해 설립되기도 한다."고 말했다.

이 단어는 1997년 하버드 비즈니스 리뷰(HBR) 논문에 등장하면서 다시 부각되었다. '도덕적 자본'이라는 제목과 '재단은 벤처 자본가에게서 무엇을 배울 수 있는가?'라는 부제를 가진 이 주목할 만한 논문은 자선단체와 벤처 자본가가 서로 비슷한 도전에 직면한다고 주장했다. 둘 모두 자본을 투자할 때 가장 가치 있을 수혜자를 선택하고, 이제 막 시작하는 사업이든 새로운 비영리단체든지 간에 자신들의 아이디어를 수용하고 그것을 운영할 수혜자에게 자본을 전달한다는 점에서 말이다. 벤처 자본가들은 자본을 제공하는 것 외에도 자신들이 투자하는 창업회사의 시작 단계부터 매우 밀접하게 주시하고, 그들이 성장함에 따라 경영 지원 및 전략적 조언을 제공한다.

비영리 세계에 이 같은 아이디어를 적용한 최초의 사람들 중 하나인 폴 튜더 존스(Paul Tudor Jones)는 뉴욕 시의 빈곤과 싸우기로 결심한 서른두 살의 펀드매니저이다. 1988년 그는 투자 경험을 가진 두 명의 친구인 피터 보리쉬(Peter Borish)와 글렌 듀빈(Glenn Dubin)과 함께 자신의 돈 300만 달러를 투자하여 로빈후드 재단(Robin Hood Foundation)을 설립했다. 이 재단은 파트너들로부터 받은 10만 달러 및 소액 기부자들의 기부금과 그들의 땀과 지식, 경험으로 더 보강되었다. 그들의 경험과 기술의 기부는 로빈후드 재단뿐 아니라 재단이 지원하는 비영리단체들에게도 큰 혜택을 주었다. 로빈후드 재단은 돈 이상의 것을 제공하는 방식의 기부를 처음으로 개척했다. 재단은 기부자들로부터 기부금을 모으는 것은 물론, 직원들과 자원봉사자들이 재단의 기부 수혜자들과 현장으로 나가 함께 일하면서 청년 실업부터 교육, 보건, 기아, 주택, 가정 폭력 등 모든 이슈에 초점을 맞췄다. 로빈후드 재단의 도움으로 비영리단체들은 자신들의 프로그램과 조직을 보다 효과적으로 구축하고 변화를 가져 올 전략을 더 빨리 구상할 수 있었다.

로빈후드 재단은 혁신적이면서도 기업가적이며, 벤처 자선의 새로운 영역을 정의하면서 많은 미국인들과 기관들에게 영감을 불어넣어 주었다. 그것은 비즈니스 세계로부터 배운 기부에 대한 획기적인 접근 방법의 하나라고 할 수 있을 것이다. 이 재단의 집행이사이자 이사회 창립 멤버인 데이비드 셜츠먼(David Saltzman)은 "로빈후드 재단은 성공적인 벤처 자본가, 엔젤 투자자, 그리고 후기 단계의 투자자들에게서 엄청난 것을 배웠습니다."라고 말했다. 개인 기부자들에게 로빈후드 재단과 같은 조직은 당신이 변화를 만들기 위해 빌 게이츠가 될 필요가 없다는 것을 의미한다. 그들은 벤처 자본가처럼 행동하기 때문에 지원 대상으로 가장 유망한 비영리단체 및 지역사회 단체를 선택해서 당신의 돈이 가장 효과적인 수혜자에게 이동한다는 확신을 준다. 로빈후드 재단은 투자하기 전에 벤처 자본가처럼 대상 단체와 시간을 보내고, 전략과 재무제표를 살펴보고, 관리 팀을 평가한다. "당신이 효과적인 프로그램을 개발하기 위해 밤낮을 모두 투자할 시간과 의향이 있다면, 당신은 우리 재단이 일하는 방식을 선택할 수 있습니다."라고 데이비드 셜츠먼은 말했다. "우리는 이 모든 일을 수월하게 처리할 수 있습니다. 우리는 당신을 위해 모든 일을 할 수 있으며, 그 비용은 무료입니다."

한 비영리단체가 선택되면 로빈후드 재단은 그 단체의 전략 및 재무 계획, 인력 충원, 법적 고려사항과 기금 모금 등을 돕는다. 재단 내에 전문가가 없을 경우에는 뉴욕 소재 회사와 개인들이 무료로 제공하는 형태의 외부 도움을 요청한다. 비영리단체의 성과에 대한 심적 효과와 재무적 효과는 둘 다 극적일 수밖에 없다. 엄격하고 혁신적인 평가 방법으로 로빈후드 재단은 지원 대상 비영리단체에 투자한 결과와 영향을 계산한다. 매년 10명의 고등학교 학생을 추가로 졸업시키는 교육 프로그램을 생각해보자. 이 때 고등학교 졸업 경력이 한 학생의 미래 소득을 일생 동안 16만 달러 증가시킨다고 가정하면, 10명의 학생이 추가로 졸업한다면 이 교육 프로그램은 적어도 160만 달러의 소득을 증가시킬 것이다. 이를 로빈후드 재단의 비영리단체에 대한 기부금 20만 달러로 나누면, 이 프로그램은 로빈후드 재단이 지출하는 기부금 1달러 당 미래 소득 8달러를 상승시키게 된다는 계산이 나온다. 이것이 바로 벤처 자선사업 효과로서, 작은 투자가 큰 영향을 만들어내고 있는 것이다.

모험가로서의 삶

2005년 세계적 수준의 여자 운동선수들이 자신들의 씁쓸한 실망감을 강력하고 긍정적인 방향으로 변화시킨 사건이 있었다. 1999년 FIFA 여자 월드컵에서 미국의 브랜디 채스틴(Brandi

Chastain)이 골을 넣어 미국 팀이 우승한 바 있다. 이 승리를 바탕으로 미국 여성축구협회(WUSA)는 여자 축구에 대한 뜨거운 관심의 중심에 섰지만 그것도 잠시, 2년 만에 해체의 길을 걷게 된 것이다. 그러나 이 협회의 일원이었던 브랜디 채스틴은 포기하려 하지 않았다. 브랜디와 다른 이들은 여성 스포츠가 여성의 권리를 강화하는 동시에 어린 소녀들에게 여자 운동선수로서 롤 모델이 되는 영향력이 있음을 인식하고 있었다.

브랜디는 여자 월드컵에서 팀을 함께 이끈 줄리 파우디(Julie Foudy)와 산호세 사이버레이즈(San Jose CyberRays), 미국 여자 축구 팀의 전 매니저인 말린 분스루드(Marlene Bjornsrud)와 함께 어떻게 하면 보다 많은 여성들을 스포츠에 끌어들여 비만 및 낮은 자존감과 싸울 수 있을지 고민했다. 그들은 시범적으로 산호세 주립대학의 여자 농구 선수들이 방과 후 수업으로 10대 소녀들을 가르치는 프로그램을 진행했다. 이러한 내용의 '베이 지역 여성 스포츠 이니셔티브(BAWSI)'가 만들어진 후 5년간 이 프로그램은 18개 학교로 확대되었다. BAWSI를 통해 어린 소녀들은 스포츠가 자신감을 길러주고 새로운 도전을 극복하는데 도움이 된다는 사실을 깨달았다. 특히 이 단체는 이 같은 방과 후 무료로 이루어지는 학교 체육 프로그램이 세계적 규모로 발전할 수 있는 모델이라고 믿었다.

이 방식을 세계적으로 발전시킬 생각을 한 것은 한국계 미국인 헤지펀드 투자자 윤 준(Joon Yun)이다. 그는 BAWSI와 초기 단계부터 깊숙이 관련되어 있었다. 어느 날 그는 아내와 BAWSI의 창립자를 만나 직원회의를 들어보기 위해 브랜디의 집을 방문했다. 회의가 끝날 때쯤 그는 이 단체가 어떻게 하면 국경을 넘어 여자 스포츠 커뮤니티가 있는 그 어디로든 성장할 수 있을지에 대해 이야기하기 시작했다. 특히 그는 축구가 전 세계적으로 인기가 있는 만큼 BAWSI가 세계 여성들의 삶에 영향을 미칠 수 있는 잠재력을 가지고 있다고 믿는다고 말했다. "전 세계적으로 성공을 거두고, 또 그 성공을 여성들에게 환원하려는 선수들이 많습니다. 그들이 어린 소녀들에게 줄 수 있는 영향력은 엄청나죠. 여성 운동선수들은 소녀들과 함께 하기를 원하고, 소녀들은 그런 여성선수들을 존경하기에 그들을 함께 있도록 하는 것이 우리의 핵심입니다."

윤 준은 자신이 태어나고 자란 한국의 농촌지역에서 모델을 찾았다. "그곳은 다른 나라에서는 찾아보기 힘든 친인척 중심의 사회입니다. 당신이 현대 세계에서 걱정하고 있는 일들을 그곳에서는 걱정할 필요가 없죠. 요즘 아이들은 많은 것을 갖고 있지만 기업들의 광고가 아이들이 갖고 있지 않은 것만을 강조하다보니 스스로 가난하다고 생각하고 있습니다. 그 때 우리는 요즘 아이들보다 훨씬 적은 것을 가졌었지만 스스로 매우 풍요롭다고 느끼면서 지낼 수 있었습니다."

윤 준의 할아버지는 젊었을 적에 가족을 돌보는 형을 떠나 혼자 살 수 있도록 허락받았다. 그래서 할아버지는 고향마을을 떠나 서울에서 기업가로서의 삶을 살았다. 윤 준의 아버지도 같은 경로를 따라 미국으로 이주했다. "우리는 매우 보수적인 옛날 가족 체제의 기업가 핏줄을 가지고 태어났습니다."라고 윤 준은 말한다. 스탠퍼드 의대 방사선과 의사이자 임상교수로 10년 이상 일하던 윤 준은 창업 단계와 그 다음 단계에 있는 기업에 투자하는 헤지펀드 투자회사인 팔로 알토 투자(Palo Alto Investors)에 합류했을 때 기업가와 혁신의 세계에 입문했다.

회사의 대표이사이자 파트너로서, 그의 업무는 세계적으로 성공적 사업이 될 수 있는 혁신적인 아이디어를 발굴해내는 일이다. 팔로 알토 투자는 광범위한 독창적 연구에 기반하여 의료, 에너지, 기술 측면에서 시장이 간과하거나 오해하고 있는 부분에 초점을 맞춰 장기 투자를 한다. 그가 업무 중에서 가장 흥미롭다고 생각하는 부분은 '외부의 통찰력(outlier insights)'이라고 불리는 일이다. 그는 통찰력을 사용해서 일반적인 것들에 숨겨진 새로운 아이디어를 찾아내고 평가하는 일을 자신의 자선활동에도 적용했다.

윤 준을 SV2에 소개한 것은 팔로 알토 투자의 회사 동료이자 SV2 이사회 이사인 테드 야누스(Ted Janus)였다. "저는 SV2에 관련된 다른 사람들을 몇 명 알고 있지만 엄청난 자선가이자 투자자인 테드와 이야기하면서 비로소 이 모델에 큰 관심을 가지게 되었고, 그 비전에 흥미를 가지게 되었습니다."라고 윤 준은 회상했다. 그는 벤처 자선사업이 여러 방면에서 자신이 하는 벤처 자본가와 비슷하다는 점을 발견했다. 특히 새로운 아이디어에 투자함으로써 성공적이면서도 세계를 변화시키는 기업을 만든다는 점에서 말이다. 그는 또한 SV2가 자금을 지원하는 비영리단체와 직접 결합된 아이디어를 좋아한다. 이 또한 그의 전문직으로서의 삶과 지식을 연결할 수 있는 일이었다. "만약 당신이 투자를 할 때 직접 관여하지 않는다면 당신의 자금이 잘못된 방향으로 갈 수도 있습니다. 따라서 파트너들이 주도적으로 직접 참여하는 것이 필요한데, 우리 업종은 회사의 고위 임원들이 컴퓨터 앞에 앉아 있기보다는 바깥으로 나오는 것을 선호합니다. 정보화 시대에서는 여러 방면으로 정보가 더 잘 통하지만 반드시 효율적이지는 않기 때문에 어쩌면 더 어려운 환경이라고 할 수 있습니다. 반드시 당신이 직접 보러 가야 합니다." 이것이 바로 SV2 파트너이자 이사회 이사인 윤 준이 하는 일이다. 자선 수혜자들과 함께 일한다는 것은 이제 막 시작해서 흥분과 열정으로 가득한 새로운 교육단체나 환경단체가 조직적 역량이 부족한 부분을 위해 일하는 곳에서부터, 긍정적으로 생활과 지역사회를 변화시키는 새로운 방법을 개척한 브랜디 채스틴과 같은 운동선수의 집까지 그를 어디로든 가게 만들었다.

SV2에서 비영리 분야의 개척자를 만나든 자신의 회사에서 사업가를 만나든 윤 준은 자신이 일종의 롤러코스터에 타고 있다고 생각한다. 그는 삶에 대해 아무 것도 미리 정해져 있지 않을 뿐 아니라 새로운 방향과 기회를 얼마든지 찾을 수 있는 배낭여행과 같다고 말한다. 그는 자선활동을 배우고 협력하며 세계를 바꾸는 하나의 방법으로 보고 있지만, 다른 한편으로는 자선활동을 즐거움으로 볼 필요가 있다고 강조한다. "사람들은 자선활동에서 재미를 느끼면 안 된다고 생각하기 때문에 그것에 대해서는 잘 얘기하지 않는 경향이 있습니다. 그러나 우리는 즐거움이 사람을 이끄는 것을 알고 있지요. 그리고 사람들이 기부에서 즐거움을 느낄 때 비로소 참여하고 더 큰 효과를 거둘 수 있을 겁니다."

윤 준은 벤처(venture)라는 단어를 좋아한다. "이 단어는 모험

(adventure)이라는 단어의 어원이자, 미래를 바라보는 아이디어들을 통합해줍니다. 벤처는 혁신에 관한 모든 것입니다. 우리는 새로 시작하는 기업들과 일하기 때문에 때때로 사회 변화의 최첨단에 있는 아이디어들을 보게 됩니다." 그는 선도적인 새 아이디어를 만나는 것뿐 아니라 SV2의 모든 파트너들처럼 파트너십에 가입한 이후로 가파른 학습 효과를 누리게 되었다. 이것은 곧 그의 개인적 투자와 사회적 투자 모두에 좋은 결과를 가져다주었다. 파트너들은 책이나 수업에서 배우는 것 이상으로 서로 배우게 된다. 이 같은 상향식 접근방식(bottom-up approach)은 윤 준의 경험과 관련된 부분이다. "어렸을 때 나의 학습 방법은 대부분 학교 친구들과 어울리면서 세상 돌아가는 것에 대해 이야기하는 것이었습니다. 그것은 SV2와 매우 비슷하죠. 사람들은 믿을 수 있으며, 내 또래들로부터 많은 것들을 배울 수 있었습니다. 이 같은 배움은 내가 사회적 투자에 대해 생각하는 방식에 정말로 큰 영향을 주었습니다." 협력을 통해 배우는 것을 좋아하는 그는 비영리단체의 지도자들뿐 아니라 SV2 파트너들과도 함께 협력했다. 어느 비오는 오후에는 주차장에서 여러 파트너들과 색다른 협력 관계를 발견했다. 그들은 자동차 안에서 함께 즉석회의를 개최하였고, 차 지붕에 떨어지는 빗방울만큼이나 많은 아이디어와 통찰력을 빠르게 나눌 수 있었다. "현장에서 서로 만나 즉석회의를 하면서 우리는 간접적으로 우정도 쌓을 수 있었고, 그 친밀감은 더 깊은 협력을 구축하게 만들어 주었습니다."

윤 준의 다음 모험은 사람들이 생각하는 방식을 바꿈으로써 삶을 변화시키는 것을 연구하는 팔로 알토 연구소(Palo Alto

Institute)의 창립자 중 한 명이 되는 것이다. 이 비영리 연구소의 아이디어는 새로운 장소에서 진실을 찾고, 연구와 교육을 통해 그것을 촉진하는 것이다. 그에게 이것은 벤처 자선사업가로서 자신의 경험을 토대로 하는 새롭고 흥미로운 형태의 기부인 셈이다. "제게 도미노 효과는 팔로 알토 연구소를 통해 어떻게 저의 직접적인 자선활동 참여를 더 이끌어 내느냐에 있습니다. 그리고 그 경험은 다시 SV2로 유입되죠."

함께 하는 기부

어떤 면에서 벤처 자선활동 단체들은 아쇼카 재단이나 어큐먼 펀드와 비슷하다. 그들은 기증자와 기부 수혜자 사이에서 중개자 역할을 한다. 워싱턴DC에 기반을 둔 벤처 자선 파트너스(Venture Philanthropy Partners), 샌프란시스코 기반의 티핑 포인트(Tipping Point), 보스턴 기반의 뉴 프로핏(New Profit Inc.)과 같은 회사들은 개인의 기부금을 모아 성공적인 비영리단체의 확장을 돕기 위한 무료 서비스와 자원 재투자에 나서고 있다. 이 때 물론 광범위한 실사 및 선택 과정이 전제되어야 할 것이다. 개인 기부자들은 비영리단체 및 지역사회 단체에 직접 기부할 때보다 큰 영향을 주고자 하기 때문에 이런 단체들에게 자신의 기부금을 위탁한다. 그들은 또한 기부 외의 추가적인 서비스를 좋아할 뿐 아니라 중개기관들이 직접 비영리단체를 도와주는 것을 원하기도 한다. 그러나 최근 일부 기부자는 한 걸음 더 나아가기도 한다. 그들 또한 기부금을 다른 사람들과 모으지만, 중개기관들이 어떤 비영리단체에 투자할 것인지 결정하게 하지는 않는다. 그들은 스스로 결정하고 싶어 한다. 이것을 실행하는 가장 인기 있는 방법 중 하나는 기부자들의 협력 단체인 '기부 서클(giving circle)'에 가입하는 것이다. 최근 미국에서 새로 생겨나고 있는 기부 서클은 통상 1인당 몇 백 달러에서 몇 천 달러를 기부하는 소그룹들이다. 이들은 스스로 효과적인 자선활동 방식을 배운 후 어떻게 자신들의 기부금을 할당할 것인지를 함께 결정하고 있다.

2007년의 경우 미국 전역에서 8백여 개의 기부 서클이 운영된 것으로 추정된다. 기부 서클의 40% 정도를 대상으로 설문조사한 결과에 따르면 그들은 대부분 2000년부터 설립되기 시작했으며 이후 평균적으로 8천8백만 달러를 모금해 그 중 6천5백만 달러를 지역사회의 필요한 곳에 기부했다 한다. 기부 서클은 다양한 인종으로 구성되어 있으며, 그들의 대부분은 여성으로 이루어져 있다. 하지만 기부 서클 네트워크(Giving Circles Network)의 조사에 따르면 어떤 경우는 남성이 47%에 이를 정도로 최근 남녀 혼성 또는 남성의 참여율이 점점 늘어나고 있는 추세다.

기부 서클의 규모는 다양하다. 단 몇 명만으로 구성된 곳이 있는가 하면 몇 백 명으로 이루어진 곳도 있다. 일부 큰 서클은 재정 및 관리를 담당하는 직원을 따로 고용하기도 한다. 그들은 학교 친구들, 성당이나 교회 구성원, 친구, 직장 동료, 또는 더 생산적으로 함께 시간을 보내고 싶어 하는 이웃들로 이루어진다. 그들은 모두 한 가지 공통점을 갖고 있다. 인류에 대한 열정과 보다 효과적으로 기부하고자 하는 마음이다.

기부 서클의 구조도 제각기 다르다. 어떤 경우는 의사결정을 공유하는 자금 구성원으로 이루어진 소규모 핵심 그룹인가 하면, 훨씬 규모가 큰 다른 서클은 회의에 참석하고 소액의 기부금을 내지만 반드시 그 돈이 어떻게 쓰여야 하는지 발언할 필요는 없는 많은 회원들로 이루어져 있기도 하다. 또 다른 경우는 가입 수수료가 있고, 최소 기부 금액이 정해진 멤버십 방식의 단체를 운영한다. 어떤 경우는 기부 서클 회원들끼리 모이거나 기부 서클이 후원하는 비영리단체 회원들과 함께 자원봉사를 하는 기회를 제공하기도 한다.

기부 서클을 만드는 것은 비교적 간단하다. 당신과 뜻을 같이하는 초기 구성원들을 모은 후 서클의 목표와 자금이 주로 어디에 쓰여야 할지 결정하기 위해 다 같이 모여야 한다. 도서관, 레크리에이션 센터, 레스토랑과 같은 공공장소 또는 회원들의 집에서 돌아가며 만나는 등 어디서 얼마나 자주 만날 것인지 정하면 된다. 그러나 그 후 일을 시작하기 전에 고려해야 할 것들은 무척 많다. 우선 그룹들에게서 모인 자금을 어떻게 기부해야 할지 정해야 한다. 예를 들어 회원들의 연구와 토론을 바탕으로 무엇을 어떻게 기부해야 하는지를 결정할 것인가, 아니면 비영리단체들로 하여금 자금수혜 신청서를 받아 결정할 것인가? 당신이 투자를 고려하고 있는 비영리단체에 어떻게 실사 작업을 수행할 것이고, 그 기부금이 원하는 목적에 사용되는지 어떻게 확인할 수 있는가? 특히 기부금액이 클수록 이 질문은 중요하다. 또 기부금 투자는 멤버들의 만장일치로 결정할 것인가? 그룹의 구성원은 해당 비영리단체를 방문해야 하는가? 수혜자는 어떻게 그룹의 돈이 지출되었으며, 그 돈이 무슨 차이를 만들었는지에 대한 어떤 종류의 피드백을 제출해야 하는가 등등이다.

뿐만 아니라 각 회원의 금전적 기부의 규모와 범위, 그리고 특정 기간 동안 모두가 얼마나 기부해야 할지도 정해야 한다. 기부금이 어떻게 배분돼야 할지에 대해 모두가 동일한 수준의 발언권을 가진 그룹의 경우, 일반적으로 모두가 동일한 양의 금액을 기부하는 것이 상식이다. 그러나 일부 단체는 기부의 수준을 계층화하기도 한다. 기부금을 관리하기 위해 공동 은행계좌를 개설하고 지역사회 재단 내에 기부자가 직접 조언을 하는 기금을 만들거나 아니면 아예 공공자선 펀드를 만들 수도 있다.

그리고 그룹의 규모를 확장 가능하게 할 것인지, 만약 그렇다면 얼마나 커질 수 있는지 여부를 결정해야 한다. 당신은 회원들에게 1년 내내 뭔가 도와주도록 요청할 것인가? 기부자는 언제든지 가입할 수 있거나, 또는 연중 특정 기간에만 가입할 수 있도록 할 것인가? 일부 기부 서클은 최초에 함께 한 사람들의 작은 그룹으로 회원 자격을 제한함으로써 친밀감을 유지하는 것을 선호한다. 그 같은 조직은 변화를 주도하기 위한 매우 중요한 조직으로 빠르게 움직일 수 있는 장점을 가지고 있다.

2003년 레베카 파워스(Rebecca Powers)에 의해 설립된 기부 서클 '임팩트 오스틴(Impact Austin)'은 인디애나폴리스, 샌안토니오, 펜사콜라와 같은 도시로 확산되었다. 수천 명의 여성들이 임팩트 오스틴을 통해 연간 1천 달러를 기부하고, 회원들은 자선금을 받을 사람을 결정할 때 모두 동일한 발언권을 가졌다. 2010년 이 조직은 문맹 퇴치와 공원 개선 프로그램, 노인을 돌보는 일 등을 하는 다섯 곳의 비영리단체에 각각 10만5천 달러씩을 기부했다. 그러나 실제로 회원들은 돈을 기부하는 것보다 더 많은 일을 한다. 자원봉사자들은 조직의 메일 및 뉴스 레터를 보내는 것부터 회의 주재에 이르기까지 거의 모든 일에 참여한다. 특히 임팩트 오스틴은 회원들이 자신에게 적합한 봉사활동을 선택할 수 있도록 봉사활동 관리 소프트웨어를 사용한다. 회원들은 종종 자금을 투자한 비영리단체와 직접 활동하거나 함께 시민운동에 참여하기도 한다.

일부 기부 서클은 전 세계로 확장되었다. '수백만을 움직이는 여성들(Women Moving Millions)'은 2006년 스와니 헌트(Swanee Hunt)와 헬렌 라켈리 헌트(Helen LaKelly Hunt) 자매가 설립한 '여성 기금 네트워크(Women's Funding Network)'와 협력하여 여성들이 1백만 달러 이상을 기부하기를 권장한다. '수백만을 움직이는 여성들'은 자신들이 세계의 여성들과 어린 소녀들의 삶을 변화시키는 것을 도울 수 있다는 것을 깨달은 여성들이 모여 25년 전에 시작되었다. 캠페인의 첫 단계에서 네트워크는 100여 명의 남녀 기부자와 10여 개의 기부자 서클의 도움을 얻었고, 여성의 보건, 교육, 폭력 반대, 경제적 발전을 추진하는 조직을 지원하기 위해 1억8천만 달러 이상의 기부금을 모았다. 뿐만 아니라 '수백만을 움직이는 여성들'은 기부자들에게 자선활동 및 사회문제에 대한 교육, 리더십 및 기금 모금 훈련, 그리고 기부자 수련회 등의 서비스를 제공한다.

그러나 당신이 수십만 달러를 기부하는 '수백만을 움직이는 여성들'과 같은 큰 조직에 속해 있건 또는 몇 백 달러를 기부하는 작은 그룹에 속해 있건, 기부 서클 및 다른 형태의 단체 기부는 함께 하는 활동의 위력을 증명한다. 함께 협력하는 자선활동의 힘은 각각의 합보다 크다는 것을 증명하는 분명한 경우라고 할 수 있다.

배우고 또 배우자

자선활동에 대해 더 배우고 빠져들수록 나는 내가 얼마나 모르고 있었는지를 깨달았다. 이것은 기부금의 규모와 관계없이 모든 자선가들이 반드시 경험하는 것이다. 이 때 만약 당신의 도전과 딜레마를 다른 사람들과 공유한다면 당신은 훨씬 더 빨리, 더 많은 것들을 깨달을 수 있다. 그리고 당신이 자선에 완전히 빠져들 때, 모든 순간이 배우는 학습의 순간이 될 것이다.

배움은 기부 서클이 기본으로 하고 있는 최고의 원칙이다. 어떤 사람들은 함께 커피를 마시거나 저녁을 먹으며 자신들의 경험과 아이디어를 공유한다. 일부 그룹은 특정 이슈 영역을 돌아가면서 연구하고 다음 회의에서 팀의 나머지 회원들에게 연구 결과를 발표한다. 더 많은 기부 서클들은 때때로 전문 발표자 및 비영리단체의 지도자를 초청하여 특정 주제에 대해 발표하게 하는 세션을 구성하기도 한다. 또한 그들은 비영리단체 또는 재단 방문을 기획하기도 한다.

여기에서 어떻게 집합적 기부가 당신의 영향력을 높일 수 있도록 도와줄 수 있는지 가상의 예를 들어보자. 당신이 은퇴한 간호사로서 자선 기부를 위한 소액의 돈을 가지고 있다고 가정하자. 당신은 병원 간호사로 일할 때도 항상 유나이티드 웨이(United Way·미국의 자선 단체) 직장 캠페인에 참여했다. 또한 은퇴한 후 Kiva.org와 같은 웹사이트를 통해 개발도상국의 여성 기업가들에게 대출을 해주는 교회 여성 그룹의 기부 서클에 합류했다.

그러나 다른 한편으로 당신이 더 많은 일을 하고 싶어 하고, 당신의 의료 경험이 소액대출을 해주고 있는 나라의 사람들에게 매우 도움이 될 수 있다는 사실을 깨달았다고 가정하자. 그러면 당신은 현지에서 사용할 수 있는 간호사 자격증을 가지고 '국경 없는 의사회(Doctors Without Borders)'가 운영하는 프로젝트에 합류할 수 있다. 그것은 매우 놀라운 여행이 될 것이다. 왜냐하면 그 프로젝트는 러시아 정부와 반군 세력 사이에서 몇 년 동안 충돌하고, 특히 산부인과 치료 등 기본적인 의료 서비스가 부족한 체첸 공화국으로 당신을 보낼 수도 있기 때문이다. 거기에서 당신은 체첸 공화국의 수도 그로즈니 외곽에 있는 병원에서 다른 간호사들과 함께 일하게 된다. 업무조건은 매우 열악하고, 당신은 가슴 아픈 사연을 자주 접하게 된다. 이 일은 자원봉사가 아닌 소정의 급여를 받는 일이지만, 당신은 이 일이 과거에 경험했던 어떤 봉사보다 더 큰 성취감을 제공한다는 것을 알게 될 것이다. 당신이 집에 돌아오면, 기부 서클에 나가 이러한 경험담을 나누고 당신의 사진들을 모두에게 보여줄 것이다. 어려운 상황을 직접 듣고 난 후 당신의 기부 서클은 환자 의료에 사용할 수 있는 자원을 더 크게 증액시킬 수 있도록 체첸 공화국의 병원으로 기부금을 직접 송금할 것에 동의하게 될 것이다.

이 같은 사례는 재정적 자원에 한계가 있어도 당신의 귀중한 경험과 많은 시간, 끝없는 열정 등이 당신이 생각했던 것보다 훨씬 더 큰 영향력을 만들 수 있다는 것을 보여준다. 해외든 가까운 곳이든 당신이 자원봉사 여행에서 배운 것을 기부 서클의 다른 자선가들에게 전달하는 것은 매우 중요하다. 이를 통해 그들의 관심에서 벗어날 수도 있었던 프로젝트에 대해 그들이 자금을 투자하는 결정을 도울 수도 있기 때문이다.

물론 많은 전문기관들도 강력한 학습 방법을 제공하고 있다. 가장 오랫동안 운영되고 있는 프로그램은 '자선 워크숍(Philanthropy Workshop)'이다. 록펠러 재단의 후원으로 개설된 이 프로그램은 런던, 뉴욕 및 브라질에서 연중 수시로 참여할 수 있고, 영국을 기반으로 한 '자선활동을 위한 기관(Institute for Philanthropy)'에 의해 운영되고 있다. 독립적 비영리기관인 '자선 워크숍 웨스트(Philanthropy Workshop West)' 또한 실리콘 밸리에서 비슷한 과정을 운영하고 있다. 워크숍은 당신에게 어떻게 실사를 하고 기부 수혜자를 평가하는지에 대한 기본적인 기술부터, 리더십을 개발하고 정책 변화를 추구하며 보다 효율적인 기부 전략을 짜는 등의 확장된 기술까지 거의 모든 지식을 제공한다. 한편 브라질의 빈민가나 아마존에서 배를 타고 가는 현장 방문 프로그램은 사회적, 환경적 문제가 있는 곳에서 일하는 현실을 보여줄 것이다. 이와 같은 프로그램의 가장 강력한 부분 중 하나는 바로 다른 자선가들과 당신의 아이디어, 경험, 도전을 공유할 수 있는 기회가 된다는 점이다.

이 같은 네트워크 효과의 중요성은 '글로벌 자선 포럼(Global

Philanthropy Forum, GPF)'의 설립자이자 활력이 넘치면서도 헌신적인 제인 웨일즈(Jane Wales)가 강조하는 부분이다. 연례 컨퍼런스 또는 여름 세미나, 워크숍, 특별 이벤트 등과 같은 GPF의 행사에 참가한 기부자들의 피드백을 보면 발표자들과 참가자들이 서로의 기부 전략을 주고받는 것과 같은 상호접촉의 중요성을 매우 중요하게 생각하고 있음을 알 수 있다. 이러한 종류의 프로그램은 발표자들의 관리 테크닉과 우수 사례를 참가자들과 공유하고, 숙련된 자선가들의 치열했던 현장 이야기를 들을 수 있는 기회를 제공하는 것 이상의 역할을 한다. 그들은 또한 자신의 자선활동 중에 같은 고민을 가졌던 많은 사람들과 만나는 장소를 만들어주는 역할을 하는 것이다.

우리 모두가 비싼 강의나 워크숍 비용을 감당할 수는 없다. 그러나 새로운 지식을 습득할 필요가 있거나, 수혜자의 활동을 어떻게 평가해야 하는지를 배우는 등 교육은 자선활동에 대한 새로운 접근 방법의 핵심이다. 그리고 그룹 또는 집단적 자선활동은 동료 간 학습의 강력한 방식을 제공한다. 만약 당신이 같은 취미를 가진 사려 깊고 재미있는 사람들과 가볍게 식사를 하며 만나는 것을 즐긴다면 기부 서클이 바로 당신을 위한 곳이다. 당신이 배우고 발전하고자 한다면 단체 기부를 위해 함께 하는 것이 좋다.

성공한 기부 파트너들

SV2 모델은 '국제 사회벤처파트너(Social Venture Partners

International, SVPI)'와 비슷하다. 두 단체는 전략적 제휴를 해왔고, 특히 SV2는 SVPI와 지식을 공유하고 역량을 활용하여 크게 도움을 받는다. 하지만 다른 제휴사들과는 달리 SV2는 SVPI의 정식 구성원이 아니다. SVPI는 SV2처럼 비영리단체의 역량 강화, 단체 또는 그룹 차원에서의 자선모금, 시간과 기술의 공유, 자선 학습과 교육의 증진을 결합할 때 무엇이 달성될 수 있는지를 깨달은 자선가들의 네트워크이다.

SV2의 각 파트너들이 최소 5천 달러를 기부해야 하는 집합 기부 모델인 것은 당신이 비영리단체에 직접 개인적 기부를 할 경우보다 돈이 더 멀리까지 전달될 수 있다는 것을 의미한다. '사회벤처파트너 시애틀(Social Venture Partners Seattle, SVP Seattle)'의 창립이사인 폴 슈메이커(Paul Shoemaker)는 그것에 대해 사람들이 뮤추얼펀드에 투자하는 것과 같은 이유라고 말한다. "모든 사람이 일정 금액을 기부한 돈을 모으면 우리는 어떤 비영리단체에도 투자할 수 있는 능력을 갖게 되고, 파트너들이 개인적으로 기부할 수 있는 금액의 합보다 훨씬 더 많은 자금을 모을 수 있습니다." 게다가 파트너들의 다양한 지식과 기술들은 비영리단체의 여러 발전 단계에서 쓰일 수 있다. 예를 들어 막 시작하는 단계에 있는 회사와 일했던 윤 준처럼 당신은 발전의 초기 단계에서 조직에 더 깊숙이 참여할 수 있다. 반대로 인사관리 또는 경영관리 전문가의 지식과 경험은 조직구성의 마무리 단계에 있는 비영리단체들에게 큰 도움이 될 수 있다. "이것은 사람들에게 진정 그들이 할 수 있는 가장 긍정적인 잠재된 영향력을 발휘할 수 있는 기회입니다. 당신이 정말로 사람들의 긍정적인 잠재력을 최대한 증폭시킬 수 있는 방법은 그들을 다른 자선가들에게 연결시켜 주고, 그들을 함께 비영리단체에 참여하게 하는 것입니다. 이 때 그들은 단지 자선 투자를 하는 것이 아니라 네트워크에 참여하게 되는 것이죠."라고 폴은 말했다.

윤 준과 마찬가지로 폴은 이러한 기부의 자연스러운 체험이 특히 파트너들로 하여금 자신들의 지식과 경험을 확장할 수 있는 힘의 일부라고 믿는다. "체험 학습만큼 좋은 건 없어요. 비영리단체를 위해 전략적 계획이나 마케팅 전략을 수행할 때 당신은 엄청난 양의 배움을 얻게 될 것이고, 거기에 가격을 매길 수는 없을 것입니다."

파트너들이 자주 발견하는 즐겁고 놀라운 일은 벤처 자선 파트너들 사이에 생겨나는 특별한 동료애다. 공유하는 목표와 의미 있는 프로젝트에 힘을 합하는 것은 행복하고 일에 열정적인 사람들을 서로 한데 묶는 하나의 방법이다. 대부분의 경우 이 같은 기부 방법은 혼자 하는 것보다 훨씬 더 좋을 수 있다. 기부 서클에 가입한 기부자로서 자선 파트너십의 일부로 즐거움을 나누는 것은 활기차고 현명하며, 적극적으로 참여하는 사람들 사이에 있는 것과 같다. 이 과정에서 사람들은 종종 더 깊은 우정을 나누는 사이가 될 수 있다. 결국 사람들은 혼자 기부할 때보다 더 많은 기부금을 보다 효율적으로 제공하게 될 것이다. 2011년 설문조사에서 SV2 파트너의 90%가 파트너십에 참여함에 따라 자신들의 기부가 보다 전략적으로 바뀌었다고 대답했다. 또한 72%의 파트너들이 지역사회에 더 깊숙하게 참여할 수 있었다고 밝혔고, 71% 이상의 파트너들은 자신들이 SV2에 가입하기 전보다 훨씬 많은 금액을 기부한 것으로 나타났다. 나에게 이러한 자선의 영향력이 퍼져나가는 것을 보는 것보다 더 좋은 보상은 없었다. 예를 들어 SV2 자선의 대부분은 자선금액은 물론 우리 파트너들의 다양한 전문지식을 기부 수혜자들과 공유한 덕분에 비영리단체 조직의 중요한 변화를 경험할 수 있게 만들었다.

벤처 자선 파트너 또는 기부 서클 회원들에게 단체 기부와 자발적 참여는 높은 영향력을 가져오는 기부에 대해 매우 짧은 시간 내에 놀라울 만큼 많이 배울 수 있는 기회를 제공한다. 이 모델은 당신의 돈을 보다 효과적으로 기부할 수 있는 방법을 제시할 뿐만 아니라, 당신의 시간과 전문지식을 기여할 수 있는 기회를 준다. 모든 단계에서 당신이 후원하는 단체들과 함께 협력해서 일할 수 있고, 그들의 성공이 당신의 성공이 되기 때문이다. 또한 함께 기부함으로써 당신은 측정 가능한 결과를 가져오는 집단의 힘을 활용할 수 있으며, 거액의 돈을 기부할 필요 없이 거대한 효과를 만들어낼 수 있다.

실천과제

- 벤처 자선 파트너십에 가입할 때 스스로에게 물어야 할 항목
    - 당신의 기부를 발전시켜 나가기 위해 다른 사람들과 함께 일하는 것을 좋아하는가?
    - 당신의 투자 여부를 결정할 수 있는 일정 권한을 포기하고 그룹으로서 기부할 준비가 되어 있는가?

- **당신이 참여하고자 하는 기부 서클에 물어야 할 항목**
    - 기부 제공시 결정은 어떤 절차를 따르는가? 기부 서클이 투자하는 기부 수혜자를 결정하기 위한 투표를 위해 특정 회의에 참석해야 하는가?
    - 최소 기부 금액이 정해져 있거나 기부 규모에 따른 구분이 정해져 있는가?
    - 모든 사람이 동일한 금액의 기부를 하고, 기부 대상 결정시 모두가 같은 발언권을 갖는가?

- **당신이 참여하고자 하는 벤처 자선 파트너십에 물어야 할 항목**
    - 파트너십은 어떤 배움의 기회를 제공하는가?
    - 파트너들은 현재 비영리단체들과 어떤 종류의 프로젝트를 진행하고 있는가?
    - 각 파트너들이 단체와 특정기간 동안 반드시 같이 일해야 할 의무가 있는가?
    - 연간 최소 기부금액이 정해져 있는가?

- **혁신적 연구**: 시험해볼 만한 아이디어
    - 당신과 당신의 친구들이 각자 음식과 비영리단체에 대한 정보를 하나씩 가져오는 저녁 파티를 구상해보자.
    - 당신의 가장 친한 친구들이나 친척들과 함께 기부 서클을 만들어 분기마다 만나도록 하자.
    - 벤처 자선활동 기부금 세션에 참석해서 사람들을 만나고 어떻게 일이 진행되고 있는지 파악해보자.

- **당신이 단체 기부 또는 함께 하는 기부를 통해 얻을 수 있는 것들**
    - 비슷한 삶의 태도를 가진 사람들과 네트워크를 만들고 친구가 될 수 있는 잠재력
    - 당신이 혼자 기부했더라면 참여할 수 없는 비영리단체와 직접 일할 수 있는 기회

- **당신이 단체 기부를 함으로써 포기해야 하는 것들**
  - 어디에 당신의 돈을 기부할 것인지를 개인적으로 선택할 수 있는 권리
  - 당신이 개인적으로 주목하고자 하는 이슈에 대한 완전한 선택 권한

- **가족을 위한 코너**
  - 기부 서클에 당신의 딸과 함께 참가하여 세계 여성들의 권리를 지원해보자.
  - 당신 아이가 다니는 학교가 청소년 자선활동 프로그램을 가지고 있는지 확인하고, 만약 없다면 당신의 아이와 함께 새로 만드는 것을 생각해 보자.

- **기억해두면 좋은 것들**
  - 단체 기부의 일부로 참여함으로써 당신은 새로운 친구나 미래의 배우자를 만날 수 있다.
  - 함께 기부할수록 당신은 더 많은 영향력을 가질 수 있다. 단체 기부 또는 다른 사람들과 함께 하는 기부의 장점은 당신이 파트너가 되고자 하는 개인들의 수는 물론 비영리단체들이 무엇을 가장 필요로 하는지 찾기 위해 당신이 투자하는 단체와 함께 일하는 능력에도 모두 적용된다.

제7장

생각 바꾸기

: 변화로 가는 지름길

〈기부 2.0〉은 자선활동의 새로운 시대를 예고하고 있다. 이 책은 기부하는 모든 사람들이 자신의 이웃 또는 전 세계를 도울 때 개인적인 즐거움과 긍정적인 사회적 영향력이라는 목표를 달성하기 위해 필요한 모델로서 새로우면서도 혁신적인 접근 방법과 인터넷의 결합을 제시하고 있다. 자선계에서 가장 앞서가는 리더 중 한 명인 저자의 남다른 시각은 자신의 삶의 의미 있는 부분을 기부하기를 원하는 사람들이 필수적으로 읽도록 만든다.

- 레슬리 크러치필드와 마크 크레이머,
'기부 이상의 것을 하라'의 공동 저자

> 넓게 생각하고 장기적 비전을 가져라: 마음과 정책을 바꾸는
> 데는 시간이 걸리게 마련이다

스프루스 가(街)에 있는 사무실로 갈 때마다 린다 슈메이커(Linda Shoemaker)는 콜로라도 역사의 한 부분으로 들어가는 기분을 느낀다. 린다와 남편 스티브 브렛(Steve Brett)이 2000년에 설립한 브렛 가족재단(Brett Family Foundation)의 사무실이 위치한 이 주택은 볼더(Boulder)에서 현존하는 가장 오래된 벽돌집이다. 이 집은 1875년에 지어졌고, 전통적인 현관과 잘 꾸며진 벽돌 외관, 화려한 철제 장식, 그리고 고급 굴뚝으로 이루어져 있다. 19세기 경 콜로라도의 부유한 사람에 의해 건립된 건물의 훌륭한 샘플이다. 1866년 이 집이 서 있는 땅을 구입한 안토니 아르넷(Anthony Arnett)은 평범한 기업가를 넘어선 훌륭한 자선가였다.

1819년 프랑스에서 태어난 아르넷은 아홉 살 때 가족과 함께 미국으로 왔다. 그는 1849년 뉴욕을 떠나 모험과 황금을 찾아 당시 가장 거대한 범선을 타고 샌프란시스코에 도착했다. 캘리포니

아, 쿠바, 니카라과, 파나마 등에서 모험을 즐긴 후 그는 황금이 있다는 소문을 따라 콜로라도의 험준한 산과 넓은 평야, 드라마틱한 협곡으로 들어갔다. '파이크스 피크 골드 러시(Pike's Peak Gold Rush)'가 그를 콜로라도 주(州)로 오게 했지만 그의 자산은 탐사를 통해 축적된 것은 아니었다. 광산과 부동산, 화물 운송에서의 투자 지분이 그를 부자로 만들었다. 그는 자신의 재산을 도로와 철도 건설에 투자했다. 그 중에서도 그는 교육 분야에 대한 기부를 중요시 여겼다. 아르넷은 볼더에 콜로라도 대학을 세울 때 캠퍼스로 사용할 부지뿐 아니라 당시로서는 적지 않은 금액인 500달러의 현금을 기부했다.

안토니 아르넷과 마찬가지로 린다 슈메이커는 열정과 야심에 찬 자선가이다. 아르넷처럼 그녀의 자선활동은 재단이사회 이사를 맡고 있는 콜로라도 대학과 연결돼 있다. 그러나 린다가 사회에 헌신하는 원동력은 19세기의 아르넷과 같지만, 그녀의 기부 방식은 그보다 훨씬 더 다양하고 복잡하다. 그녀는 교육, 사회 정의, 빈곤 감소 등을 위한 직접적 재정지원도 중요하지만 공공 정책과 입법 환경에 영향을 미침으로써 사회적 변화를 가져올 수 있는 다른 방식의 재정 지원도 필수적이라고 생각했다. "저는 훨씬 더 종합적인 방식으로 기부하는 것을 생각하고 있어요."라고 린다는 말한다. "왜냐하면 공공 정책을 바꾸고 공공 분야의 변화를 지지하는 목표를 갖고 있을 때, 당신은 부유한 사람으로서 스스로의 자선활동뿐만 아니라 자신의 돈으로 할 수 있는 다른 어떤 일을 포함하는 전략을 찾아내야 하기 때문이죠."

린다와 비슷한 생각을 하는 사람들이 실감한 것은 자선활동만으로는 세계의 문제를 해결할 수 없다는 것이다. 사회를 바꾸기 위해서는 시민단체부터 종교 지도자까지 모든 대상자들이 참여해야 한다고 주장한다. 사회적 기업가와 기업들이 이미 인식하고 있는 것처럼 필수적 서비스를 위한 고용과 시장을 창출하는 기업 또한 주요 참가자이다. 뿐만 아니라 사회 변화의 테이블에서 아주 중요한 부분을 차지하는 다른 참여자가 있다. 바로 정부다.

정부는 재정지원자인 동시에 입법자, 교육자, 의료 공급자, 고용주이다. 이를 통해 정부는 사회가 발전해가는 경로를 만들고 있다. 가장 어려운 시기의 연간 예산일지라도 가장 큰 재단들의 기부금보다 많은 자금으로 정부는 교육 향상, 경제적 기회 창출, 빈곤 감소 등을 이끌어낼 수 있는 강력한 힘을 가지고 있다. 입법권을 통해 정부는 불법을 막을 수 있고, 보다 평등한 사회를 만들어낼 수 있다. 그러나 정부는 셀 수 없을 만큼 많은 방향으로 끌려 다닌다. 대통령 등 정부 지도자의 정치적 견해가 그들의 행동을 결정한다. 정치인들이 의원직을 얻거나 유지하고자 하는 욕망이 정부가 무엇을 할 것인지의 상당 부분을 좌우한다. 그들의 선거 캠페인 자금 또한 정부 정책에 영향을 미친다. 관료적 무능과 타성이 정부의 일을 주춤거리게 할 수도 있고, 심지어 국가적 의제가 주 정부 또는 지방정부 차원에서 제대로 추진되지 않을 수도 있다.

긍정적인 정책 변화에 대한 이 같은 장애물을 인식하고 있는 린다와 동료 '시민운동 자선가(advocacy philanthropists)'들은 복잡하고 거대한 힘을 가진 조직인 정부를 새로운 방향으로 향하도록 하기 위해 자금을 사용하고 있다. 이 때 정부의 새로운 방향은 한

두 개의 재단이나 비영리단체가 사회적 문제에 영향을 미칠 수 있는 것보다 훨씬 오래 지속되는 영향을 가져오는 것을 의미한다. 노숙자 문제를 생각해보자. "당신이 직접적인 서비스를 제공하는 기부자라면 당신이 살고 있는 지역에 노숙자가 몇 명이나 있는가와 같은 현안이 중요할 것이에요. 그러나 만약 당신이 시민운동 자선가라면 장기적으로 어떻게 노숙자에 대한 서비스를 줄일 수 있을까를 고민할 것입니다. 노숙자는 장기적 문제이므로 장기적 문제 해결 방안을 찾는데 기부를 해야 합니다."라고 린다는 말한다.

프로그램과 비영리단체의 인프라에 직접 돈을 기부하는 자선가들과 달리 시민운동 자선가들은 아이디어와 정보의 세계에 더 집중한다. 먼 미래를 내다보는 시각으로 그들은 자신의 기부를 직접적인 서비스에만 제한하지 않는다. 그들은 이러한 기부와 서비스가 더 이상 필요하지 않는 사회를 만들기 위해 일한다. 그들은 생각을 바꿈으로써 세계를 바꾸는 사업을 하고 있다.

전쟁터로 나가기

시민운동은 다양한 형태로 진행된다. 지금 그다지 주목 받지 못하고 있는 문제를 부각시키거나 또는 정부가 직접 나설 수 있도록 정책 입안자들에게 문제를 제기함으로써 당신의 아이디어를 발전시킬 수 있다. 이를 위해 소송을 제기하거나 청문회에서 증언하거나 관련 정보자료를 배포하거나, 신문에 기고를 하거나, 또는 조사 보고서를 발행할 수도 있다. 대부분의 자선가들은 자신들이 지원하는 단체가 이런 종류의 시민운동에 나서기를 원한다.

이런 종류의 자선활동은 좌파 대 우파, 진보 대 보수가 대치하는 것처럼 정치와 깊이 관련될 수도 있다. 다른 사람들이 당신의 아이디어에 찬성하지 않을 수도 있다. 당신이 지원하는 비영리단체가 정치적으로 중립적인 경우에도 보다 강한 아이디어와 반대 견해를 가진 사람들은 당신을 반대할 수 있다. 이런 이유 때문에 시민운동 자선가로서의 당신은 믿음을 확고히 해야 하고, 당신의 원칙을 방어할 준비가 되어 있어야 한다. 변화를 가져 오려면 전투를 할 준비가 되어 있어야 하는 것이다.

새로운 단체를 설립하여 시민운동 기금을 만들려고 하는 경우 당신은 복잡다단한 미국 세법을 숙지해야 한다. 또한 당신의 활동을 전개할 채널에 대해 폭 넓게 생각해야 할 것이다. 이 경우 반드시 로비 및 선거활동을 주된 활동으로 하는 세금 면제 비영리단체인 501(c)(4)** 기관으로 인가받아야 한다. 501(c)(3)*에 기부하는 사람들과 달리 501(C)(4)에 기부하는 사람들은 기부금에 대한 세금 공제를 받을 수 없다. 대신 501(c)(3) 기관은 로비 활동에 제한을 받으며 선거활동은 금지되어 있다.

---

* 501(c)(3) - 인권, 사회, 환경, 복지 분야 비영리기관으로 세법상 501(c)(3) 기관에 후원한 기부액은 501(c)(4) 기관과는 달리 소득공제 대상임.

** 501(c)(4) - 미국 국세청(IRS: Internal Revenue Service)으로부터 비영리단체로 지정된 기관은 사회복지증진을 위한 사업만을 영위해야 하며, 모든 수익금을 교육과 자선, 사회복지 분야에 지출해야 함. 단 세법상 501(c)(4)로 인정되는 기관은 선거활동과 로비 활동을 주요 업무로 할 수 있으며 비영리기관이지만 일부 수익은 과세대상이 될 수 있음. 개인이 501(c)(4) 기관을 후원할 경우에는 501(c)(3) 기관과는 달리 기부액이 과세대상에 포함됨.

우리는 시민운동 자선활동에서도 논란의 여지가 적고 덜 복잡한 경로를 택할 수 있다. 예를 들어 당신은 지역사회의 의사 결정에서 서로 다른 의견들이 논쟁을 활발하게 만드는데 도움이 될 것으로 보고 그 같은 논쟁을 유도할 수 있다. 시청에서 저녁 토론회를 구성하거나 라디오 쇼를 후원하는 식으로 특정 이슈를 보다 명확하게 하거나 더 많은 정보를 제공할 수도 있다. 물론 이 때 어느 한 견해를 지지하기보다는 보다 많은 정보에 근거한 토론을 통해 다양한 목소리를 들을 수 있도록 해야 할 것이다. 또는 임박한 정책 결정으로부터 영향을 받게 될 그룹과 개인들을 한 테이블에 모아 토론하게 할 수도 있다.

당신의 참여 수준은 당신의 경험에 따라 달라진다. 만약 당신이 직접 아이디어를 발전시키는 게 적절치 않다고 생각하는 경우라면 해당 이슈와 정책에 대해 당신보다 더 깊은 지식을 가지고 있는 비영리단체를 지원할 수 있다. 당신의 돈으로 당신의 주장과 일치하는 미디어 또는 비영리단체를 지원하는 것이다. 그러나 당신의 기부를 받은 비영리단체가 하는 모든 활동에 당신이 동의하지 않을 수도 있다는 것을 명심해야 한다. 환경보호처럼 상대적으로 논란이 없어 보이는 이슈마저도 기부자에게는 어려운 결정이 필요할 수 있다. 일부 사람들은 가장 중요한 지구 환경 문제로 기후 변화를 꼽는 반면, 다른 이들은 물 공급 부족이 가장 긴급한 문제라고 주장할 수 있다. 시민운동에서 쉬운 답은 없다. 그리고 당신의 지지 또는 시민운동이 나른 자선가들, 심지어 당신이 알고 사랑하는 사람들의 반발을 불러일으킬 수도 있다.

복권에 당첨된 것처럼

린다 슈메이커와 남편 스티브, 딸 에밀리는 콜로라도 주(州) 볼더에서 1999년까지 평범한 삶을 살고 있었다. 스티브는 통신 회사 TCI의 고문 변호사로 일했다. 기자와 기업 변호사, 어린이 운동 경력이 있는 린다는 볼더를 포함한 9개 지역사회를 포함하는 지역 학교 위원회의 선출직 대표자 역할을 하느라 바쁘게 지내고 있었다.

한편 스티브는 AT&T와 TCI의 운영 부문을 합병하기 위한 업무에 전념하고 있었다. 회사에 소속된 고문변호사로서 그런 협상 건을 많이 다루면서 몇 개월의 작업 끝에 성사될 것 같았던 계약이 파기되는 경우도 자주 목격했기에 이번 계약도 제대로 종료될 수 있을지 불분명했다. 하지만 3월경 M&A 거래는 제대로 진행되었고, 스티브는 자신이 가진 스톡옵션을 행사할 수 있었다. 최종 가격이 얼마가 될지는 알 수 없었지만 의외의 횡재가 생길 것이 확실해졌다. 린다와 스티브는 이 경험을 공유하기로 결정했다.

린다는 당시 14살이던 딸 에밀리와 함께 M&A 협상 종료를 앞두고 있는 스티브를 만나기 위해 고위 경영진들이 주로 머무는 뉴욕의 월도프 아스토리아 호텔에 숙박했다. 스티브가 일하는 동안 에밀리와 린다는 시내 관광을 다녔다. 협상이 완전히 종료된 후 스티브는 린다에게 수표로 가득 찬 봉투를 건네고, 그녀가 수표를 처리하도록 했다. "우리는 그 때까지 우리가 얼마를 벌었는지 확실히 알지 못했어요."라고 린다는 말했다. 콜로라도 행 비행기 좌석에 앉아 봉투 안의 총 금액을 헤아려본 그녀는 기절할 정도로 놀랐다. "게다가 그 수표는 앞으로 우리가 얻을 금액의 일부일 뿐이었습니다. 우리가 복권에 당첨된 것 같은 기분이 들었어요. 우리 동네 쇼핑몰에 있는 은행 지점에 가서 이 수표를 어떻게 입금해야 할지 고민했습니다. 당시 나는 프라이빗뱅킹 서비스 같은 것이 있는지도 몰랐습니다."

자금관리에 대해 알고 있는 것은 적었지만 린다는 가족의 횡재로 무엇을 하고 싶은가는 이미 알고 있었다. 그녀는 그 돈을 세상을 변화시키는데 일조하기 위해 사용하고 싶었다. 그녀는 이미 학교 이사회에서 일함으로써 시민사회의 형성에 한 역할을 하고 있었으며, 그들 부부는 언제나 자신들이 관심을 가지고 있는 문제에 기부하고 있었다. 그러나 수표를 보면서 린다는 자신의 자선활동 가능성이 하룻밤 사이에 크게 바뀌었다는 사실을 깨달았다. 수백만 달러가 지금 자신의 손 안에 있는 것이다. "돈이 사명감을 불러왔고, 저는 이 돈을 세계의 작은 귀퉁이를 바꾸는 데 사용해야 한다고 생각했어요."라고 린다는 말했다. 그녀는 어디에 자금을 기부하고 투자해야 하는지도 알고 있었다. 직접적인 서비스를 제공하는 자선 프로그램을 지원하기보다는 지속적인 변화를 가져오기를 원했다. 즉, 그녀는 시민운동 자선가가 되고 싶었다.

그것은 야심찬 선택이었다. 그녀가 이미 알고 있는 것처럼 시민운동은 시간이 걸리고 즉각적인 결과나 만족을 얻을 수 없다. 그 효과를 측정하기 어려울 수도 있다. 그리고 당시만 해도 그녀는 정책에 영향을 줄 수 있도록 필요한 인프라를 만드는 방법에 대해서도 알지 못했다. 따라서 그녀는 자선가가 되는 방법을 배울 필요가 있었다.

다양한 기부방식 활용하기

린다 슈메이커의 자선 여행은 그녀를 사회적, 정치적 시민운동이라는 도전의 세계로 이끌었다. 그러나 개인 기부자로서 수백만 달러의 기부금을 갖고 있지 않거나 정치적 리더십의 다양한 경험이 없는 당신도 이런 방식의 기부에 참여할 수 있다. 만약 당신이 자신만의 단체를 설립하고자 하지 않는다면 당신의 기부 철학과 일치하는 비영리단체에 당신과 다른 사람들의 자금을 모아 기부할 수 있다. 이 때 당신은 501(c)(4)에 기부하기 위해서는 세금 공제를 포기해야 한다는 점을 고려해야 한다. 이런 방식의 기부를 고려하고 있다면 시민운동을 유일한 활동 또는 여러 가지 활동 포트폴리오의 일환으로 하고 있는 조직을 찾는 것이 좋다. 지도력 개발을 지원하는 것은 시민운동기금의 중요한 부분이기 때문에 이 같은 전략을 사용하는 조직에 기부하는 것도 고려할 만한 일이다.

'21세기 재단(Twenty-First Century Foundation)'의 예를 보자. 이 재단은 흑인 사회에 초점을 맞추고 있는 재단 중 하나로 여러 개의 시민운동 프로그램을 가지고 있다. 프로그램 중에는 보건, 교육, 고용 가능성, 범죄 정의, 부성애(父性愛)를 향상시키는 것을 목적으로 하는 '흑인 남성과 소년(Black Men and Boys)' 운동을 들 수 있다. '흑인 소녀를 위한 흑인 여성들(Black Women for Black Girls)'은 뉴욕에 만들어진 프로그램으로 전문직에 종사하는 흑인 여성들이 돈과 시간, 전문지식을 저소득층 흑인 소녀들에게 투자하는 기부 서클이다. 이 기부 서클은 정책 결정자들에게 이들 흑인 소녀들의 목소리를 알려줄 수 있는 조사연구를 하도록 하는 동시에 회원들이 소녀들의 멘토 역할을 하고, 소녀들에게 서비스를 제공하는 단체에 대한 기술적 자문에도 기부를 하고 있다.

21세기 재단은 프로그램을 위해 개인 기부자로부터 모금을 하는 것은 물론 자선가들이 자신들의 일반 기금에도 기부하기를 권장하고 있다. 이 일반 기금은 사회 불의의 근본적인 원인을 찾아내는 데에 초점을 맞추면서 시민운동, 지역사회 조직화, 리더십 개발 등을 지원하는 등 사용처에 제한이 없다. '환경보호기금 (Environmental Defense Fund, EDF)' 또한 시민운동에 강한 초점을 두고 있다. 이 기금은 워싱턴에서 강력한 환경 관련 법안을 추진하기 위한 의견을 오랫동안 개진해왔다. 501(c)(3) 비영리단체인 EDF는 환경 법안 제정을 위한 로비에 지출할 수 있는 금액에 제한이 없는 501(c)(4) 자매조직인 '환경보호행동기금(Environmental Defense Action Fund)'을 설립했다. 이것은 EDF로 하여금 법 분야에서 매우 중요한 환경 변화를 달성할 수 있도록 만들어주었다. 예를 들어 이 기금은 캘리포니아 주에서 최초로 주 전체적으로 기후 변화 오염 상한선을 제한할 수 있도록 도왔다.

기부를 하기 전에 당신이 관심을 가지고 있는 이슈에 대해 시민운동을 수행할 수 있는 단체를 찾아내야 한다. 여기에서 다시 인터넷이 필수 도구로 떠오른다. '가이드스타(GuideStar)' 또는 '채러티 네비게이터(Charity Navigator)'의 검색 엔진에서 '시민운동(advocacy)'을 입력하면 당신은 이름에 '시민운동'이 들어가 있는 비영리단체들의 목록을 찾을 수 있다. 지리적 조건 또는 이슈별로 검색 범위를 좁힐 수도 있다. 또한 당신은 기부금에 대한 세금공제를 받을 수 있는 자격을 가진 단체를 보여주는 IRS의 목록을 가진 온라인 버전 '퍼블리케이션 78(Publication 78)'에서도 유사한 검색을 수행할 수 있다. 해당 단체의 웹사이트에서 그들의 활동이 당신의 기부 전략과 일치하는지 여부를 확인할 수 있다. 비영리단체의 활동이 당신의 관심 분야의 더 넓은 영역 중 한 부분인지도 확인하라. 예를 들면 시민운동단체들이 연합해 함께 전개하고 있는 분야가 당신의 관심과 맞아떨어지는가? 그들은 시민운동 연합을 만들고 있는가? SV2가 탄소 배출량을 제한하는 정책의 변화를 목표로 하는 '자원 솔루션 센터(Center for Resource Solutions)'를 지원하기로 선택한 이유 중 하나는 이 단체가 정부와 일반 대중부터 다른 환경단체에 이르기까지 거의 모든 곳에서 신재생 에너지 및 에너지 효율성 이슈에 대해 끊임없이 논의하게 만든다는 점 때문이었다.

개인 기부자로서 시간과 돈이 별로 없으면서 시민운동 자선가가 되려고 할 때도 당신은 관련 법의 개정이나 수정을 도울 수 있다. 부지런한 연구와 작은 기부를 통해 당신은 강력한 방식으로 민주주의에 참여할 수 있다. 당신은 심지어 돈을 기부할 필요도 없다. 당신이 지원하려는 법안에 대해 의원들에게 개인적으로 편지를 보내 변화를 촉진할 수 있다. 일부 시민운동단체들은 편지에 쓸 문장들을 웹사이트에 올려놓음으로써 당신이 이 일을 쉽게 할 수 있도록 만들어주기도 한다. 당신이 해야 할 일은 서명 후 '보내기' 아이콘을 클릭하는 것뿐이다.

오늘날 기술은 모든 사람에게 시민운동에 나설 기회를 만들어주고 있다. 거대한 글로벌 연결을 통해서 인터넷은 한때 큰 마케팅 예산을 가진 조직만이 가능했던 방법으로 일반 시민들이 메시지를 확산할 수 있게 한다. 기술을 통해 당신은 어떠한 이슈에 대해 의견을 낼 수 있고, 다른 사람들이 당신과 함께 손을 들 수 있게 할 수 있다. 당신은 사회 의식 변화의 불꽃을 만들 수 있고, 심지어 그 불꽃이 국경을 넘어 글로벌 커뮤니티까지 옮겨 붙는 것을 지켜볼 수도 있다.

모바일 기기 또한 알바니아의 학생인 에리온 베리아즈(Erion Veliaj)가 선보인 것처럼 강력한 시민운동 도구이다. 그는 2003년 3명의 고등학교 동창들과 함께 자신의 나라 알바니아에서 공공서비스의 열악한 상태뿐만 아니라 부패와 빈곤, 조직범죄의 증가에 대응하여 '그만해!(Enough!)'라는 뜻의 'Mjaft!'를 설립했다. 이 팀은 부패와 불의에 대응하여 즉각적인 캠페인을 만들어 내면서 가입자 수십만 명에게 문자 메시지와 이미지 및 동영상을 보낼 수 있는 휴대전화의 멀티미디어 도구를 사용했다. 1년 후인 2004년 '오렌지 혁명(Orange Revolution)'이라는 문자 메시지는 야당 지도자 빅토르 유셴코(Viktor Yushchenko)가 출구 조사에서 지지율이 10%나 앞섰음에도 불구하고 패배했던 대통령 선거 결과에 대한 우크라이나인들의 항의를 지원했다. 이 같은 흐름에서 보면 당신이 어디에 있더라도 당신의 기부가 작은 금액일지라도 가상 캠페인을 통해 정치적, 사회적 변화에 참여할 수 있는 것이다.

보다 최근에는 소셜 미디어가 '2011년 아랍의 봄(2011 Arab Spring)'으로 일려진 중동의 격변을 촉발한 세력 역할을 해냈다. 이집트 혁명 동안 구글 경영진의 한 사람인 와엘 고님(Wael Ghonim)은 '우리 모두는 칼레드 사이드이다(We are all Khaled

Saeed)'라는 페이스북 그룹의 관리자로서 민주화 시위대 집회를 도왔다. 칼레드 사이드는 이집트 경찰에 연행된 후 2010년에 사망한 젊은 이집트인의 이름으로, 이렇게 온라인 수단을 통해서도 전염 효과를 가져 올 수 있다. 또한 소셜 네트워킹 기술이 시민운동의 새로운 문을 열었다. 2008년 '어린이 흡연 방지 캠페인(Campaign for Tobacco Free Kids)'이 글로벌 홍보회사인 이델만(Edelman)의 자회사인 '그래스루츠 엔터프라이즈(Grassroots Enterprise)'와 협력하여 '나는 금연 중(I Am Smoke Free)'이라는 캠페인을 개발했다. 이 캠페인에 참여하는 사람들은 페이스북의 앱을 사용하여 간접흡연의 위험으로부터 사람들을 보호할 필요성에 대해 지역 공무원에게 직접 편지를 보낼 수 있었다. 친구들이 네트워크에서 무엇을 하는지 볼 수 있는 페이스북 뉴스 피드에 회원들의 활동이 게시되었고, 신입 회원들은 자동으로 캠페인의 메일 수신목록에 추가되었다.

소셜 네트워킹 도구는 무료로 당신의 관심사를 홍보하는 효과적인 방법이다. 소셜 네트워킹은 당신이 후원자를 유치하는 것을 돕고, 관심 그룹을 만들고, 당신의 관심사에 이미 관심을 가지고 있던 사람들로 하여금 말을 더 퍼뜨리도록 하는 것을 장려할 것이다. 또한 그 같은 관심사를 해결하기 위한 기금을 마련하거나 정치인들에게 편지를 쓰도록 할 수도 있다. '닝(Ning)'은 다양한 범위의 관심사를 위해 싸우는 시민들을 위한 토론 포럼과 시민운동 도구를 가지고 있다. 자신들의 메시지를 확산하려는 수백 명의 열정적인 그룹과 개인들이 닝 네트워크에 하나의 조직을 만들었다. 닝의 많은 사회 운동 그룹 중 하나인 '환경보호가들

(Environmentalists)'은 이 네트워크를 이용하여 도로 상태를 개선하고자 하는 자전거 타는 사람들부터 재활용과 빗물 수거 등의 방법을 시민들에게 홍보하려는 시민들까지 한데 모을 수 있었다. 당신이 비슷한 마음의 개인들을 함께 연결하는 방법을 찾고자 한다면 모든 유형의 시민운동가를 간단하게 파악할 수 있는 홈페이지에서 검색을 하면 된다.

트위터와 같은 마이크로 블로그 사이트도 여러 문제와 이슈에 대한 빠르고 강력한 교류 포럼을 제공한다. 트윗을 통해 당신은 주변의 논쟁과 관심을 이끌어내거나, 심지어 투표 관련 운동이나 또는 당신의 관심사를 지원하는 후보자를 추천하는 그룹을 만들어낼 수 있다. 이 때 개인 쪽지나 대량 통신을 통해 피드백에 답변할 수도 있다.

당신이 그런 일을 하고자 할 때 싱크탱크, 비영리단체, 정부기관, 학술연구기관의 웹사이트는 당신의 관심사에 대한 정보의 중요한 출처가 될 수 있다. 이러한 조직의 대부분은 연구와 설문조사를 실시하고 수시로 온라인에서 자유롭게 사용할 수 있는 다양한 의견의 논문 및 정책 자료를 발간하고 있다. 뿐만 아니라 당신의 관점을 지지하고 논점을 만들 수 있는데 쓸 수 있는 신뢰성 있는 데이터를 제공하고 있다. 어떤 문제를 조사하고, 자신의 지지전략을 개발할 때 당신이 직접 지식의 새 틀을 만들거나 재발견할 필요가 없다는 것을 기억하라. 당신은 다른 자선가들이 자금을 지원한 기존의 지식 자산을 활용할 수 있으며, 이들 대부분은 무료이다. 물론 대부분의 기관들은 심지어 초당파 기관인 경우에도 자신들이 달성하려는 목표에 따라 일종의 정치적 의제를 가지고 있거나 또는 특정 방향의 연구를 중심으로 하기도 한다. 당신은 종종 같은 주제에 대해 반대 의견을 가진 논문을 발견할 것이다. 따라서 당신의 믿음이나 가치와 일치하고 당신이 해결하려는 문제에 초점을 맞추고 있는 연구를 찾아내는 것이 매우 중요하다. 동시에 당신의 접근 방식이나 신념에 반하는 논쟁에 대해 배우는 것도 중요하다. 양쪽 의견 모두를 이해하는 것이 당신 자신의 의견을 발전시키는 데 도움이 되기 때문이다.

만약 아무도 당신이 초점을 맞추고 있는 특정 문제에 대한 연구를 실시한 적이 없어서 당신이 스스로 연구를 하기로 결정했을 때도 동일한 원칙이 적용된다. 당신의 가치를 공유할 기관이나 그러한 기관에 소속된 개인을 선택하라. 다른 한편으로 당신은 순전히 지적 호기심과 특정 주제에 대한 논쟁의 수준을 올리기 위한 욕망으로 그 같은 연구에 기부하고자 할 수도 있다.

당신이 위탁을 주든 직접 하든 어떤 방식의 연구를 선택하고 그것이 완성된 다음에는 온라인에서 공유할 수 있는지를 확인해야 한다. 시민운동 자선은 결국 사람들이 관심을 가지는 것에 대한 다른 사람들의 생각을 공유하는 것이다. 당신이 연구 자금을 댈 수도 있지만 반드시 금전적 기부가 필요한 것은 아니다. 당신은 단지 활동가가 되기 위한 열정과 소셜 네트워킹 계정과 몇 분의 시간 정도만 있으면 된다. 온라인 기술이 모든 이에게 사용 가능하며, 스마트폰 앱이 이동 통신 기기를 사회 개혁을 위한 도구로 바꿈에 따라 이러한 방식의 시민운동의 힘은 점차 성장할 것이다. 이렇게 온라인 기술이 많은 사람들에게 접촉할 수 있는 능력을 줌으로써 좋은 아이디어, 강한 의견, 그리고 사람들에게 꼭 말해야 할 이야기를 가진 누구든지 다른 이의 마음을 바꿀 수 있게 되었다. 기술은 변화에 대한 집단적 목소리에 강한 힘을 부여하고 있다.

자선가의 입장에서 배우기

린다가 시민운동 자선가가 되기 전인 2000년으로 돌아가면, 당시 그녀는 큰돈을 가진 새로운 환경에 익숙해져야 했다. 흥미롭게도 그녀의 첫 교훈은 큰 금액의 수표를 어떻게 쓰는지나 어떻게 기금 신청서를 평가하는지에 대한 것이 아니라 어떤 옷을 입어야 하는지였다. 이러한 환경에 적응해가면서 그녀는 뭔가 전문적인 도움이 필요하다는 점을 깨닫고 '여성 기부자 네트워크(Women Donors Network, WDN)'에 가입했다. 그녀는 WDN을 과거 '부유하고 진보적인 여성들의 그렇고 그런 그룹'이라고 불리던 것을 '여성의 자선활동을 위한 적극적인 전국 포럼'으로 발전시켜 나갔다. WDN의 일부가 되면서 린다는 완전히 새로운 세계를 알게 되었다. "나는 첫 번째 회의에 변호사 복장을 입고 참석한 것을 기억해요. 그때 보수적인 파란색 정장에다 흰 블라우스, 진주 목걸이, 유니세프에서 받은 세계의 아이들 사진이 있는 스카프를 걸치고 나갔죠. 나는 그것이 부유한 자선가가 입어야 할 복장이라고 생각했었죠."라면서 린다는 웃었다. "그런데 다른 사람들은 모두 완전히 다르게 보였어요. 그들은 그냥 자신들의 일상복을 입었고, 나만 무리하게 차려 입은 복장이었거든요."

그 해 11월 산타크루즈에서 열린 WDN의 전국회의에 참석했을 때, 린다는 더 이상 무엇을 입어야 할지를 걱정할 필요가 없었다. 그녀는 이미 목표를 달성하는 방법에 대해 생각하고 있었다. 회의는 그녀에게 필요한 용기를 주었다. 그녀가 잠시 등한시했던 메시지는 자선가로서 자신이 역량과 영향력, 네트워크를 가지고 있으며 그것을 올바른 사용처에 써야 한다는 것이었다. "그곳의 모든 것들이 내게 새로운 활기를 불어넣었습니다. 나는 싱크탱크를 시작해야겠다고 생각했어요." 해결해야 할 문제 또는 이슈를 찾아내는 데는 큰 어려움이 없었다. 그 중에서도 교육은 린다가 깊은 관심을 가진 분야였다. '볼더 밸리 학교 신탁자 이사회(Boulder Valley School District Board of Trustees)'에서 일하는 동안 그녀는 인근 중학교를 분할하면서 우수한 학생만을 새로 설립된 학교에 배치한다는 결정에 낙담했다. "저는 매우 실망했고 당황스러웠어요. 선천적 재능을 갖고 있거나 장애인, 제2외국어로 영어를 하는 사람들을 위한 모든 종류의 학교가 있었습니다. 그러나 공공교육의 중요성과 평균 수준의 학생들이 필요한 것에 대해 말하는 사람들은 아무도 없었죠."라고 린다는 설명했다.

또한 교육에서의 도전적 과제를 찾아내는 것을 넘어 린다는 정부의 발전을 심각하게 저해하는 '납세자의 권리(Taxpayer Bill of Rights, TABOR)' 정책의 변화를 돕고 싶어 했다. TABOR은 보수주의와 자유주의 그룹 모두의 지지를 받고 있는 헌법적 제한이었다. 특히 콜로라도 주의 TABOR은 미국 내에서도 가장 제한적인 세금과 지출 규제라고 할 수 있었다. 이 정책은 콜로라도 주 및 지방정부의 지출을 심각하게 제한하는 것은 물론 모든 세금 인상은 반드시 유권자의 승인을 받아야만 했다. 정책에 동의하는 일부 사람들은 정부가 공공 서비스만을 제공하는 작은 역할을 해야 한다고 주장한다. 하지만 린다는 TABOR과 같은 규제가 공공 교육과 의료 등의 필수 서비스에 투자하는 세금 등을 제한하는 부정적인 영향을 가지고 있다고 생각했다. 보다 넓게 생각해서 린다는 정책 입안자들은 교육, 민주주의, 사회 정의, 평등권, 또는 낙후된 지역사회의 요구 등에 대한 결정을 위해 더 좋은 정보가 필요하다고 믿었다. "대부분의 선출직 공무원들은 자신들이 가진 정보와 함께 일을 잘 해나가고 있습니다. 그들은 정직하고, 열심히 일합니다. 그러나 그들이 언제나 좋은 정보를 가지고 있지는 않아요."

린다는 이를 바꾸기 위해 브렛 가족재단에 1천만 달러를 기부하는 것에 더해 콜로라도 주의 정책 입안자, 기부자, 비영리단체 및 기타 의사 결정자들이 효과적인 공공정책을 추진할 수 있도록 연구 및 분석 결과를 제공하기 위한 진보적인 싱크탱크와 정책연구소를 설립하기로 했다. 이 모든 것들이 갑작스러우면서도 놀라운 돈의 횡재와 함께 발생했다. 운명의 예상치 못한 반전은 린다를 완전히 새로운 규모의 기부 단계로 밀어 올렸다.

린다의 자선 경력에서 다음 단계는 큰 도약과도 같았다. 먼저 부자와 고액의 기부 세계에 들어감으로써 그녀는 새로운 정체성을 만들어내야 했다. "많은 여성 기부자들은 대부분 이름이 잘 알려져 있지 않습니다. 그러나 내가 원하는 것을 하기 위해서는 이름을 공개하지 않을 방법이 없었어요. 지난 50년간 나의 모든 정체성이 평범한 사람이었다면 이제 나는 부자이자 자선가가 되어야 했습니다. 아직도 나는 그 같은 사실이 낯설기만 합니다."
싱크탱크를 설립하기 위한 그녀의 계획은 매우 야심찼다. 그것은 어려웠지만 결국 혼자 해낼 수 있었다. 그녀는 싱크탱크를 개인이 아니라 여러 사람들로 형성된 그룹이 참여하는 보다 높은 수준의 기관으로 만들기로 했다. 그녀는 싱크탱크가 지속가능하기 위해서는 장기간에 걸쳐 함께 참여할 지지자, 파트너, 투자자가 필요하다는 것을 알고 있었다. 이제 자신은 평범한 기부자로서의 삶에서 자선의 가장 복잡한 유형 중 하나로 진입하려는 것이었다. 그녀가 선출직 공무원과 기업 변호사, 비영리단체 이사회 멤버, 그리고 전략적 기부자로서 보낸 지난 수년간의 경험과 성과가 많은 도움이 되었다.

이 같은 학습 과정에 몰두하고 있는 동안 린다는 잠시 자신의 횡재 사실을 감출 수 있었다. 그녀는 이때를 옷장 안에 숨을 수 있는 기간이었다고 표현하고 있다. 남편 스티브가 TCI에서 고위 임원이었지만 AT&T의 인수합병 뉴스 보도에서 이름이 나올 정도로 유명하지는 않았기 때문이었다. 린다는 그 누구도 횡재에 대해 알지 못하는 상태로 '볼더 밸리 학교 신탁자 이사회'에서 임기가 끝날 때까지 남아 있을 수 있었다. 이 기간은 그녀에게 다음 단계를 준비할 수 있는 몇 개월간의 귀중한 시간을 주었다. 그녀는 관련된 많은 책과 보고서를 읽을 수 있었고, 콜로라도 여성 재단의 이사회에 합류했다. 또한 변화를 만들기 위해서는 어떤 전략을 써야 하는지, 그리고 다른 자선가들은 어떤 종류의 시민운동에 참여하는지 등을 알아보기 위해 수시로 지역 재단의 대표자들과 만났다. 그녀는 자신이 만날 수 있고 무엇인가 가르쳐줄 수 있는 사람이면 누구와도 만나 함께 대화를 나눴다.

가장 중요한 계기는 그녀가 '분노의 표출(Mobilizing Resentment)'의 저자이자 전국 규모의 국제적 싱크탱크인 '정치 연구 연합(Political Research Associates)'의 설립자인 진 하디스티(Jean Hardisty)의 강의를 들은 때 찾아왔다. 하디스티 교수는 그 때 WDN이 주관하는 한 컨퍼런스의 강연자였다. 하디스티 교수는 보수주의가 오랫동안 아이디어 게임에 승리해온 것은 주(州) 수준의 싱크탱크를 많이 활용했기 때문이라고 주장하며 수강자들에게 진보주의적 자선가들도 이를 본받고 따라잡아야 한다고 강조했다. "나는 강연을 듣고 바로 책을 구입했습니다. 밤새도록 그녀의 책을 읽은 다음 날 오찬 자리에서 그녀를 붙잡았어요. 나는 그녀의 조언을 받아들여 진보적인 싱크탱크를 내가 살고 있는 주에 설립하려고 한다면서 그것을 내가 해낼 수 있을지 물었습니다. '물론이죠!(Absolutely!)' 그녀는 흔쾌히 대답하더군요."

이에 힘을 얻은 린다는 진 하디스티와 WDN 회원들과 함께 전국적으로 컨설팅을 받기 시작했다. 2000년 여름, 그녀는 기존의 싱크탱크 및 시민운동 단체에 관한 연구를 수행할 몇 명의 시간제 직원들을 고용해 콜로라도가 정말로 자신이 생각한 일이 필요한지 여부를 확인할 수 있었다. 보수주의 인프라는 강하지만 진보주의 인프라는 거의 없다는 사실을 발견한 그녀는 즉시 자신의 관점에 맞아떨어지는 단체와 기관에 기부하기 시작했다.

린다의 다음 단계는 낙선한 주 의회 의원들을 고용해서 싱크탱크의 전략 계획을 수립하는 것이었다. 이 같은 전략 계획이 있어야 그녀는 자신과 뜻을 함께 하는 자선 파트너와 초기 이사회 멤버들에게 아이디어를 제공하고 설득할 수 있기 때문이었다. 그녀는 자신이 정책연구소를 장기적으로 유지할 수 있는 자원의 일부만 가지고 있다는 사실을 알고 있었다. 따라서 그녀는 자신의 기부를 지렛대로 삼아 자신의 뜻을 이해하면서 일을 함께 할 수 있는 파트너를 찾아야 했다.

2001년에 린다와 그녀의 파트너들은 브렛 가족재단의 투자를 통해 501(c)(3) 초당파 싱크탱크인 '벨 정책 센터(Bell Policy Center)'를 설립했다. 동시에 그 자매 조직으로 501(c)(4)의 '벨 액션 네트워크(Bell Action Network)'를 자신의 개인 자금을 투자해 설립했다. 그녀는 두 조직에 대해 장기간 일반 운영자금 용도로 기부를 할 투자자를 모집했다. '자유의 종(Liberty Bell)'에서 이름을 따온 이 싱크탱크는 콜로라도의 주민과 가족들이 경제적 기회에 접근할 수 있도록 도와주는 정책을 촉진하는 연구와 시민운동에 주력했다. 다른 한편으로는 그녀의 장기적 목표와 지역사회의 즉각적인 필요성의 균형을 위해 저소득 지역의 불우 청소년과 가족을 직접적으로 지원하는 사업도 브렛 가족재단을 통해 계속해 나갔다.

그녀의 주요 관심사는 여전히 연구, 시민 참여, 리더십 개발, 메시지 보내기의 4대 전략을 통해 마음의 변화를 일으키는 사업에 자금을 투입하는 것이었다. 따라서 그녀가 주(州)를 기반으로 하는 온라인 뉴스사이트에서 공개토론을 부추기기 위해 관련 자료와 이야기를 만들고 배포하는 '미국 독립 뉴스 네트워크(American Independent News Network, AINN)'의 초기 기부자 중 하나인 것은 놀랄 일이 아니다. AINN은 훈련 프로그램, 멘토링 및 온라인 기자와 블로거들의 칼럼과 기사를 통해 복잡하고 불충분하게 보도된 대중적 관심사를 다루는 고품질의 보도를 하고 있었다.

기자 출신의 데이비드 베나훔(David Bennahum)이 AINN을 설립하고 콜로라도를 네트워크의 최초의 2개 주 중 하나로 선택한 것은 2006년이었다. 린다는 AINN 운영 첫 해에 5천 달러를 기부했다. 이 초기의 종자돈은 매우 중요했다. "콜로라도는 첫 번째 출발장소였습니다."라고 현 사장 겸 CEO인 데이비드는 설명했다. "처음 몇 개월 동안 매우 잘 진행되었기 때문에 그것이 곧 우리의 명함(calling card)이 되었지요." 린다의 투자는 또한 다른 잠재적 투자자들에게 조직의 가치와 신뢰성에 대한 신호탄이 되었다. 콜로라도에서의 성공 덕분에 네트워크는 빠른 속도로 성장했고, 현재는 각종 상을 수상한 전국 규모를 자랑하는 사이트일 뿐 아니라 여러 주에 걸쳐 25명의 기자들이 에너지를 쏟아 넣고 있다.

그 후 미국 전역에서 뉴스 편집실이 축소되고 많은 신문사들이 폐업하면서 이 네트워크가 그들의 빈 공간을 채웠다. 더 중요한 것은 변화를 만드는 저널리즘을 촉진하는 것을 자신의 미션으로 생각하는 데이비드가 '언론의 영향력'이라는 말을 사용하고 있다는 점이다. 이 같은 성공을 지키기 위해 AINN은 뉴스 기사와 보도에 대한 보고 및 피드백에 있어 엄격한 평가 과정을 갖추고 있다. AINN은 통상적인 연차 보고서 외에도 최근의 뉴스 또는 스토리가 불의를 억제하거나 사회적 요구를 표출하게 만들고 있는지를 보여주는 분기 보고서와 연차 보고서를 계속해서 정기적으로 업데이트 하고 있다. "뉴스 미디어는 어떤 민주주의에서든 논쟁의 핵심적인 견인 엔진입니다. 우리는 우리의 보고서에서 그 같은 결과를 보기 원하죠."

그 같은 단어들은 미디어를 민주주의의 중요한 힘으로 보고 있는 린다의 귀에 감미로운 음악처럼 들려왔다. AINN이 가지고 있는 시민들의 공개토론을 부추기는 잠재력은 당신이 시민운동 자선가로서 지원할 수 있는 유형이나 조직의 좋은 예라고 할 수 있다. 당신이 적극적인 활동주의자가 아니더라도 당신이 기부하기로 선택한 조직을 통해서 동료 기부자들과 광범위한 대중 모두의 마음을 바꾸는 데 중요한 역할을 하고 있는 것이다.

측정과 협력, 공동작업

AINN이 미치는 영향의 일부를 추적할 수는 있지만 시민운동 기금의 결과 또는 효과를 측정하는 것은 어려울 수 있다. 시민운동과 정책 관련 과제는 당신의 기부금이 얼마나 많은 배고픈 사람들, 노숙자, 병자, 또는 부상을 당한 사람들을 도왔는지에 대한 즉각적인 피드백을 제공할 수 있는 구호 단체에 수표를 발행하여 기부하는 것보다 더 많은 에너지와 투자가 요구된다. 따라서 당신이 장기간 시행해온 작업들을 추적하고, 어떤 종류의 정책 또는 시민운동이 어떤 사회적 변화를 가져왔는지를 알 수 있도록 하는 평가과정에 대한 추가적인 투자가 요구된다.

더욱이 변경된 정책이 효과를 내는 것을 보려면 수년이 걸릴 수 있다. 또한 여기에는 정치인, 기부자, 기업 및 시민사회단체부터 언론과 투표자까지 다양한 이해관계자들이 연관되어 있다. 심지어 정책 변화가 실현된 경우에도 자선가의 행동과 돈이 얼마나 많이 기여했는지, 아니면 정치적이나 다른 압력으로 인해 그 같은 결과를 가져왔는지를 구분하는 것은 매우 까다로운 일이다. 일부 시민운동 자선가들은 특정한 날짜까지 해당 입법의 통과 여부나 기고문 게재 건수 등 좁은 의미의 기준에 따라 평가한 결과가 시민운동과 관련한 재능을 쌓거나 어떤 이슈에 대한 관심을 제고하는 등의 폭 넓은 시민운동을 제한할 수 있다는 생각 아래 자신들의 활동에 따른 평가결과를 제출하는 것을 꺼려왔었다. 그러나 요즘 기부자와 회원들은 자신들의 기부금이 현명하게 사용되길 바라며 블랙홀로 사라지는 일이 없기를 바라고 있다. 그것은 새로운 기부 시대의 요구이기도 하다. 투자 대비 결과물과 성능 관리는 더 이상 기업 부문에서만 사용하는 개념이 아니다. 오늘날의 기부자로서 우리 모두는 우리가 만드는 영향을 추적하고 평가해야 한다.

시민 자선활동에 있어서도 '청사진 연구&디자인(Blueprint Research & Design)'과 '애니 E 캐시 재단(Annie E. Casey Foundation)'의 연구 보고서가 강조한 것처럼 시민운동의 노력이 차이를 만들어내고 있는지 아닌지의 여부를 평가하는 보다 효과적인 평가 방법이 존재한다. 시민운동 자선가로서의 당신은 평가를 위해 여러 가지 전략을 사용할 수 있다. 먼저 당신이 의도하는 '정책이나 사회적 변화'가 무엇인지 정의하는 것으로 시작하자. 그 같은 정의를 법의 통과 여부 또는 정치적 환경을 이슈에 대한 인식과 관심도 상승에만 국한할 것인가? 그것은 언론 보도, 대중의 인식 증가, 유권자 등록 상승, 제휴 강화, 단체의 조직력 제고 및 법의 통과 등 결과의 카테고리를 정하는 데도 유용하다. 공공장소에서의 흡연 금지든, 노숙자를 근절하는 것이든 간에 당신의 광범위한 장기 목표를 달성함에 있어 각 카테고리의 역할을 정해야 한다.

다른 과정들은 실제 정책의 변경이든 정책 환경의 개선이든 당신의 평가과정을 모니터링 할 수 있는 시간표 또는 진행 이정표를 포함한다. 이 같은 진행 이정표가 있어야 그때 그때 효과를 측정할 수 있을 것이다. 물론 당신이 좀 더 유연해질 필요가 있다. 당신의 통제 밖에 있는 외부적 변화는 당신이 새로운 이정표를 설정함으로써 다른 이정표는 버리게 만들 수도 있다. 새로운 정치적 현실, 힘의 균형 이동, 또는 사회발전에 맞게 전략을 수정해야 할 수도 있다. 그럼에도 불구하고 효과에 대한 평가는 당신에게 무엇이 작동되고 작동되지 않는지를 이해하는데 도움이 될 것이다.

이 같은 평가는 당신의 관심사에서 당신이 다른 사람들을 이기는 데 도움이 될 수 있다. 영향과 효과를 측정하는 문제는 종종 시민운동기금 모금시 기부를 억제하기도 한다. 이 때 당신이 만들어낸 차이를 보여주는 평가 시스템을 고안하고 보여준다면 당신은 사회적 이슈에 직접적으로 혜택을 주는 동시에 이런 방식의 사회 변화에 사용할 자금 풀을 확대시키는 역할도 할 수 있다. 새 투자자를 데려오는 것도 중요하지만 시민운동 자선가는 다른 사람과 일하는 것을 잘 해야 한다. 비영리단체의 로비는 법적인 제한이 많은 편이므로 당신은 풀뿌리 조직이라고 할 수 있는 협동조합, 노동조합, 정부 감사 또는 감독기관, 정치단체, 영리단체 등 모든 종류의 기관 또는 조직과 파트너가 되기를 원할 수 있다는 뜻이다. 린다는 이렇게 말한다. "종합적으로 생각하고, 공공

정책의 목표를 달성하기 위해 다른 사람들과 협력할 수 있는 여러 그룹들에 기부할 필요가 있습니다." 어떤 자선가는 심지어 자신들의 기부금을 받는 단체들이 서로 집단으로 만나 아이디어와 전략을 공유하도록 하는데 필요한 추가 기금을 제공하기도 한다. 개인적인 만남과 접촉은 종종 유형은 물론 무형의 영향을 크게 늘릴 수 있다.

예를 들어 린다의 재단은 선출직 공직에 도전하는 사람들(주로 여성)을 훈련시키는 전국적 조직인 '백악관 프로젝트(White House Project)'라고 불리는 비영리단체에 투자하고 있다. 백악관 프로젝트가 501(c)(3)이기 때문에 연수생들이 공직에 선출된 다음에는 이 프로젝트를 지원할 수가 없다. 따라서 프로젝트는 정치 리더십 개발 프로그램을 전국적으로 제공하고 있는 501(C)(4) 단체인 '진보적인 지도력 센터(Center for Progressive Leadership)'와도 긴밀하게 협력하고 있다.

당신은 또한 직접 간섭하지 않는 접근 방식을 취할 준비가 되어 있어야 한다. 다른 자선 영역이라면 당신은 호스피스로 자원봉사를 하거나, 아프가니스탄 소녀의 교육 자금을 기부하는 것과 같은 직접적인 역할도 할 수 있다. 그러나 시민운동 자선가는 그런 과정에서 한 단계를 제거한 것이라고 볼 수 있다. "기부자로서 당신은 단지 촉진자일 뿐입니다. 당신이 기부하는 기관을 존중해야 하며, 동시에 그들로부터 배워야 합니다. 당신은 그들에게 일방적으로 지시할 수 없으며, 그들이 봉사하는 고객들과 그들이 선택한 전략을 이해할 필요가 있습니다." 이것이 린다가 배워야 했던 일이다. "나는 원래 매우 독선적이었고, 행사를 스스로 진행하는 것을 좋아했습니다. 그러나 시민운동을 통해 내가 일방적으로 지시할 수 없다는 것을 배웠고, 다른 사람들과 함께 일하는 법을 배워야 한다는 것을 알게 되었어요. 또한 나는 다른 사람들에게 신뢰를 줘야만 했습니다."

무엇보다도 시민운동 자선가로서 당신의 임무는 저소득층을 돕거나 불의와 싸우는 것이 아니라 이러한 서비스가 더 이상 필요 없는 세계를 만드는 것을 돕고, 불의가 발붙일 수 없게 하는 것이다. 우리의 자아가 우리 없이는 자선 세계가 몰락할 것이라고 속삭일 수도 있지만, 우리가 바퀴에서 가장 중요한 톱니가 되기를 그만둘 때 진정한 변화를 달성하게 될 것이다.

보다 장기적인 안목으로 바라보기

자선가로서 가장 어려운 부분은 아마도 가치 있는 기금 신청자를 거절해야 한다는 사실일 것이다. "내 자선 방식에 있어서 가장 좋아하지 않았던 일은 안 된다고 말하는 것, 특히 나만의 자선 전략 때문에 즉각적인 필요에 대한 기부를 거절하는 것이었습니다. 나는 즉각적인 필요를 희생시킬 수밖에 없었어요."라고 린다는 말했다. 그녀에게 있어 장기간의 정책 변화를 지원한다는 것은 당장 수백만 달러의 자금 부족 때문에 지역 학교로 하여금 직원들과 프로그램을 줄이도록 강요하는 것을 보는 것이었다. "나는 교육에 대해 열정적으로 관심을 가지고 있어요. 하지만 학교에 한 푼의 기부금도 내지 않을 것입니다. 나는 내 돈을 콜로라도의 장기적인 재정 흐름을 바꾸기 위해 기부할 것이에요. 하지만 내가 아는 사람들이 나에게 자금을 요구하기 때문에 그것은 정말로 힘들고, 거절하기가 매우 어려운 일입니다."

그러나 린다가 지적한 것처럼 당신은 기금 요청을 거절했던 비영리단체를 다른 방법으로 지원할 수 있다. 당신은 그들이 도움을 요청할 수 있는 다른 기부자를 제시할 수 있으며, 또한 당신의 네트워크 내에 있는 재단 및 비영리단체 지도자들에게 소개함으로써 그 같은 노력을 배가할 수도 있다.

직접적인 결과를 보고자 하는 당신의 요구를 충족시키기 위해 당신은 시민운동기금뿐만 아니라 직접 기부 프로그램을 세울 수도 있다. 이것은 또한 당신의 개인재단에서 법적으로 허용되지 않을 수 있는 활동을 할 수 있도록 만들어준다. 예를 들어 린다는 공공재단인 '볼더 지역사회재단(Boulder's Community Foundation)'에 DAF를 설정해서 개인재단인 브렛 가족재단에서는 불가능했을 투표 참가 캠페인 및 유권자 등록 운동 등 특정한 종류의 시민운동에 자금을 댈 수 있었다. 당신은 개인 기부자로서 당신의 목표를 달성하기 위해 다양한 법적, 제도적 장치를 활용할 수 있다.

린다의 기부를 시민운동 자선이라고 정의한다면 그녀의 자선활동 포트폴리오는 매우 광범위하다. DAF 외에도 그녀는 다양한 기관의 이사를 역임하는 등 자원봉사를 계속하고 있다. 그녀는 일하는 여성들의 참여, 평등, 경제적 자급자족을 향상시키고자 하는 '볼더 전문직 여성(Boulder Professional Women)'의 전임 회장이었다. 볼더 카운티의 '나는 꿈이 있어요 재단(I Have A Dream Foundation)'이 운영하는 프로그램은 린다와 스티브가 볼더 북쪽

제7장 생각 바꾸기   261

지역에 있는 40명의 위험에 노출된 학생들을 후원하고, 그들에게 과외학습과 멘토링, 학업 지원을 도와줄 수 있게 했다.

또한 다른 최고의 자선가들과 마찬가지로 린다는 절대 안주하지 않았다. 그녀의 시민운동 미션은 계속 진화했고, 이제 그녀는 저널리스트로서의 경험을 기반으로 미디어의 미래와 미디어가 핵심 역할을 하게 될 민주주의에 관심을 쏟고 있다. "나의 최초 10년간은 싱크탱크에 헌신하는 기간이었습니다. 그 다음 10년은 미디어 분야를 볼 예정입니다." 린다의 자선활동은 집중과 강렬함이 특징이라고 할 수 있다. 싱크탱크를 운영하는 10년의 기간 동안 벨 정책 센터의 창립 이사 역할을 하고, WDN이 전국 규모의 싱크탱크에 100만 달러를 기부하도록 도왔으며, 콜로라도 주의 진보적 싱크탱크인 '경제 분석 및 연구 네트워크(Economic Analysis and Research Network)'의 전국자문위원회 위원으로 활동했다. 미디어 분야로 와서는 디지털 시대를 위한 저널리즘 프로그램을 다시 만들고 있는 콜로라도 대학의 '언론대학 자문위원회(Advisory Board of the Journalism School)'에서 일하고 있다.

그녀의 10년 계획은 시민운동 자선가의 전형적인 예이다. 린다는 장기적 시각을 갖는 것의 중요성을 강조한다. "저는 한때 빠른 결과를 기대했어요. 저는 사회 변화가 더 빨리 일어날 것이라고 생각했죠."라고 린다는 말했다. "저는 원래 무척 조바심 내는 편이고, 일이 진행되는 상황을 보는 것을 좋아해요. 하지만 저는 상당한 인내심을 가져야 한다는 사실을 깨달았습니다." 인내, 끈기와 노력은 결실을 맺는다. 예를 들어 린다는 벨 정책 센터를 통해 TABOR의 지출 제한을 완화시키는 것에 대해 유권자들을 설득하는데 도움을 줬다. 벨 정책 센터는 법률을 수정하기 위한 개인과 기관 간의 연합을 구축한 이후에 '주민투표 C(Referendum C)'로 알려진 '납세자의 권리(Taxpayer Bill of Rights, TABOR) 중지 또는 납세자의 권리 벗어나기(Time Out from TABOR)' 공약을 구성하기 위한 노력에서 연구 제공과 옵션 분석, 정치적 지도자 지원을 계속적으로 제공했다. 그 결과 2005년 의회를 거쳐 그 해 11월 유권자들은 향후 5년간의 회계연도 동안 K-12(유치원과 초중고교) 교육, 고등 교육, 빈곤층 건강보험에 대한 중요한 예산지출을 유지하는 법안을 통과시켰다. 이것은 시민운동 자선가로서의 노력이 거둔 하나의 승리라고 볼 수 있다. 또한 교육을 위해 직접 아이들의 손을 잡아 도울 수는 없지만 여러 사람들의 단결된 행동으로 더 많은 아이들이 교육을 받을 수 있게 됨을 의미한다.

당신이 만약 린다의 기부 전략의 복잡함을 들여다본다면, 자선활동이 얼마나 어려운 일인지를 알게 되면서 한 발짝 뒤로 물러날 수도 있다. 하지만 당신은 다른 방식으로도 얼마든지 시민 자선활동의 일부로 참여할 수 있다. 다른 조직에 기부를 하든 온라인 캠페인을 시작하든, 시민 자선활동은 노력과 용기에 더해 문제에 대한 깊이 있는 지식을 필요로 한다. 당신은 당신의 기부를 다시 생각할 필요가 있게 만들 세계의 변화에 관심을 기울여야 한다. 또한 새로운 문제가 당신을 산만하게 만들지라도 끈기 있게 버텨야 한다. 당신은 논란이 있는 선택과 갈등, 그리고 때로는 좌절감에 직면하게 될 것이다.

그럼에도 시민운동은 정당하고 공평한 사회의 진화과정에서 당신이 중요한 역할을 할 기회를 줄 것이다. 당신의 노력과 투자는 만약 그것이 없었다면 아무런 의사표현도 하지 않았을 지역사회의 수백만 명에게 영향을 미치는 결정을 하는데 도움을 줄 수 있다. 린다는 이렇게 말한다. "이것은 사람들의 기회를 위한 로비입니다."

실천과제

- **시민 자선활동을 고려할 때 스스로에게 물어야 할 항목**
  - 당신은 만약 기부의 단기적이고 시각적인 결과를 확인하기 어려울지라도 장기적 변화를 위해 싸울 준비가 되어 있는가?
  - 당신이 이슈 또는 문제를 내세울 때 발생할 수 있는 다른 사람들의 반대의견을 방어할 준비가 되어 있는가?
  - 당신의 시각에 반대하는 사람들의 개인적 악의와 비난을 감내할 준비가 되어 있는가?

- **당신이 기부하고자 하는 시민운동 단체에게 물어야 할 항목**
  - 최근 정책 수정이나 변경 또는 다른 상당한 성취가 있었는가?
  - 해당 단체의 사회 변화 아젠다는 무엇이고, 해결하고자 하는 이슈는 무엇인가?
  - 해당 단체는 투표 참여 독려, 업무 협력, 정책 개발, 공공 교육, 사회 미디어 캠페인 등을 할 때 어떤 전략을 사용하는가?
  - 해당 단체는 자신들의 영향력을 어떻게 측정하고 결과 보고를 하는가?

- **혁신적 연구**: 시험해볼 만한 아이디어
  - 당신이 후원하는 비영리단체에 어떠한 정책적 이슈가 단체의 미션에 영향을 미치고 있는가를 물어보라. 예를 들어 세금 공제 한도 또는 범위의 변화 가능성, 정치적 리더십의 변화 등과 같은 것들이다.

만약 그 단체가 잘 모르고 있다면 그들이 찾아내도록 요구하라.
- 싱크탱크의 웹사이트에서 한 시간 정도 관심 가는 사회적 이슈를 찾아보라.

● **연구를 위해 가볼 만한 곳**
- 연구 조직들은 진보나 보수, 또는 무소속(초당파)으로 알려져 있다. 대표적인 기관들을 보려면 www.giving2.com을 방문하라.

● **기본사항: 영향력을 행사할 채널과 해야 할 행동**

1) 목적: 정책 변화
- 영향력을 행사할 수 있는 채널로는 주(州) 또는 전국 규모의 싱크탱크, 정치 그룹, 학술 기관 및 미디어를 들 수 있다.
- 해야 할 행동들은 워싱턴DC에서의 정치적 로비, 전국적 미디어 보도를 위한 협력, 여론 형성에 영향을 미치기 위한 아이디어의 전략화, 미디어에 정보 및 자료 제공 등을 포함한다.

2) 목적: 주민 발의 통과
- 영향력을 행사할 수 있는 채널은 지역과 주(州)의 싱크탱크, 정치 그룹, 학술 기관 및 지역 미디어를 포함한다.
- 해야 할 행동들은 지역 정부 수준에서의 정치적 로비, 당신의 발의에 대한 정치적, 경제적 이익에 대한 연구에 기금 제공, 지역 미디어 보도를 위한 협력, 미디어에서 보도될 적합한 사람들과 자료를 찾는 등 인간적인 요소를 제공하는 것을 포함한다.

● **가족을 위한 코너**
- 로비의 개념과 법안의 입법 과정, 선출직 공무원들이 어떻게 특정 시각을 대표하는지 등을 설명해보자.
- 만약 당신의 자녀가 공립학교에 다닌다면 그들이 학교 시스템의 발전에 대해 어떻게 생각하고 있는지, 어떻게 그런 변화를 일으킬 수 있는지에 대해 토론해보자.

- **기억해두면 좋은 것들**

  - 혼자서 정책의 변화를 가져올 수는 없으므로 공공 정책적 목표를 달성하기 위해 함께 일할 수 있는 여러 범주의 그룹에 기부하면서 그들 간의 협력을 위해 노력하라.
  - 정치적 환경은 언제든지 바뀔 수 있으므로 기금 수혜자들이 유연하면서 달성 가능하다고 기대하는 비교기준을 만들어라.
  - 시민운동 자선가로서 당신은 사생활을 일부 희생하는 것은 물론 다른 자선가들보다 더 많은 언론의 관심을 받을 수 있다. 이러한 위험은 주민들의 투표와 관련이 있을 때와 사회적 이익이 특정 신념 및 가치에 기반할 때 더욱 커질 것이다.
  - 당신의 가족들과 친구들이 당신이 하는 일과 신념, 목표에 동의하지 않을 수도 있다.

제8장

가족 참여의 중요성

: 가족은 기부를 지속하게 만드는 선물이다

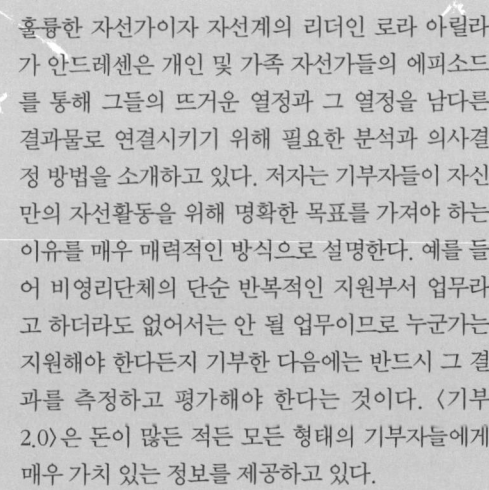

훌륭한 자선가이자 자선계의 리더인 로라 아릴라가 안드레센은 개인 및 가족 자선가들의 에피소드를 통해 그들의 뜨거운 열정과 그 열정을 남다른 결과물로 연결시키기 위해 필요한 분석과 의사결정 방법을 소개하고 있다. 저자는 기부자들이 자신만의 자선활동을 위해 명확한 목표를 가져야 하는 이유를 매우 매력적인 방식으로 설명한다. 예를 들어 비영리단체의 단순 반복적인 지원부서 업무라고 하더라도 없어서는 안 될 업무이므로 누군가는 지원해야 한다든지 기부한 다음에는 반드시 그 결과를 측정하고 평가해야 한다는 것이다. 〈기부 2.0〉은 돈이 많든 적든 모든 형태의 기부자들에게 매우 가치 있는 정보를 제공하고 있다.

- 폴 브레스트, 윌리엄 앤 플로라 휴렛 재단 대표이자
'가치 있는 소비' 의 공동 저자

> 콩 심은 데 콩 나고, 팥 심은 데 팥 난다

퀸비 가족재단의 웹 사이트에는 퀸비 가족이 자신들의 고향으로 여기는 미국 메인 주(州)의 사진들이 올라와 있다. 록산 퀸비(Roxanne Quimby)가 메인 주의 중앙 지역에 있는 작은 규모의 토지를 매입했던 1970년대 초반의 다양한 풍경과 웅장한 산, 모래 언덕과 오래된 오크 나무는 가족들을 밀접하게 연결시켜 준다. 그녀와 미래의 남편은 오두막을 짓고, 전기와 중앙 난방시설도 없이 단지 등불과 장작 난로만을 가지고 두 자녀와 함께 극단적인 긴축의 삶을 받아들였다. 록산의 딸이자 웹사이트에 올라와 있는 풍경 속 여자 주인공인 한나(Hannah)는 말한다. "당시는 개발이 덜 되었고, 완전히 시골 지역에서의 삶이었습니다. 그 지역의 인구는 단 400명에 불과하고, 여전히 깨끗한 환경을 유지하고 있었어요."

퀸비 가문은 록산 자신이 사랑하는 지역을 지키기 위해 재단을 설립한 2004년부터 자선활동을 시작했다. 재단은 주로 야생동물과 그들의 서식지를 보호하는 비영리단체를 후원할 뿐만 아니라 메인 주의 예술 활동에 대한 홍보까지 자선활동의 영역을 넓히고 있다. 또한 재단은 교육과 휴양을 위한 자연 경관의 활용을 권장하고 있다. 예를 들어 그래픽 기반의 여행 전시물을 제작하는 애팔래치아 트레일 박물관 모임(Appalachian Trail Museum Society)과 같은 기관에서는 장거리 하이킹의 묘미를 감상할 수 있다. 또한 케네벡 강 유역 메살론스키 호수 트레일(Kennebec Messalonskee Trails)은 오클랜드 지역의 도로보수공사, 신호체계, 신문이나 음료를 파는 매점(kiosk)을 만드는데 많은 지원을 하고 있다. 빅토리아 사람들이 자신보다 더 오래 사는 나무를 심고 키웠던 것처럼 록산은 미래 세대를 위한 자신의 소중한 선물을 보존하기 위해 재단을 설립했다. 그녀는 새로운 기부의 전설을 만들어가고 있는 중이다. 록산이 퀸비 가족재단의 설립자라면, 한나와 루카스 클레어(Lucas St. Clair)는 어머니의 자선활동의 전설을 이어가고 있다.

가족재단 이사회는 당시 구성원 중 한 명이 출산 휴가인 관계로 한나가 이사회에 참여할 수 있도록 결정했다. 한나는 25세가 되면서 본격적으로 재단 관리업무를 도왔다. "어느 날 몇몇 이메일에 답하면서 이것이 제가 좋아하는 일의 한 부분임을 깨달았어요. 환경 비영리단체는 내가 태어난 메인 주에 초점을 맞추었고, 나는 자연을 보존하는 일을 진심으로 좋아했기 때문에 그곳에서 하는 일은 정말 매력적이었습니다."리고 한나는 말했다.

그러나 한나에게 가족재단의 일에 참여하는 것은 또 다른 매력이 있었다. "가족들과 함께 일할 수 있다는 것이 무엇보다 좋아요. 온 가족이 공통적으로 관심을 가지고 의미 있는 일을 함께 할 수 있다는 것은 어머니가 우리에게 해줄 수 있는 가장 큰 선물일 것입니다." 한나는 이러한 과정들이 지속되기를 희망한다. "저는 어린 사촌 동생들이 가족재단의 일에 참여할 것이라고 생각합니다. 우리가 하는 일들이 세대를 넘어 지속되는 것이 정말 중요하기 때문이지요." 한나는 이러한 단체들이 제공하는 기부활동은 매우 보람 있는 일이라고 말한다. "우리의 기금으로 만든 단체들이 비교적 적은 금액으로도 활동할 수 있다는 점이 좋다고 생각해요. 기부활동의 한 부분이 될 수 있다는 점과 우리가 얼마만큼 달성할 수 있는가를 보고 느낄 수 있는 정말 매력적인 일입니다."

목적과 과정

가족재단을 설립할 때 먼저 당신은 재단에 얼마나 투자를 해야 하는지를 고려해야 한다. 일부 자선 전문가들은 당신이 적어도 10만 달러의 재산을 가지고 있지 않으면 민간재단을 만들어서는 안 된다고 말한다. 실제로 10만~15만 달러 정도의 최소 설립 비용으로 자선단체를 시작하는 것은 많은 어려움이 있을 수 있다. 그러나 많은 사람들이 비교적 적은 기부금으로 재단을 만들고, 그 후에 시간이 지남에 따라 규모를 늘려가고 있다. 시작이 중요하기 때문이다.

실제로 미국에 등록된 7만 개의 자선단체 가운데 절반 이상이 재정적으로 규모가 크지 않은 상황이다. 이러한 가족재단의 약 3분의 1 정도가 비교적 최근인 2000~2009년 사이에 설립됐다. 2009년 기준으로 전체 가족재단의 64%는 자산 규모가 100만 달러 이하이고, 전체의 10%만이 직원들에게 월급을 지급하고 있다. 대부분의 가족재단들은 형식적인 도구로서 매년 우리가 수행하는 개인적인 기부활동과 유사한 형태이다. 그러나 규모에 관계없이 큄비 가족재단처럼 대부분의 가족재단들은 미국의 자선활동 분야에서 강력하고 지속적으로 성장할 수 있는 엔진 역할을 할 것이다. 또한 개인적인 기부활동에 전문적인 직원이 반드시 필요한 것도 아니다. 나의 가족재단뿐만 아니라 남편 마크와 내가 만들고 있는 재단의 경우도 전문적인 직원이 필요치 않다. 그러나 물론 유급 직원에 대해서는 그만한 책임을 져야 할 것이다(통상 가족재단에서 가족들이 이사회 멤버 또는 직원으로 활동할 경우 무급이다). 일단 당신이 재단에 사용할 기금을 확보했으면 3가지 필수요소, 즉 세금과 법률 자문 그리고 재단의 설립 목적을 명확히 하는 작업이 필요하다. 세금과 법률 자문은 선택의 여지가 없는 기술적인 문제인 반면, 설립 목적 또는 미션은 많은 것을 고려하면서 만들어 가야 한다. 당신이 설정한 재단의 설립 목적은 기부에 대한 철학을 보여주고, 당신이 지원하고자 하는 동기를 통제해줄 뿐만 아니라 기부 전략에 대한 가이드라인을 제시해준다. 국립 자선통계연구센터에 따르면 미국에 160만 개의 비영리단체가 있는 것으로 추정되고 있는 만큼 비영리단체를 설립한 경우 당신만의 철학을 명확히 하는 것이 중요하다. 큰 방향의 설립 목적과 관련된 특정 가이드라인을 설정하고, 기부조건과 정책을 수립하는 것은 의사 결정을 보다 쉽게 만들어줄 것이다. 이를 통해 기부를 받을 것인지 아니면 받지 않을 것인지도 명확하게 함으로써 단체가 기금 모금 관련 업무와 행정 등에 투입되는 시간과 비용을 절약할 수 있다.

일단 당신이 기부활동을 하기로 결심했다면 당신의 재단이 어떠한 활동을 해야 할지를 결정해야 한다. 가족재단과 함께 기금을 조성하는 것은 당신의 설립 목적을 발전시킬 수 있는 과정의 일부에 불과하다. 관심 분야에 대한 회의를 주선하고 리더들을 모으는 일, 연구와 조사를 직접 하거나 외부에 위탁하는 일, 다른 기부자들과 지식을 공유하기 위한 웹사이트 활용과 비영리단체를 지원하기 위한 방법을 개발하는 일 등은 보다 효과적인 방안이 될 수 있다. 또한 당신은 비영리 부문의 우수성과 혁신을 격려하기 위한 상을 수여할 수도 있다. 당신이 해결하고 싶은 문제에 어떻게 가장 큰 영향을 미칠 수 있으며, 당신이 가진 제한적 규모의 자금을 어떻게 효과적으로 사용할 것인가 등을 주의 깊게 생각해야 한다. 또한 기부금을 사용하기 전에 적절한 계획을 수립해야 한다. 개인 소유의 재단을 운영하는 것은 기부금에 대한 세제 혜택을 받을 수 있는 반면, 당신이 기금을 즉시 사용할 필요가 없다는 장점도 있다(하지만 재단 창립 2년 후부터는 자선 목적을 위한 최소한의 기금을 사용하기 시작해야 한다). 당신의 기금으로 지원할 기관 또는 단체의 규모와 위치, 지배구조뿐만 아니라 세금 측면까지 고려해야 한다.

당신이 암과 싸우는 사람들을 돕기로 했다고 가정해보자. 당신의 가족재단이 불치병에 걸린 사람들의 보다 편안하고 보람 있는 삶을 만들기 위해 노력하는 비영리단체의 운영비용을 충당하는데 도움을 줄 수 있을 것이다. 당신은 환자와 그 가족에 대한 치료 또는 치료 후 심리적 안정을 지원하는 비영리단체를 도와줄 수도 있다. 당신의 지역 기관을 지원할 수도 있고, 아니면 그보다 큰 국가 차원의 진료 및 연구를 지원할 수도 있다. 더 나아가 당신은 정부의 더 많은 연구기금을 모으기 위한 캠페인을 지원하거나 시민활동에 참여할 수도 있을 것이다.

당신이 기금을 지원하고자 하는 단체의 설립 목적이나 철학을 단시간에 알 수 있는 길은 해당 단체의 지도자들을 직접 만나는 것이다. 이 때 지도자들은 당신의 자선 목적과 자선활동의 영역이 가져야 할 다양한 방식과 관점을 제공해줄 것이다. 심지어 당신이 이전에 한 번도 생각하지 않았더라도 그들의 조언은 당신이 자선활동을 하는 사명과 접근방식을 구축하는데 큰 도움이 될 것이다.

이 같은 만남들을 통해 당신의 사명과 관심사항이 바뀔 수도 있다. 따라서 당신의 사명과 관심사항을 고정시키지 않는 게 좋다. 당신은 사회적인 요구, 또는 개인적인 우선순위의 변화로 기존의 사명과 관심사항을 다시 설정할 수 있다. 당신이 비영리단체의 지도자를 지속적으로 만나고, 또한 연구를 계속하다보면 자연스럽게 생각이 바뀌게 될 것이다. 다른 많은 자선활동과 마찬가지로 기부를 위한 당신의 사명과 초점을 여행을 떠나듯 자연스럽게 발전시켜 가실 권한다. 당신이 기부를 하면서 얻는 지식과 경험에 따라 기부를 위한 사명과 초점은 물론 전략과 구조, 기부 형태 등도 발전해갈 것이다.

당신이 재단 설립에 필요한 정책과 절차뿐만 아니라 기금 조성까지 완료했다면 당신은 잠재적인 수요자들에게 접근할 수 있는 방법을 모색해야 한다. 이를 위해 가장 손쉬운 방법은 웹사이트를 구축하는 것이다. 웹사이트는 당신의 기부활동, 재단의 역사, 당신이 기금을 지원한 단체나 개인의 프로필 등을 광범위하고 자세하게 소개할 수 있다. 웹사이트에는 당신이 왜 기부활동에 열정적인지를 설명할 수 있는 동영상, 당신이 기금을 조성하는 이슈에 대한 교육자료 또는 기금 수혜자들의 성공 사례 등의 콘텐츠를 포함할 수 있다. 그러나 만약 웹사이트가 단순하면서도 비대면적인 한 장으로 구성되더라도, 그 안에는 반드시 잠재적 수혜자들의 기금 요청에 필요한 모든 정보뿐만 아니라 기금 요청 지원을 위한 기본적인 체크리스트들을 다운받을 수 있도록 구성해야 한다.

한나 큄비는 웹사이트 구축이 가족재단의 활동을 훨씬 더 편리하게 만들어주고 있다고 말한다. "처음 2년 동안은 모든 신청서를 사서함을 통해 받았기 때문에 이사회 이사들에게 무려 8개의 복사본을 만들어 보내야 했어요. 하지만 웹사이트 구축과 함께 종이 없는 시스템으로 바뀌면서 엄청나게 일이 줄어들었지요." 2011년부터 재단은 블로그와 비슷한 시스템을 사용했는데, 이 시스템을 통해 이사회 멤버들은 온라인 신청서를 평가하는 것은 물론 의견을 제시하거나 투표를 할 수 있게 되었다. "재단이 신청 기금의 지원 여부에 대한 최종 결정을 내리기 전에 이사회 멤버들은 온라인 포럼에서 의견을 공유할 수 있었습니다."

다른 자선활동과 마찬가지로 당신은 가족재단을 설립하면서 새로운 시도를 할 수 있는 기회를 갖게 될 것이다. 가족재단이 자선활동의 매우 오래된 방식이긴 하지만, 그렇다고 해서 기존의 자선활동 방식과 다른 방법을 찾을 수 없다는 것은 아니다. 앞서 말한 것처럼 큄비 가족재단은 웹사이트를 만들어 이사회 멤버들을 서로 연결시켜 보다 효율적으로 협력하는 것을 가능케 했다. 그러나 이처럼 온라인 방식의 소셜 네트워크가 효율적인 내부 작업 수단임에는 분명하지만, 당신의 재단을 위한 웹사이트를 반드시 구축해야 하는 것은 아니다. 예를 들어 당신은 익명성 보장을 원할 수도 있고, 기금 지원시 자유로운 선택권을 원할 수도 있다. 나의 가족재단인 아릴라가 재단(Arrillaga Foundation)은 기부금 신청을 받지 않을 뿐 아니라 우리가 요청하지 않은 신청을 받지 않기로 결정하면서 운영비용을 최소화하기 위해 웹사이트를 구축하지 않았다.

앞에서도 말한 것처럼 남편 마크와 나는 가족재단인 '마크 앤 로라 안드레센 재단(Marc and Laura Andreessen Foundation)'을 만드는 일의 중심에 서 있다. 우리는 처음 몇 년 동안의 계획 중 하나로 웹사이트를 개설해 기부금 프로그램, 과거 및 현재의 기부 내역, 기부 관련 보고서, 지식 공유 등을 종이 없이 할 계획이다. 내가 오랫동안 자선과 관련된 분야에서 일을 하기도 했지만 마크와 나는 기부활동의 전략을 만드는데 있어 기존과는 다른 특별한 전략, 예를 들어 보다 능동적이기를 원했다. 우리는 몇 가지 선택된 이슈들에 대해 심도 있게 분석했고, 이와 관련된 분야에 구축되어 있는 지식을 최대한 활용했다. 그 결과 우리가 요청하지도 않은 기부금 제안을 수락하지 않기로 하는 등 기부금 결정에 있어 우리 자신의 연구를 기반으로 결정하기로 했다. 그러나 재단이 시간이 지남에 따라 성장하고 진화해갈수록 정책을 수정해야 할 수도 있을 것이다.

일부 재단은 매년 신청서 제출 주기를 정하고, 또 기부 주기를 감안해 마감시한을 정해 놓고 있다. 물론 1년 내내 신청을 받는 재단도 있다. 나는 1년에 적어도 세 번은 일괄적으로 신청 서류를 검토하기를 추천한다. 이렇게 하면 일관성 있는 기준으로 당신의 기부 전략에 적합한 자금을 할당할 수 있고, 자금 조달을 긴급히 필요로 할지도 모르는 비영리단체를 오랫동안 기다리게 하지 않을 수 있다.

당신이 단체들로부터 신청서를 받게 되면 선정 과정이 시작된다. 개인적인 기부와 마찬가지로 당신이 기금 지원을 고려하고 있는 단체 또는 기관에 대한 정확한 실사가 중요하다. 이 때 당신이 얼마나 많은 시간과 비용을 투입할 것인가는 해당 단체에 지원할 기금의 규모와 그것이 해당 단체의 총 예산에서 차지하는 비중 등에 따라 달라져야 할 것이다.

당신의 가족재단이 다른 외부 직원을 고용하지 않는 방식의 가족재단이라면 당신 혼자 또는 배우자, 가족 구성원, 파트너들과 공동으로 재단을 운영해야 한다. 만약 당신 자녀들이 그들 나름의 기술과 관심을 가지고 있다면 공동 운영에 함께 참여시킬 수 있다. 또한 당신은 재단의 가이드라인에 따라 기금 지원을 결정하는 기부금선정위원회를 구성할 수 있다. 이 때 이사회 멤버가 아닌 관련 분야 전문가를 포함시킬 수도 있다. 어떤 재단은 신청서를 받기도 전에 실사부터 먼저 하는 경우도 있지만 대부분은 신청서를 받은 후 선정 과정을 거친다. 당신은 신청서에 포함된 정보만으로 지원을 결정할 수도 있지만 보다 더 철저한 검증을 하거나 신청단체를 직접 방문해 임직원들과 그 단체로부터 도움을 받는 사람들을 만나볼 수도 있다.

하지만 당신이 기금을 확실히 지원하기로 고려하지 않는 기관을 방문하는 일은 그다지 좋은 생각이 아니다. 기관을 방문하는 것은 상당한 노력과 시간이 요구될 뿐만 아니라 그 같은 방문은 괜한 희망만 심어줄 수 있기 때문이다. 가장 중요한 것은 제3장에 명시된 바와 같이 비영리단체가 자신의 필요성에 대해 어떤 말을 하는지에 귀 기울이는 것이다. 해당 단체의 리더에게 어떤 유형의 자금 지원이 가장 도움이 될 것인지를 물어봐야 한다.

당신의 재단이 강력한 파트너십 문화를 가지고 있다면, 그 같은 파트너십은 지원을 받는 모든 단체들에도 확산될 것이다. 당신이 신뢰를 구축할수록 당신의 지원을 받는 단체들도 자신들이 직면하고 있는 문제들에 대해 더 솔직하게 될 것이고, 이는 문제를 해결하는 성공으로 이어질 것이다. 이들 비영리단체들은 우리로부터 받은 기부금을 가지고 사회를 변화시키는 사람들이다. 우리의 성공이 바로 그들의 성공에 달려 있다는 사실을 기억해야 할 것이다.

큰 부츠 채우기

존 골드만(John Goldman)은 요즘 자신의 가족들이 예전에 했던 것처럼 다음 세대에도 자선활동을 계속 유지 발전시키는 방법을 생각하느라 많은 시간을 보내고 있다. 1840년대 말 미국 캘리포니아의 골드 러시 이후 의류회사와 자선활동을 위한 가족재단을 설립한 리바이 스트라우스의 자손인 그는 앞으로 해나가고 싶은 원대한 계획이 있다. 그의 조부모는 월터 앤 앨리스 하스 펀드(Walter and Elise Haas Fund)를 설립했다. 그의 어머니 로다 하스 골드만(Rhoda Hass Goldman)은 유명한 시민운동가로 문화, 보건, 환경 등 다양한 영역에 활발히 참여했다. 그녀는 자발적인 시민 환경운동가에게 수여하는 골드만 환경상을 만든 장본인이기도 하다. 존 스스로가 말하기 좋아하는 것처럼 기부는 그의 DNA 일부에 이미 포함돼 있다.

마샤와의 결혼은 존에게 새로운 관점에서 기부와 가족문화에 대해 생각해볼 수 있는 기회가 되었다. "마샤는 처음 우리 가족의 자선활동에 약간은 낯설어하면서도 제 어머니가 아직 살아계신 동안 어머니와 많은 대화를 나누었죠." 어머니는 우리에게 "부자가 되는 것을 부끄러워할 필요는 없다. 자기 인생을 즐길 줄 알아야 한다. 하지만 인생을 즐기듯 너희는 사회에도 보답해야 한다."고 말씀하셨다. 지역사회에서 받은 것을 돌려주는 것이 필요하다는 것이 어머니의 지론이었다. 존은 가족을 통해 기부문화가 전해져 내려오는 것이 장점이지만 그것이 때로는 압력으로 작용하고 있다는 점도 인정했다. "가족들의 기대 수준이 너무 높아요. 이 같은 기대감을 느끼면서 제 머릿속에는 '과연 내가 부모님이나 다른 사람들이 성취한 것의 절반이라도 달성할 수 있을까?' 하는 질문이 계속 맴도는 겁니다."

존과 마샤는 다양한 자선활동의 영역 가운데 불우하거나 불량한 청소년을 돕기 위한 가족재단을 설립했다. 존은 샌프란시스코에 있는 유대인 커뮤니티 재단의 3대 회장을 역임했고, 2001년에는 샌프란시스코 심포니의 회장으로 취임하였다. 2003년 존과 마샤는 유대인 커뮤니티 협회(Jewish Community Federation)의 기금을 받아 '남부 반도 유대인 커뮤니티 청소년 재단'을 설립했다. 이 프로그램은 샌프란시스코 만(灣) 일대의 유대인 청소년들이 자선활동의 가치를 이해하고 자선재단 또는 기금을 실행하는 방법에 대해 많은 도움을 주었다. 이 프로그램이 제공하는 세미나들은 청소년들이 리더십 능력을 개발하고, 기술을 배우고, 효과적인 기부자가 될 수 있도록 돕는데, 특히 자선활동이 단순한 돈 이상의 가치가 있다고 가르친다. 이를 통해 사회 정의 문제를 해결할 때 부딪치는 여러 가지 어려운 선택 문제를 이해하도록 만들어준다.

그들은 처음 5년 동안 4개의 지역 센터를 운영하며 총 45만 달러를 투입했다. 이 중 75%는 학생들이 직접 나서서 모금한 돈이었다. 결국 이 프로그램은 많은 10대들에게 큰 영향을 미쳤다. 남부 반도 지역 센터의 참가자인 레이첼 레빈슨(Rachel Levenson)은 자신의 학자금 5천 달러를 후원을 통해 지원 받으면서 비즈니스와 자선, 국제적 이슈를 자신의 전공과 연결시키기 위해 노력했다. "자선활동은 세상의 수많은 문제들과 저와 같은 10대들이 이뤄낼 수 있는 일들이 무엇인지 볼 수 있는 눈을 열어주었어요. 저는 아무 것도 하지 않으면서 가만히 앉아 있을 수가 없었답니다."라고 레이첼은 말한다.

존은 젊은 사람들이 많은 공식적인 프로그램이나 교육과정을 통해 배우기도 하지만 남들의 활동을 통해서도 배울 수 있다고 믿는다. 이는 그의 가족들이 존에게 가르친 방식이기도 하다. 저녁 식사 테이블에서는 통상 조부모와 부모가 자신들의 시간과 돈을 기부한 자선단체에게 무슨 일이 어떻게 일어났는지를 중심으로 토론이 이어졌다. "저희 가족들은 사람들에 대해 얘기하고, 그 사람들과 함께 참여하는 일들에 대해 얘기했죠. 이런 환경에서 가족 구성원들 모두 자연스럽게 기부에 관심을 가지게 되었어요." 그러나 존은 단지 여기까지라고만 말한다. 그는 아이들에게 자선활동을 강요하는 건 불가능하다고 주장한다. 물론 당신이 선택한 기부활동 또는 그를 통한 행동으로 보여줄 수는 있다. "우리가 사용할 수 있는 방법 중에는 격려라는 수단이 있어요. 우리가 어떻게 살아가고 있는지를 아이들이 알도록 해야 하죠. 그들이 받아들이느냐 안 받아들이느냐는 그들의 몫이에요. 기부에 마스터 플랜은 없습니다."라고 존은 말한다.

　존과 마샤의 아들과 딸은 그들의 부모들과 관심 분야가 다르기는 해도 매우 능동적인 기부자들이다. 모두 자신의 자선기금을 가지고 있으면서 기부 및 자선을 실천하고 있다. 예를 들어 딸 제시카는 생일 때가 되면 친구들과 함께 샌프란시스코와 알라 메다 카운티의 비영리단체에서 하는 자원봉사의 하나로 심각한 질환을 가진 사람들과 노인들을 위해 슈퍼마켓에서 물건 포장을 돕는다. 그녀는 이것이 자신의 생일 축하 파티의 한 부분이라고 믿는다. 이에 대해 존은 "내가 할 수 있는 건 미소가 전부"라면서 "우리 아이들이 생각하는 가치 그 자체가 정말로 멋지다고 생각합니다."라고 말한다.

아이들은 기계적 암기가 아니라 직접 듣고 보면서 이 같은 가치의 중요성을 깨달았을 것이다. "마샤와 나는 우리 부모들이 보여준 사례를 따라가려 했고, 이런 노력이 바로 우리 삶의 일환이라는 것을 아이들에게 온몸으로 보여주려고 했죠. 당신의 자녀가 지역사회의 좋은 시민으로 성장하기를 원한다면 부모인 당신 자신부터 노력해야 할 겁니다."라고 존은 말한다.

멋진 유산

당신이 하고 있는 자선활동의 가치를 자손들에게 전승하고 몸에 배이도록 하기 위해 반드시 부유할 필요는 없다. 1939년 캘리포니아 왓슨빌(Watsonville)에서 태어난 카르멘 카스텔라노(Carmen Castellano)는 그녀가 자랄 때 "우리는 가난했지만 가난한 줄 몰랐습니다."라고 말한다. 작은 트럭운수회사를 운영하던 그녀의 아버지는 재산은 많지 않았지만 자식들에게 기부의 습관을 가르쳐 주었다. "아버지는 음식과 옷이 부족한 낯선 사람들을 위해 봉사하는 사람 중 한 분이었죠. 아버지는 어려운 사람들에게 도움이 된다면 할 수 있는 모든 일을 했어요."

그녀 가족의 또 다른 유산은 바로 음악이다. 어린 시절 그녀의 네 자매 가운데 세 명은 오빠가 연주하는 트럼펫에 맞춰 피아노를 연주했다. 카르멘은 어머니에 대해 "어머니는 미술과 음악을 매우 좋아하셨어요. 어머니는 피아노를 구입한 후 독학으로 연주 기법을 터득했어요. 음악은 우리 집 가정교육의 중요한 부분이었지요."라고 회상했다.

　카르멘과 남편 알카리오(Alcario)는 카스텔라노 가족재단을 통해 예술에 대한 사랑과 남들을 위한 기부의 두 가지 가족 전통을 이어나갔다. 재단을 설립하기 전에도 카르멘은 시간과 재능을 모두 기부하는 매우 적극적인 자선가로 활동했다. 그녀는 결혼하고 아이를 가진 후에도 남편과 함께 다양한 자선활동을 해나갔다. 특히 이들 부부는 미국에서 가장 큰 규모의, 연방정부로부터 승인을 받은 히스패닉 재향 군인 조직인 '미국 GI 포럼(American GI Forum)'에 참여했다. 마침 카스텔라노 부부가 40년 이상 살아온 산호세 지역에 포럼 지부가 있었다.

　알카리오는 고등학교를 졸업하자마자 미 육군에서 2년 동안 근무한 후 1970년까지 항공우주 분야에서 일했다. 그런 다음에는 1990년 은퇴할 때까지 슈퍼마켓에서 점원으로 일했다. 그는 비디오와 사진에 대한 열정을 가지고 있어서 GI 포럼의 행사뿐만 아니라 지역사회의 퍼레이드, 음악과 무용 공연, 그리고 청소년 행사 등을 기록하는 일을 많이 했다. 그러나 2011년 알카리오가 캘리포니아 복권 사상 단일 당첨자로는 최고인 1억4,100만 달러에 당첨되는 엄청난 사건이 발생하면서 가족들의 기부활동에 큰 변화를 겪게 된다. 알카리오는 당첨 사실을 일요일에 알았지만 그 다음 주 목요일까지 복권 당첨금을 수령하러 가지 않았다. 대신 그들은 복권을 안전하게 보관할 은행의 대여금고(그들로서는 처음으로 대여금고를 가진 것이었다)를 개설한 후, 자식들과 손자들을 모두 불러 모아 복권 당첨금을 어떻게 할지를 함께 고민했다. 카르멘과 알카리오는 이미 당첨금의 일부를 자선활동을 위한 기금으로 만들 생각을 가지고 있었다. "우리는 오전 6시 30분에 복권 당첨 사실을 알았지만, 자식들에게 연락하기에는 너무 이른 시간이었지요. 그래서 우리 부부는 거실에 앉아서 복권 당첨이 우리에게 무엇을 의미하는지를 진지하게 고민했어요. 그리고 가장 먼저 했던 것 중 하나는 우리가 기부해야 할 기관의 리스트를 작성한 것입니다. 왜냐하면 그것이 결국 우리가 해야 할 일의 일부라는 것을 알고 있었기 때문이지요."라고 카르멘은 설명했다.

그 날 늦게 가족 전체회의가 시작됐다. 첫 번째 결정 중 하나는 복권 당첨 사실을 어떻게 공개할 것인가에 대한 문제였다. 가족들은 자식들과 손자들의 이름을 공개하지 않기로 하면서 알카리오와 카르멘이 공개적으로 이름을 밝히기로 결정했다. 그 후 그들은 변호사와 회계사, 대외 섭외 전문가를 고용했다. "우리가 전하고 싶은 메시지를 확실하게 하기 위해 기자회견을 직접 열기로 했습니다." 일주일 후 카르멘과 알카리오는 다시 가족회의를 열었다. 이번에는 다른 무엇보다 재단을 설립하고, 미션을 만들어내는 계획을 논의하기 위한 것이었다. 카르멘은 자식들에게 자신들이 하고자 하는 일에 대해 설명하면서 예술과 산타클라라 밸리(Santa Clara Valley)에 있는 라틴계 단체를 위한 지원에 초점이 맞춰질 것이라고 말했다. 또한 그들은 별도의 직원을 두지 않고 재단을 설립하기로 결정했다(현재는 파트타임 직원 한 명을 고용하고 있다). "제가 행정적인 비서로 근무한 경험이 있기 때문에 다른 직원을 채용하지 않는 방향으로 결정을 내렸습니다. 저는 편지 작성은 물론 재무 보고서를 작성하는 방법과 예산을 관리하고 사람들과 커뮤니케이션 하는 방법을 알고 있었어요." 알카리오와 카르멘은 그들 스스로 재단을 운영하면서 예산이 매우 투명하게 운영될 수 있도록 노력했다. "현재 우리는 자금 지원 요청에 대해 예스와 노를 명확하게 말할 수 있으며, 동시에 얼마를 기부할 것인지를 결정할 수 있습니다. 따라서 재단은 매우 투명하게 잘 운영되고 있습니다."

오늘날 이 재단은 라틴계 가족들의 가치를 높이는 것은 물론 예술과 라틴계 문화, 리더십 그리고 교육 등을 활성화하기 위해 노력하고 있다. 기부금 중 일부는 비영리단체가 기금의 다양한 재원 모금을 추구하도록 권장하는 도전적 성격의 보조금이다. "비영리단체는 개인 기부자의 기반을 구축하는 것이 중요합니다. 상당히 많은 비영리단체들이 재단이나 기업들에 지나치게 의존하는 경향이 있습니다."라고 카르멘은 말한다. 이 재단은 지금까지 100여 개 단체에 총 250만 달러 이상의 금액을 기부하고 있다. 처음부터 카르멘과 알카리오는 다음 세대들에게 넘겨줄 하나의 명예스러운 유산을 만들고자 결심했다. 그래서 그들은 가족회의의 초기 단계에서 자식들에게 그 같은 책임을 질 것인가에 대해 물어봤다. 자식들은 이에 동의했다. 카르멘과 알카리오는 이제 다음 단계를 위한 여정에 나설 것이다. 자식들이 그들과 함께 각종 행사에 참석하고 있지만 아직까지는 적극적인 역할을 하지 않고 있으며, 재단 이사회에도 참석하지 않고 있다. "그러나 우리의 재단은 결국 자식들과 그 다음 세대들의 재단이 될 것입니다. 이를 위해 우리는 현재 아이들에게 재단을 넘겨줄 계획을 마련 중입니다."라고 카르멘은 말했다.

복권에 당첨된 때를 돌아보면서 카르멘은 모든 가족들이 모여 가진 가족회의의 중요성을 강조했다. "우리 가족의 회의는 늘 자연스럽게 잘 진행됩니다. 모든 가족 구성원들이 모여 함께 토론하고 의견을 나누는 과정은 우리를 올바른 의사결정의 길로 인도했습니다."

당신은 혼자가 아니다

가족재단을 설립할 때 이사회 구성, 조직 구조, 미션과 중점 기부처 설정 등의 복잡함은 상당히 부담스럽게 보일 수 있다. 하지만 자선활동의 사례에서 볼 수 있듯이 당신은 혼자가 아니라는 사실을 명심하라. 다른 재단들과 자문회사, 그리고 자선단체들이 당신의 가족재단이 미션을 설정하고 수행하는데 도움을 줄 것이다. 앞서 언급한 퀌비(Quimby) 가족재단의 경우 골드만삭스가 주최한 자선 세미나에서 배울 만한 내용뿐만 아니라 다른 자선활동가들과의 만남 주선을 통해 큰 도움을 받고 힘도 얻을 수 있었다고 한다. 또한 록펠러 자선 어드바이저(Rockefeller Philanthropy Advisors)는 퀌비 가족재단의 설립 목표를 정하는데 결정적인 도움을 주었다. "처음에 어렵고 힘들게 보이던 것들이 이들의 도움으로 해결되어 갔습니다. 우리가 만난 록펠러 자선 어드바이저 측 전문가는 우리 재단의 목적, 비전, 가치를 설정하는데 많은 도움을 주었습니다." 록펠러 자선 어드바이저는 이처럼 개인 기부자들이 자신들의 기부활동을 늘려가고 관리하고 모니터링 하는 것을 지원하고 있다. 또한 아라벨라 자선투자 어드바이저

(Arabella Philanthropic Investment Advisors)는 록펠러 자선 어드바이저처럼 기부 관련 컨설팅을 하는 비영리단체들 중 떠오르는 기관이라고 할 수 있다. 자선 컨설팅 분야는 민간은행의 자산관리 담당부서 내에서 운영되기도 한다. 물론 독립 컨설팅 회사도 찾아볼 수 있다. 전략적 기부 어드바이저(Tactical Philanthropy Advisors)와 같은 독립 컨설턴트들은 연간 기부금액이 5만 달러에서 3백만 달러 사이인 개인 기부자와 가족재단을 고객으로 서비스를 제공하고 있다. 최근 들어 이 같은 기부 관련 컨설팅 회사들이 많이 생겨나고 있는 것은 좋은 현상이다.

　이런 기부 관련 컨설팅 회사들은 사회적 변화에 상당히 큰 기여를 하고 있다. 그러나 이들 회사들은 서비스를 무료로 제공하지는 않는다. 따라서 당신은 자선활동의 재원 중 일부를 컨설팅 받는데 사용할 것인가를 먼저 결정해야 한다. 나의 경우에는 자선활동이 직업이고, 나의 기부는 매우 개인적인 것이기 때문에 자선활동을 직접 수행하면서 배우는 방법을 선호하고 있다. 또한 재단과 관련한 협의체 또는 멤버십 연합회, 예를 들어 재단 자문위원회(Council on Foundations), 중소재단협회(the Association of Small Foundations), 국립 가족재단 센터(the National Center for Family Philanthropy), 그리고 자선 라운드테이블(the Philanthropy Roundtable) 등도 웹사이트 또는 워크숍, 세미나, 연구자료 등을 통해 기부 및 재단 설립에 관한 많은 정보를 제공하고 있다. 이들 단체들은 회원들에 대해서 다양한 교육기회를 제공하고 있다. 카르멘과 알카리오는 중소재단협회에 가입해 기부와 관련한 안내와 기부자 네트워크를 구성하는데 도움을 받을 수 있었다.

'자선 라운드테이블(Philanthropy Roundtable)' 회장인 댄 피터(Dan Peter)는 K-12 교육(유치원-고등학교)을 개혁하고 개선하는데 헌신하고 있다. 그러면서 K-12 교육이 얼마나 많은 가족 기부자들의 지원과 조언을 필요로 하는지를 목격했다. 자선 라운드테이블이 휴스턴에서 처음으로 개최한 K-12 교육 프로그램에는 수백 명의 참석자들이 모여 성황을 이뤘다. 자선 라운드테이블이 미국에서 주관하는 프로그램 중 가장 인기 있는 프로그램은 교육 전문가들과 자선활동가들이 그룹을 상대로 강의하게 하는 것이었다. 지금은 고인이 된 돈 피셔(Don Fisher)도 그 중 한 사람이었다. 갭(Gap)의 공동창업자이자 KIPP 네트워크의 공동창업자이기도 한 돈 피셔는 지역 KIPP 학교에서 마련한 세미나에서 강의를 했다. KIPP는 저소득층 자녀들이 대학을 무사히 마칠 수 있도록 도와주는 대학 준비학교로 언제든지 무료로 등록이 가능하고, 전국 네트워크를 가지고 있다. 돈 피셔의 아들인 존 피셔는 부인 로라와 함께 부모님의 자선 유산을 계속 이어가고 있으며, 현재 KIPP 이사회 의장이다. "K-12 교육 사업에 처음인 사람들에게 새로운 시각을 줄 수 있는 매우 의미 있는 자리였어요. 우리가 배워야 할 기부자 그룹과 재단 측 인사들이 엄청나게 많다는 것을 알 수 있었습니다."라고 존 피셔는 말한다.

때때로 당신은 전문가들에게 도움을 요청해야 할 때도 있다. 카르멘과 알카리오는 복권에 당첨된 후 가족재단을 설립하기 위해 발 빠르게 움직였다. "우리는 당첨금을 빨리 기부하고 싶었어요. 6월에 복권에 당첨되고, 12월에 재단을 설립했죠."라고 카르멘은 설명했다. 이들 부부는 어떻게 그렇게 빨리 재단을 설립할 수 있었을까? "우리에게는 훌륭한 변호사가 있어 가능했습니다."
라고 그녀는 말했다.

당신의 흔적 남기기

가족재단은 매우 개인적인 조직이다. 각 가족재단들은 자신들만의 열정과 경험, 연구 및 우선순위를 바탕으로 자선 투자에 나서고 있다. 자선활동의 목표는 가족이 중시하는 가치를 표현하는 것이다. 그러나 때때로 일부 가족이나 친척들이 가족재단의 목표와 전략에 동의하지 않을 수도 있다. 일부에서는 굶고 있는 사람들에게 직접적으로 음식을 제공할 수 있는 기금을 조성하기를 원하는 반면, 다른 사람들은 실업자나 노숙자와 같은 사람들에게 가난을 해결할 수 있는 근본적 처방을 제공하는 것을 선호한다. 또한 여러 가족이 비영리단체를 설립하거나 이사회 멤버를 구성할 경우 어느 한 가족 또는 재단에 보다 적극적으로 참여하는 가족에 의해 단체의 방향이 달라질 수도 있다. 가족의 일원이 재단 밖의 일을 하는 사람이나 먼 지역에 있는 사람 또는 종교가 다른 사람과 결혼을 하는 경우에도 갈등이나 긴장이 발생할 수 있다. 또 다른 논쟁거리는 지리적 초점을 어디에 둘 것인지, 기부의 유형(프로그램 운영, 실물 기부, 인프라 건설, 자유 기부 등)을 어떻게 할 것인지, 의사결정 권한과 기부의 규모는 어떻게 결정할 것인지 등에서 발생할 수도 있다. 배우자를 다른 가족들이 받아들이는 것을 꺼려하는 경우에도 갈등이나 긴장이 생길 수 있다. 그러나 토론과 합의를 위한 기간이 길어진다고 하더라도 가족재단의 전략을 수립하는 일은 매우 중요하다. 재단의 자원을 어떻게 배분하고, 또 발전시켜나갈 것인가에 대한 동의를 이끌어내는 일이야말로 재단의 운영조직을 만들고 또 기부를 시작하기 전에 해야할 가장 기본적인 작업이다.

한 가지 방법은 카르멘이 했던 것처럼 기부 전략에 대한 합의를 위해 가족이 함께 모여 여러 차례 회의를 하는 것이다. 또는 기금을 제공한 가족 구성원이 구체적으로 단기와 중장기에 걸쳐 기부할 곳과 기부하지 않을 곳을 명확하게 정할 수도 있다. 어떤 경우에는 부모들이 연간 총 기부금의 몇 퍼센트를 자녀 또는 다른 가족 구성원들에게 할당할 수도 있다. 다른 경우에는 기부에 전문적 지식을 가지고 있거나 또는 해당 프로그램에 상당한 지식을 가진 자녀에게 아예 기부금 할당을 떠맡길 수도 있다.

당신이 어떤 모델을 택하기로 결정하든지 그 결과를 공식 의향서로 작성해야 한다. 그래야 나중에 질문이나 오해가 생길 경우 근거가 될 수 있기 때문이다. 공식 의향서에는 당신의 재단 자산이 어떻게 관리되는지는 물론 당신이 죽은 후에 다음 세대로 어떻게 넘어갈 것인가 등도 포함돼야 할 것이다. 구성원들 간의 도출된 공감대와 의사결정을 바탕으로 작성된 재단의 전략은 구성원의 갈등을 최소화하고, 가족재단을 위한 설립 철학뿐만 아니라 현실적인 희망사항을 설정하는데 도움을 준다.

또 다른 큰 문제는 당신이 소중하게 여기는 가치와 미션이 세대를 통해 계승될 수 있는 방법에 관한 것이다. 당신은 재단을 영구적으로 존속시킬 것인지, 아니면 당신이 살아있는 동안 당신의 재산을 나눠줄 창구로서의 기능으로 활용할 것인지를 결정해야 한다. 비록 당신이 후자를 선택하더라도 수십 년 동안 재단을 만들고 운영하면서 배운 것들은 당신에게 매우 보람 있는 경험이 될 것이다. 그리고 나중에라도 당신의 계획과 기부한 재산의 운영 방식을 변경함으로써 당신이 설립한 재단이 다음 세대까지 존재하게 할 수도 있다.

물론 살아있는 동안 당신은 민간재단의 설립자로서 이사회 구성, 투자 및 자금 조달과 배분 등에 관한 의사결정 권한을 행사할 수 있을 것이다. 당신의 돈을 지금 사용하는 것의 이점은 환경보호와 같은 특정 이슈가 지금 당장 당신의 행동과 돈을 필요로 하며, 나중에는 필요로 하지 않을 수 있기 때문이다. 또한 당신이 살아있는 동안 모두 기부를 하는 것은 당신의 기부 및 자선활동으로부터 얻을 수 있는 기쁨을 최대화할 수 있다는 것을 의미한다. 하지만 당신이 죽고 나면 어떠한 일이 벌어질까? 어떻게 하면 당신의 자선이라는 유산을 계속 이어갈 수 있을까? 당신이 매우 구체적인 미션과 가이드라인을 설정해 놓지 않으면 당신이 죽은 다음에 돈이 어디에 어떻게 활용되는지 예측하는 것은 결코 쉽지 않은 일이다. 당신이 설정한 가이드라인은 당신에 대해 잘 모르는 후손들 세대(예를 들어 손자 또는 증손자)를 거치면서 없어지거나 무시될 수도 있다. 실제로 그 같은 일이 심심찮게 일어나기도 한다. 따라서 당신은 재단이 기금을 사용할 수 있는 범위와 사용할 수 없는 범위에 대해 법적인 문서의 형태로 엄격한 규정을 만들어 놓아야 한다. 이것이 당신이 죽은 다음에도 재단이 의도한 방향대로 운영될 수 있도록 보증해줄 수 있다. 그러나 시간이 지남에 따라 변화가 필요하다는 것을 반드시 기억해야 한다. 생명을 위협하는 질병과 싸우는 재단을 당신이 설립했다고 해보자. 미래에는 그 질병을 치료할 약이나 방법이 발견될 수도 있으므로 또 다른 미션을 정해두거나 당신의 자녀 또는 미래의 이사회에게 새로운 미션을 정할 수 있는 권한을 주어야 할 것이다.

만약 재단의 기금이 특정한 가치관, 예를 들어 정치적 이슈에서 보수적이거나 진보적인 이슈(특정 정치적인 이슈에 대한 보수적 또는 진보적 태도)를 반영하기를 원한다면 재단의 미션이 변하더라도 이러한 가치관들은 지켜져야 한다는 내용을 규정해 놓아야 한다. 당신의 변호사와 함께 재단의 정관에서 '기부자의 의도'라고 불리는 법적 가이드라인을 만들어 제시함으로써 기금의 사용처를 명확하게 해두어야 한다.

또 다른 방법은 당신 또는 배우자가 사망할 경우 당신의 기부금이 특정인 또는 특정단체들에게 나눠져 넘어가도록 하는 것인데, 이 때 이사회가 그 같은 법적 의무를 수행하도록 해야 할 것이다. 또한 당신은 사후 계획에서 이사회 구성원으로 다음 세대를 지명할 수도 있다. 그러나 기부자들이 아무리 준비를 잘 한다고 하더라도 그들 사후에 다툼이 발생하기도 한다. 이런 경우는 기금 사용처에 대한 제약이 너무 심하거나 또는 너무 관대할 때 자주 목격된다. 가족재단으로부터 기금을 받은 단체들이 재단의 의도와 다르게 기금을 사용할 경우 가족들은 소송을 제기하기도 한다. 따라서 당신의 당초 의도가 잘 유지될 수 있도록 어느 정도의 유연성을 마련해둬야 한다. 기부금 또는 기부금의 종류, 재단의 조직 구조는 바뀔 수 있지만 확고한 미션과 가치관, 문화를 구축한다면 당신이 가진 원래의 목표와 중요한 철학은 흔들림 없이 유지될 수 있을 것이다.

재단의 조직구조 또는 서면으로 작성된 유서만큼 중요한 것이 당신의 자녀들에게 본보기를 보여주는 것이다. 당신의 재산을 자녀들에게 직접 상속하는 것보다는 자선재단에 제공하는 것은 자녀들에게 자선활동의 권한을 주는 한 가지 방법이다. 한나 쿰비는 어머니가 재산을 자녀들에게 직접 상속하지 않고 가족재단을 만듦으로써 훨씬 유용하게 사용되었다고 확실하게 믿고 있다. 한나는 골드만삭스에서 개최한 자선 관련 세미나에서 '자신의 명의로 된 신탁기금을 가지지 못한 것을 후회한 적이 있는가?'라는 질문을 받은 적이 있다. 이에 대해 그녀는 분명하게 '노(no)'라고 대답했다. "만약 당신이 돈이 많아 더 이상 돈이 당신의 관심사가 아니라면 당신은 열정을 찾을 수 없고, 열심히 일하지 않을 수도 있어요. 왜냐하면 당신이 의지할 충분한 돈이 있기 때문이죠. 중요한 것은 열심히 일하면서 열정을 찾아내는 것이에요."라고 한나는 말했다.

또한 당신은 자녀가 기부자가 될 수 있도록 권장하는데 도움이 될 수 있는 활동을 의도적으로 할 필요가 있다. 가족의 젊은 구성원들이 기부 결정을 하는데 참여토록 해보자. 당신이 좋아하는 기부 단체에 자녀들을 데리고 가라. 자녀들이 기부단체에서 봉사활동을 할 수 있는지, 그리고 작은 돈을 기부할 수 있는지도 알아보자. 직접 참여하는 것은 매우 중요한 교육이 될 수 있다. 참여를 통해 사회의 어려운 현실을 직접 경험할 수 있을 뿐만 아니라 사회 문제를 해결하기 위해 효과적이면서 헌신적으로 일하는 사람들이 있다는 사실을 알게 될 것이다.

당신은 여러 세대가 함께 하는 공동 기부를 장려하기 위해 특별히 설계된 자선활동의 새로운 형태를 제시할 수도 있다. 대표적인 사례는 ChAngels라고 불리는 모녀(母女) 기부자 그룹이다. ChAngels는 2007년 케이트(Kate)라는 캘리포니아에 사는 9세 소녀에 의해 설립되었다. 케이트는 한 번에 하나씩 세상을 변화시키길 원했다. 이들은 매월 개최하는 회의에서 동전을 모으고(그래서 단체의 이름이 푼돈을 의미하는 ChAngels=change+angels이다), 프로젝트와 자신들의 아이디어를 표현할 수 있는 방안들을 연구한다. 그룹의 구성원들은 일본의 쓰나미 피해자 구호와 피지의 도서관에 도서를 지원하고, 몸이 아픈 아이들을 작은 농장에 데려가서 동물들과 놀 수 있는 프로그램 등을 만들어가고 있다. 그들은 시간이 날 때마다 봉사활동을 하고, 친구들에게 책을 기부하기를 권장하고, 농장의 동물들에게 깨끗한 환경을 제공하기 위해 노력한다. 뿐만 아니라 멤버들의 어머니와 함께 유방암 환자를 위한 모금 활동 차원에서 자선걷기대회에 참가하고 있다.

그러나 가족재단의 경우 기억해야 할 한 가지는 재단을 가족들만의 활동무대로 만들 수도 있지만 그를 통해 가족 간 유대가 반드시 더 강해지는 것만은 아니라는 사실이다. 어떤 경우에는 오히려 불화의 근원이 될 수도 있다는 사실을 명심해야 한다. 자녀들에게 기부를 해야 하는 이유를 설명하는데 많은 시간을 할애하더라도 당신의 열정이 곧 자녀의 열정으로 이어지지 않을 수도 있다. 이는 부모의 접근 방식이 자녀들이 원하는 것과 다를 수도 있기 때문이다. 당신은 자녀들의 개성을 표현하는 것을 인정해주고, 자녀들이 기부활동을 발전시켜 나가면서 자신의 가치를 스스로 발견하는데 도움을 주어야 한다. 나의 아버지는 종종 이러한 방법으로 도움을 주었다. 아버지는 기부와 봉사의 삶을 선택한 나의 선택에 전폭적인 지지를 보내주었다.

다시 한 번 이야기하지만 가장 중요한 것은 자녀들에게 스스로 본보기가 되는 것이다. 당신이 기부활동에 대해 열정적인 이유와 기부가 당신의 인생에 미치는 긍정적인 영향에 대해 자녀들에게 말해야 한다. 당신이 가장 관심을 가지고 있는 문제에 대해 자녀들이 직접 경험하고, 자녀들이 열정을 가지고 노력할 수 있는 토대를 마련해주어야 한다. 가족이 함께 하는 기부 프로젝트를 시작하고, 자녀들이 정기적으로 봉사할 수 있도록 해야 한다. 그리고 나의 부모님이 그랬던 것처럼 기부하는 인생이 아름다운 삶이라는 점을 자녀들에게 보여주라. 이것이 지금 당신이 시작해야 할 일이다.

실천과제

- **자신에게 질문할 사항**
  - 당신의 자선활동은 당신 부모님의 가치를 계속 유지시켜 나가고 있는가? 만약 그렇다면 그 뜻을 더 펼쳐나가는 것이 당신에게 왜 중요한가?
  - 당신이 아이들에게 물려주고 싶은 가치는 어떠한 것인가?

- **자녀에게 질문할 사항**
  - 그들이 가장 흥미로워 하는 것은 무엇인가?

- 그들은 세상에서 무엇이 불공평하다고 생각하고 있으며, 왜 그렇다고 생각하는가?

- **가족재단을 설립할 때 당신 자신에게 질문할 사항**
  - 당신의 전략을 계속 발전시켜 나가고, 당신의 비전을 달성하기 위한 적극적 옹호자가 되거나 이사회를 운영하기를 원하는가? 아니면 이 모두를 원하는가?
  - 자녀들의 기부 동기 또는 자녀가 지원하고자 하는 단체의 성격이 당신의 가치와 다를 경우를 받아들일 준비가 되어 있는가?

- **기부활동의 초점을 만들 때 고려할 사항**
  - 당신이 원하는 기부의 종류는 무엇인가? 가족재단은 장학금과 미국 이외 지역의 단체를 후원하는 자금 지원뿐만 아니라 비영리단체를 포함하는 자선 목적의 기금 출연도 염두에 둬야 한다.
  - 당신의 미션을 무엇으로 할 것인가? 미션을 설정하는 것은 당신이 재단의 목적에 초점을 맞추는데 도움을 줄 것이다.

- **기부의 가이드라인을 발전시켜 나갈 때 고려할 사항**
  - 재단은 기부활동을 수행함에 있어 어떤 분야에 초점을 맞추고 있는가? 예를 들어 교육 분야라면 보다 구체적으로 공공 교육이나 사립 교육, 방과 후 교육 프로그램, 교육 관련 지배구조의 개혁, 차터 스쿨(공적 자금을 받아 교사·부모·지역 단체 등이 설립한 학교) 등 어느 것에 초점을 맞출 것인가? 많은 재단들이 한 가지 이상의 분야에 초점을 맞춰 운영하고 있다.
  - 당신이 살고 있는 지역사회나 국가, 또는 다른 국가 등 전 세계적인 측면 중 어디에 초점을 맞춰 재단을 운영할 것인가?

- **가족을 위한 코너**
  - 당신의 자녀들이 지역사회에서 그들이 변화시키고자 하는 것에 대한 미션을 만드는데 도움을 주라.

- 일주일에 한 번 당신의 자녀들과 함께 신문을 읽고, 기사 내용에 대해 서로 대화를 나눠라.

- **기억해두면 좋은 것들**

  - 당신이 지원하는 이유와 실행하고 싶은 전략, 자금을 지원하고자 하는 단체 및 당신이 운영하고자 하는 재단의 목적에 대한 확신을 가져라.
  - 모든 기부의 유산은 누군가와 함께 시작되고, 그 누군가는 바로 당신과 당신 가족이 될 수 있다는 사실을 명심하라.

제9장

참호에서

: 작은 비영리단체에서 큰 결과 얻기

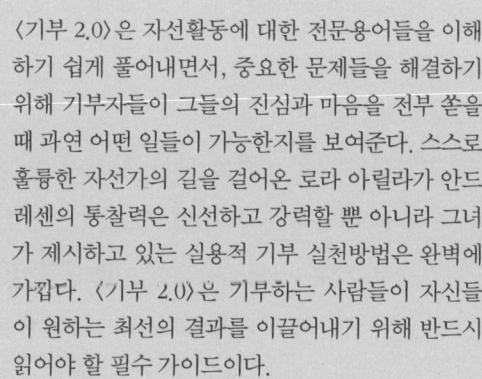

〈기부 2.0〉은 자선활동에 대한 전문용어들을 이해하기 쉽게 풀어내면서, 중요한 문제들을 해결하기 위해 기부자들이 그들의 진심과 마음을 전부 쏟을 때 과연 어떤 일들이 가능한지를 보여준다. 스스로 훌륭한 자선가의 길을 걸어온 로라 아릴라가 안드레센의 통찰력은 신선하고 강력할 뿐 아니라 그녀가 제시하고 있는 실용적 기부 실천방법은 완벽에 가깝다. 〈기부 2.0〉은 기부하는 사람들이 자신들이 원하는 최선의 결과를 이끌어내기 위해 반드시 읽어야 할 필수 가이드이다.

- 샐리 오스버그, 스콜 재단 대표 겸 CEO

큰 꿈을 꾸어라: 당신의 아이디어가 세계를 바꾸는 다음 아이디어가 될 수도 있다.

자신감을 갖기 위해 몇몇 모험가는 험한 산을 오르기도 한다. 믿을 수 없을 정도의 가파른 경사를 오르고, 빙하를 횡단하고, 눈폭풍을 이겨내면 자연은 당신에게 세상에서 가장 아름다운 전망을 선사해줄 것이다. 지난 2년간 엘리자베스 마틴(Elizabeth Martin)은 산 정상을 정복하려는 자신의 삶을 친구인 엘리자베스 데이비스(Elizabeth Davis)와 함께 보냈다. 그런 삶이 이어지다보니 처음 몇 년 동안 엘리자베스 마틴은 다른 사람에게 직접적인 도움을 주지는 않았다. 하지만 그녀가 가정 폭력 피해자를 돕기 위한 온라인 비영리단체를 시작할 때는 자신이 산을 오르는데 필요한 기술과 지식을 배웠다는 점이 매우 소중한 경험이라는 것을 깨달았다.

둘은 다른 사람들, 특히 여성으로서는 어려운 일인 페루와 에콰도르에서 북서태평양까지 다니면서 여러 높은 산을 등정했다. 특히 알래스카의 맥킨리 산을 다른 사람의 도움 없이 오르는데 성공한 것은 아주 멋진 도전이었고, 그 무엇과도 바꾸고 싶지 않은 경험이었다. 그들은 등산 여행의 장기계획부터 자신의 부상 처리까지 모든 것을 스스로 해야 했고, 기상이 악화될 때는 그에 맞는 현명한 선택을 내려야 했다. 이런 과정을 거치면서 엘리자베스 마틴은 팀으로서 일하는 방법, 문제 해결, 그리고 예상치 못한 환경에서의 생존법 등을 배웠다. 그녀는 집중력과 효과적인 의사결정 능력을 습득한 숙련된 전략가가 되었다. "높은 산을 정복하는 일은 저에게 큰 자신감을 주었어요." 엘리자베스 마틴은 그것에 더해 빠듯한 예산을 관리하는 방법을 체득했다. 처음에 자신들의 등산 자금을 마련하기 위해 그녀와 친구는 실내장식가게에서 일을 하고, 방 1개짜리의 저렴한 아파트를 빌렸다. "우리는 번갈아가면서 침대에서 잤어요. 또 찌그러진 캔에 든 음식을 25센트에 저렴하게 살 수 있는 곳에서 쇼핑을 했죠. 재활용 처리장에서 가져온 소파에서 잔돈을 발견했을 때는 기뻐하며 우리 자신에 대한 보상으로 콜라를 한 잔 사 마셨어요."

사치스럽지 않게 사는 것은 두 친구에게 별다른 의미가 없었다. "우리가 정말 하고 싶은 이유와 목표를 위해서였기 때문에 우리는 그런 생활에 곧 익숙해질 수 있었어요."라고 엘리자베스 마틴은 말한다. 그 '이유'는 그들이 산 정상에서 인상적인 풍경 위의 구름 한 점 없는 하늘을 바라보는 자신들을 발견했을 때 비로소 찾을 수 있었다. 그들은 목표 달성이 불가능해 보이는 도전을 성취한 것에서 오는 엄청난 만족감을 함께 느꼈다. 그것은 그녀가 자신의 온라인 법률 상담 서비스를 통해 제공되는 도움 덕분에 가정 학대에서 탈출한 여성을 알게 될 때마다 체험하는 느낌과 같은 것이었다.

그녀와 엘리자베스 데이비스가 무엇인가를 기부하기로 결정하고, 워싱턴 주(州)의 여성 보호소에서 자원봉사를 시작했을 때 그녀는 처음으로 가정 폭력의 결과를 목격했다. 그들은 서른 시간의 교육과정을 통해 미국의 가정 학대에 대해 배우고 그와 관련된 여성들의 숫자를 알게 되었다. 특히 이민자에게 있어서는 그 상황이 더욱 심각했으며, 이민자 자격을 잃게 되리라는 두려움이 그들을 폭력적인 관계에서도 저항하기 어렵게 만든다는 것을 깨달았다.

그녀는 폭력에 취약한 여성의 기분이 어떤지 알게 되었고, 그들을 도우려 할 때 얼마나 많은 이해가 필요한지 배웠다. "그것은 새로운 세상에 눈을 뜨는 기분이었습니다. 그리고 무척이나 민감한 이슈였어요. 누군가에게 말을 할 때 당신은 준비되어 있어야 하고, 그들의 상황을 이해해야 합니다. 무신경한 한 마디 말로도 그들을 돌아서게 할 수 있기 때문이지요." 보호소는 하나의 집단으로 운영되면서 모든 의사 결정에서 그룹적 공감대를 필요로 했다. 그런 환경에서 자원봉사자는 즉시 집단의 일부가 되었다. "누구나 원하는 만큼 관여할 수 있었고, 그래서 우리는 의사 결정에 아주 깊이 관여했습니다." 그녀와 엘리자베스 데이비스는 보호소로 여성들을 데려와서 그들이 정착할 수 있도록 도우며 야간 교대로 일했다. 또한 그들은 응급전화 응답 및 법원 청문회에 그들 여성들과 함께 가는데 시간을 할애했다. 비밀 장소에 위치한 여성들이 사는 집은 단순했지만 편안했다. 그 안에는 여성들을 위한 침실, 아이들을 위한 놀이방, 주방 및 응급전화에 응답

할 자원봉사자들이 일하는 사무실이 있었다. 그곳은 언제나 사람들로 가득 찼고, 머무르는 여성들에게는 안전함을 느끼는 행복한 장소가 되었다. 그러나 그곳에서 경험한 가정 폭력에 대한 공포는 그녀에게 충격으로 다가왔다. 노스캐롤라이나의 샬롯에서 자식을 사랑하고 격려하는 부모와 함께 자랐기에 그녀는 가정생활이 그 정도로 망가질 수 있을 것이라고는 상상도 해본 적이 없었다. "저는 가정 폭력에 대해서는 아무것도 알지 못했고, 그것에 대해 많은 잘못된 고정관념을 가지고 있었어요."

보호소에서 그녀의 일 중 많은 부분은 지방법원에 피해 여성과 동행하는 것이었다. 그곳에서 그녀는 시스템의 복잡함 때문에 고민했고, 자녀 양육권과 접근 금지 명령과 같은 여성 법률의 복잡다단한 문제에 직면했다. "처음에는 도저히 이해할 수 없을 정도로 혼란스러웠어요. 그곳에는 가정 폭력에서 벗어나 자신의 아이들을 안전하게 보호하기 위해 참으로 큰 용기를 가지고 나온 여성들이 있었어요. 그러나 그들은 해결해야 할 너무나 많은 문제에 직면해 있었죠. 법원 시스템의 절차에 갇히는 것이 그 문제들 중 하나가 되어선 안 된다는 생각이 들었습니다."

그러나 직원들이 전문지식을 거의 가지고 있지 않았기 때문에 보호소에서는 이러한 법적 요구를 충족시켜줄 수 없었고, 직원들의 한정된 시간과 자원조차도 즉각적인 위기에 대응하는 데만 주로 사용되었다. 대표적인 사례를 보자. 그녀는 자신이 보호소의 여성들과 함께 방문한 법정의 절차를 한 페이지로 작성했다. 그것은 그녀가 학대로부터 도망치기 위해 도움을 필요로 하는 사람들 누구든지 정보에 접근 가능하도록 하는 아이디어에서 비롯되었다. "자신의 아이들과 양육권에 어떤 영향을 미칠지 모르는 상황에서 그 여성들이 어떻게 보호소에 머물거나 떠나는 결정을 내릴 수 있겠어요? 당신도 이런 것에 대한 정보가 없다면 그 같은 결정을 쉽게 내릴 수 없을 거예요."

엘리자베스 마틴은 더 채울 필요가 있는 틈새를 발견했다. 그녀는 가정 폭력이나 성폭력으로부터 살아남은 이들이 쉽게 접근할 수 있는 정확하고 관련성이 높은 주별 법률 정보를 제공하고자 했다. 그녀는 인터넷의 힘을 활용하는 온라인 비영리단체 '우먼스로(WomensLaw.org)'를 만들게 되었다. WomensLaw.org는 미국 전역의 여성들이 이메일로 다른 피해 여성들이나 지지자들과 연결하는 방법을 이용하여 직접적인 도움을 제공하고 있다.

오래된 문제를 해결하기 위해 최신 기술을 사용한 그녀는 진정한 혁신적 자선가이다. 그녀는 자신의 아이디어를 적용하기 전에 정확한 법률 정보를 갖추는 것이 먼저라는 사실을 알아차렸다. 세상을 변화시키고 싶은 다른 많은 사람들처럼 그녀는 자신이 더 교육을 받아야 한다는 사실을 깨닫고 법학 관련 학위를 받기 위해 학교에 진학했다.

우리들의 영혼 찾기

당신은 행동하기 위한 영감을 받는 단계와 새로운 조직을 만드는 단계 사이에서 스스로에게 많은 질문을 던져야 한다. 가장 중요한 것은 내가 왜 새로운 조직을 시작하려 하는가이다. 물론 명확한 답을 내놓을 수도 있다. "나는 이 일에 관심이 많고, 이 일을 위해 무엇인가 하고 싶기 때문입니다."라고 말이다. 하지만 당신은 스스로에게 더 깊이 있는 질문을 끊임없이 던져야 한다.

당신은 완전히 새로운 조직을 시작하고자 하는가? 다른 사람들이 이미 당신이 제기한 문제 및 조직을 시작하려는 이유와 비슷한 작업을 하고 있을 수도 있다. 따라서 당신은 단순히 기존의 노력들을 따라 하고 있는 건 아닌지 스스로에게 물어봐야 한다. 당신의 사회적 목적이 다른 조직들과 거의 비슷하다면 새로운 단체를 만드는 대신 기존조직의 새로운 프로그램을 진행하는데 자금을 제공할 수 있다. 그래도 당신이 여전히 새로운 조직을 시작하려는 경우에는 다른 조직들과 함께 힘을 합쳐야 보다 효율적인 성과를 이룰 수 있다.

현재 너무 많은 비영리단체들이 이미 같은 문제들에 대해 다른 단체들이 보다 효율적으로 임무를 수행함으로써 힘겨워 하고 있다. 열정만을 가지고 비영리단체를 시작하기는 쉽지 않다. 당신의 방법이 충분히 혁신적인지, 또한 큰 영향을 미칠 수 있는지를 심사숙고해야 한다. 어쩌면 기존에 있는 조직들을 지원하거나 새로운 시도를 할 수 있게 돕는 것이 보다 더 효과적일 수 있다. 당신이 뒤로 물러나 주는 것이 최선의 방법일 수도 있는 것이다. 반면 엘리자베스 마틴의 경우처럼 당신은 현실에서 부족한 부분의 필요성을 확인하거나 문제를 해결하기 위한 새로운 방법을 발견하고 싶은 강한 의욕을 가질 수 있다. 이런 경우에 당신은 스스로에게 다음과 같은 좀 더 어려운 질문을 던져야 한다. 당신은 정말로 시장의 빈틈을 채우고 있는가? 당신의 생각이 문제 해결을 위한 새로운 방법이 될 수 있는가? 당신이 정말로 혁신적인 해결방법을 발견한 적이 있는가?

그 대답을 찾기 위해 당신은 거리를 누비고, 사람들과 대화하고, 신문을 읽는 등의 많은 연구를 해야 한다. 예를 들어 당신이 교육에 관심을 갖고 있다면 학교를 방문하라. 교사, 학부모, 교직원, 학교 이사회 멤버, 그리고 학생들과 대화하라. 그들의 요구사항과 그들이 직면하고 있는 문제 해결 방법에 대한 아이디어를 들어보라. 교육 정책에 대한 강의나 토론회에 참가하라. 교육에 전념하는 지역 지도자를 찾아서 그들과 만남을 주선하라. 내가 특별히 잘 했다고 생각하는 일은 존경스러운 일을 하는 사람들에게 무작위로 전화를 걸었던 일이었다. 나는 전화를 걸어 그들과 내가 만날 수 있는지, 그리고 그들이 하는 일에 참여할 수 있는지를 먼저 질문했다.

또한 온라인을 사용함으로써 당신의 질문들에 대한 대부분의 답변을 즉시 얻을 수 있다. 많은 재단들의 웹사이트에서 자신들이 지원하는 프로그램, 자신들이 만든 보조금 및 연구결과의 요약을 제공한다. 그들이 당신의 투자를 지원할 수 있는 기관이 될 수도 있다. 설혹 그렇지 않더라도 그러한 정보는 매우 유용할 수 있다. 당신이 새로운 틀을 짤 필요는 없다. 이미 존재하는 단체들이 당신이 전념하고 있는 문제들을 어떻게 해결해야 할지에 대한 풍부한 지식과 전문성을 가지고 있기 때문이다.

비영리단체를 시작할 때 당신이 작은 사업을 새로 시작하는 방법으로 생각해보라. 우선 당신의 시장은 누구를 대상으로 무엇을 하며, 어디에서 시작할 것인가? 이 결정에는 당신을 기부하게 만든 이유, 사람, 이벤트 또는 환경이 영향을 미칠 수 있다. 엘리자베스 마틴의 경우 보호소 내의 여성 및 그들과 비슷한 사람들이 그 답이 되었다. 그런 다음 당신의 시장을 무엇으로 도울 것인지 고려해야 하는데, 그녀의 경우 이것은 접근 가능한 법률정보라는 것이 분명했다. 당신의 질문에 대한 답변은 복잡하고, 문제의 원인에 대한 깊이 있는 지식을 필요로 할 수 있으므로 당신은 도움이 되는 연구원 또는 학생을 고용할 수도 있다.

새로운 조직을 만드는 것이 부담스럽다면 당신은 다른 도전을 준비할 수 있다. 우선 당신은 지역조직에서 나름대로 경험을 구축할 수 있다. 예를 들어 당신이 비영리단체로 하여금 해결하고자 하는 문제에 대한 지식을 더 깊게 하고, 해결책을 찾고 발전시키기 위해 자원봉사 할 수 있는 곳을 찾는 것부터 시작할 수 있다. 이런 종류의 직접적 참여는 당신이 문제를 둘러싼 복잡한 생태계를 이해하는 것을 도울 수 있다. 이 생태계는 특정 원인과 해결에 전념하는 단체와 기존 투자자, 지지자들로부터 정치인들까지 모든 개인과 단체들을 포함한다. 이 때 당신은 정치와 경제, 시장참여자는 물론 지리적 또는 사회 인프라적 제약과 문화적, 사회적 요인들이 서로 어떻게 어울러서 문제를 제기하고 또 해결해 나가는지를 파악할 수 있다.

아주 조금만 참여해보는 것만으로도 자선에 열정적인 사람들과 연결될 수 있고, 이것이 나중에 당신에게 귀한 도움이 될 가치 있는 경험을 가져다줄 것이다. 또한 이러한 경험은 문제에 완진히 새로운 수준으로 연결되는 것을 도와줄 것이다. 그리고 엘리자베스 마틴이 등산을 통해 발견한 것처럼 어떤 경험은 당신이 도전을 받아들일 준비를 하게 하고, 문제에 새로운 해결책을 찾는 아이디어를 만들어낼 것이다. 또한 낙후된 지역사회를 개선하기 위한 봉사의 혁신적인 방법을 찾는데 도움이 될 수도 있을 것이다.

네트워크의 힘

엘리자베스 마틴은 학위를 위해 공부하는 동안 노스캐롤라이나의 법률 지원 단체와 협력하는 인턴십을 했다. 이 프로젝트의 하나로 그녀는 법률구조기관을 이용해서 다섯 개의 주에서 접근금지 명령을 얻는 방법에 대한 자세한 내용을 일반적인 용어로 작성했다. 그녀는 이 신청 과정을 얼마나 쉽게 만들 수 있는가에 매달렸다. 그녀는 보호소에서 그랬던 것처럼 "왜 내가 모든 사람들을 위해 이것을 할 수 없을까?"라고 생각했다. 인터넷 혁명이 한창이던 1999년 그녀는 노스캐롤라이나의 한 법률회사에서 일하기로 결정했다. 자신의 경력에 도움이 될 뿐 아니라 병중이던 아버지 등 가족과 함께 지낼 수 있었기 때문이었다. 그것은 정말 가치 있는 결정이었다. 회사에서 일하는 동안 그녀는 접근금지 명령과 자녀 양육권을 놓고 고객을 무료로 변호하면서 두 가지를 동시에 느낄 수 있었다. 하나는 누구의 도움 없이 혼자서 법적 변호를 할 수 있게 되었다는 희열이었고, 다른 하나는 자신이 가정법원의 복잡한 법률 서비스를 고객에게 제공할 수 있게 되었다는 점이었다.

평소 마음에 품고 있던, 보호소에서 여성들이 겪던 어려움을 생각하면서 그녀는 어떻게 하면 가정 폭력 피해자들이 보다 쉽게 법률 정보에 접근할 수 있는가를 고민했다. 그녀는 결국 온라인으로 관련 정보를 제공하기로 결정했다. 요즘엔 온라인이 당연한 수단이지만 당시에는 대담한 생각이었다. 지금 우리는 온라인에서 쇼핑하고 의사소통을 하며 어떤 종류의 정보에도 접근할 수 있는 것을 당연하게 생각한다. 그러나 당시만 해도, 특히 비영리 재단에서 온라인 방식은 일반적이지 않았다. 당시 온라인 서비스는 비교적 새로운 개념이었고, 이메일 계정은 이제 막 표준화되어 가고 있었다. 따라서 몇몇 사람들은 그녀의 도움을 받고 싶어 하는 사람들이 온라인으로 과연 도움을 받을 수 있는지에 대해 의구심을 가졌다. "저는 사람들의 의구심에 대해 곧 모든 사람들이 인터넷에 접속할 수 있을 것이라고 대답했어요. 머지않아 보다 많은 사람들이 온라인에서 정보를 얻을 수 있을 것이며, 전화선을 이용하지 않아도 인터넷에 접속할 수 있을 것이라고 말했죠." 엘리자베스 마틴은 선견지명이 있는 사람이었다.

초기의 일부 회의적인 시각에도 불구하고 그녀는 자신의 주장을 고수해 나갔다. 그녀는 등산을 하던 시절부터 한 회사에서 오래 일하지 않을 것으로 생각했기에 일한 지 1년 만에 법률회사를 그만두고, 1999년 뉴욕으로 이사했다. 약혼자와 함께 있기 위해서이기도 했지만 뉴욕은 비영리 관련 일을 시작하기에 가장 좋은 장소였기 때문이었다. 그녀는 뉴욕의 '리갈 모멘텀(Legal Momentum)'에서 자원봉사활동을 하면서 여성과 어린 소녀들의 권리를 향상시키기 위한 활동을 했다. 또한 그녀는 이러한 노력을 통해 자선활동 분야 전문가들과의 네트워크도 구축해 나갔다. 또한 친구들과의 관계도 더욱 돈독하게 맺어갔다. 친척들은 그녀가 팩스기를 구입하는데 작은 기부를 했고, 다른 사람들은 웹사이트의 디자인과 기술적인 측면을 돕기 위해 기꺼이 시간을 할애했다. "다행스럽게도 내가 하려고 하는 일을 이해해주는 사람들이 주변에 있었어요. 모든 친구들이 도와주었죠. 그들은 샘플 페이지를 구축하고 조작할 수 있는 방법과 HTML을 사용할 수 있는 방법을 알려주었어요."

그 후 그녀는 기금 모금으로 눈을 돌려, 자신의 아버지가 잘 알고 있는 BoA(Bank of America) 임원에게 편지를 써서 2만5천 달러의 기부금을 확보했다. "가정 폭력은 BoA가 지원해줄 수 있는 기금 항목에 들어 있지 않았어요. 하지만 많은 노력 끝에 그 임원의 자유 재량적 판단에 따라 기금을 출연해 주었어요. 그 이후에는 쉼없이 굴러가는 공 같았죠." BoA의 기부는 돈 그 자체보다 더 중요했다. "내가 하고 있는 일이 법적으로 인정받고 공식화할 수 있었다는 점에서 BoA의 첫 번째 기부는 정말 중요한 의미가 있었어요."

다음으로 그녀는 자신의 프로젝트를 외부에 알리고 도움을 구하기 위해 네트워크를 활용하기 시작했다. "제가 다녔던 칵테일 파티와 결혼식장에서 아주 많은 이야기를 했어요. 사람들은 가정 폭력이 어떤 영향을 미치는지에 대해서 많은 관심을 보였죠." 그녀는 자선 지원자들에게 시간과 전문지식을 요구했다. 부모님의 친구들과 뉴욕에 있는 친구들에게도 비즈니스 세계에서 일한 경험이 있는 사람들을 찾아내 참여할 것을 요청했다. 그녀는 "10명의 사람들이 나의 사업 계획에 참여하면서 도움을 주었어요."라고 말했다.

당신이 새로운 벤처 사업을 시작하려고 준비할 때 엘리자베스 마틴의 이야기에서 가장 명심해야 할 사항은 바로 '당신은 혼자가 아니다'라는 점이다. 친구, 친척, 동료들은 당신의 미션에 관심을 가지고 도움을 줄 의향이 있기 때문에 네트워크를 활용하는 것이 필수적이다. 당신의 네트워크는 지역사회 센터, 동네 커피 가게, 또는 은행 간부 등을 포함할 수 있으므로 보다 폭 넓게 생각할 필요가 있다. 또한 현재 비영리재단에서 일하고 있는 지인이나 개발기관에서 일하는 옛 학교 친구들은 당신의 필요한 일에 기술과 아이디어를 제공해줄 수 있다. 이 모든 사람들은 귀중한 지식, 경험, 그리고 네트워크를 갖고 있다.

만약 당신이 그들의 연락처를 잃어 버렸다 할지라도 페이스북, 링크드인(LinkedIn), 닝(Ning)과 같은 소셜 네트워킹 사이트는 그 어느 때보다도 사람들의 연락처를 찾아내기 쉽게 만든다. 소셜 네트워크가 생기기 전에는 전화를 하고, 편지를 쓰고, 이메일을 보내거나 아는 사람들과 직접 만나서 그들에게 당신의 관심과 미션이나 이벤트에 대해 말해야만 했다. 하지만 이제 당신은 하나의 온라인 게시물로 전체 네트워크에 도달할 수 있으므로 사람들은 직접 연락하기 전부터 당신의 조직에 대한 기본적인 사항을 알게 될 것이다.

네트워크에 대한 접근은 종종 돈보다 더 가치가 있는 선물이다. "아, 그래, 내가 당신을 도와줄 수 있는 사람을 소개시켜줄 수 있는 사람을 알고 있어."라는 말은 당신이 비영리단체를 시작하는 초기 단계에 듣는 가장 중요한 말일 수 있다. 그리고 개인적으로 관심을 가지고 있는 사람들이 많아질수록 그들이 자금과 시간을 할애할 가능성이 높아질 것이다.

당신이 필요로 하는 것을 사람들에게 정확하게 말하는 법을 잊어서는 안 된다. 만약 당신이 단순한 지원만을 요청한다면 사람들은 종종 무력함을 느낄 수도 있다. 하지만 당신이 그들의 특별한 능력이나 자원을 요청하는 경우, 그들은 가능한 도움을 주는 것에 대해 행복해 할 것이다. 엘리자베스 마틴의 경우 보조금 제안서와 사업 계획에 대한 조언을 주변 친구들에게 구했다. "도움을 요청하는 것을 부끄러워하지 마세요. 사람들은 무언가를 검토하는 것을 좋아합니다. 그들은 무언가의 일부가 되는 느낌을 원하며, 당신의 요청은 그들이 그런 일체감을 느낄 수 있는 가장 쉬운 방법입니다." 이 때 자원봉사자들은 시간이라는 귀중한 자원을 제공하기 때문에 금전적인 기부자와 같은 수준의 존중과 감사를 받아야 한다.

그녀가 자신의 비영리단체에 대한 초기 지원을 위해 쓴 방법은 자신의 용기와 의지를 보여주었다는 점이다. 그녀는 활용할 수 있는 네트워크에 대해 폭넓게 생각했다. 많은 사람들이 당신의 아이디어에 흥분할 수 있지만, 약간의 잡음이 발생할 수도 있다. 따라서 당신은 그런 거부의견에 대해서도 반드시 준비해야 한다. 그러나 당신의 의지와 열정이 충분하다면 당신은 자원을 얻을 수 있을 것이다. 억제할 수 없는 열정은 전염성이 있어서 사람들이 그 열차에 함께 올라타고 싶어 할 것이다.

사업에 착수하기

엘리자베스 마틴에게 있어 법인 및 비영리단체로서의 정관을 제출하고 WomensLaw.org의 501(c)(3)에 자선적 지위를 취득하는 작업은 어려운 것이 아니었다. "변호사로서 그 부분은 쉽게 처리했어요. 또한 무엇이든지 구체적이어야 한다는 내 요구도 만족시켰습니다." 이것은 비영리단체를 막 시작한 사람이 즉시 수행해야 하는 일이다. 501(c)(3) 지위를 얻는 것은 국세청으로부터 당신의 자선조직을 합법적으로 인정받는 일이다. 일단 단체의 이름을 결정했다면 당신은 연방정부로부터 '사업자등록번호(Employer Identification Number)', 즉 EIN을 취득해야 하는데 이를 위해 이사회를 구성하여 첫 번째 회의를 개최하고, 그 내용을 기록해야 한다. 또한 당신의 비영리단체가 작동되는 규칙인 정관을 작성해서 제출하고 주 정부의 관련 부서에 필요한 수수료를 지불해야 한다.

이 같은 행정 절차를 마친 뒤에는 미국 소재 비영리단체로서 조직과 금융 인프라를 구축해야 한다. 당신은 이미 사업을 운영하면서 시간적 여유와 공유할 수 있는 경험을 가진 누군가를 최고재무책임자(CFO)로 지정할 수 있다. 또한 당신이 직원 매뉴얼을 개발하는 등의 일을 하기 위해 인사전문가를 모으고 직원들을 양성하는 동시에 비서직도 필요할 수 있다. 하지만 조직구성 초기부터 기안, 내부 절차 및 통제뿐만 아니라 재무제표 등을 만드는데 회계법인에 비용을 지불하는 것을 고려해야 한다. 일부 주(州)에서는 이것이 반드시 필요한 것은 아니지만 처음부터 높은 기준의 책임과 투명성을 설정하는 것이 좋다. 다음으로 당신은 이사회를 구성해야 한다. 이사회는 반드시 큰 규모일 필요는 없다. 예를 들어 정규 이사회는 아주 작은 규모로 유지하고, 대신 그래픽 및 웹사이트 디자인, 마케팅 및 PR 서비스 또는 기술적인 조언 등 자발적인 서비스는 기부할 의사가 있는 사람들로 구성된 큰 규모의 그룹으로부터 추가적인 지원에 의존하면 된다.

이사회가 당신의 조직과 함께 발전하도록 하는 것이 중요하다. 이는 이사회 구성원의 임기 제한을 설정하고, 정식 과정을 통해 참신한 아이디어와 식견을 가진 사람들을 유치할 수 있는 좋은 기회를 제공할 수 있는 것을 의미한다. 어떤 구성원 한 명이 회의에 참여하지 않거나 이사회 요구를 충족시키지 못했을 경우에는 이사회에서 물러날 것을 요청해야 한다(물론 이 때 당신은 해당 이사회 구성원이 지금까지 제공한 시간과 전문지식에 대해서는 감사의 표시를 전하는 것을 잊지 말아야 한다). 나는 특히 이사회 구성원들이 매년 자체 평가를 실시하는 것에서 큰 가치를 발견했다. 이러한 방법은 팀을 관리할 수 있을 뿐만 아니라 각 개인이 책임감을 가지고 더 많은 참여를 할 수 있도록 해줄 것이다.

영리단체든 비영리단체든 투명성이 중요한 새로운 시대를 맞아 이사회는 독립적인 이사와 유능한 감사위원회(감사위원회의 구성원들도 독립적이어야 한다)를 필요로 한다. 이러한 요구사항 중 일부는 현재 법률에 명시되어 있지만, 일부는 비영리단체를 위한 단순히 좋은 지배구조의 관행들이다. 또한 당신의 단체가 필요로 하는 법률, 감사, 투자 등의 핵심자원뿐만 아니라 실제로 실무를 해나갈 다양한 유형의 구성원과 인적자원을 구축해야 한다. 이를 통해 이사회 등 의사결정기구가 비영리단체의 변화하는 요구를 충족시켜줄 이사회 이사 등 잠재적 인적자원을 영입해 나갈 수 있을 것이다.

물론 가장 중요한 것은 당신이 재정적으로 기부한 사람들의 모임을 구성하는 것이다. 그들은 당신의 비영리단체에 직접적으로 도움을 주는 사람들 못지않게 매우 중요한 구성원들이다. 비영리단체를 운영하는데 있어 가장 어려운 작업 중 하나는 당신의 임무를 실행하고 기금을 모으는 일이다. 이것은 끝이 없는 작업이다. 당신은 끊임없이 기금이나 시간 기부, 또는 선물의 형태로 기부할 것인지 등의 창조적인 방법을 찾아야 한다. 그리고 당신이 추구하는 기부의 형태가 어떤 것이든 두려워해서는 안 된다. 자발적인 기부를 유도할 수도 있지만 대부분의 시간은 당신이 필요로 하는 것이 무엇인지, 얼마나 필요로 하는지, 그리고 당신이 필요로 할 때가 언제인지를 명확히 하는데 써야 할 것이다.

다른 기관이나 재단에 기부금을 신청하기 위해서는 신청하기 전 단계에서 여러 가지 준비를 해야 한다. 해당 기관이나 회사의 기부금 관련 정책에 포함되어 있는 관심 이슈와 관심 대상, 기금 신청 절차 등에 대해 잘 파악해야 한다. 당신의 목표와 활동이 그 기관이나 재단의 초점 및 정책과 일치하지 않을 경우, 보조금 신청에 사용된 모든 사람들의 시간과 노력이 낭비되고 아무런 소용이 없어지기 때문이다. 그리고 몇몇 특정 재단의 보조금 또는 기업의 후원에 의존하는 것보다 기금의 다각화된 포트폴리오를 생각해야 한다. 일부 단체들은 당신에게 일회성 보조금을 줄 수도 있기 때문이다. 따라서 다른 단체들에게서 수년에 걸쳐 기금을 꾸준히 확보할 수 있어야 한다. 이 같은 준비는 당신의 목표와 임무를 달성하기 위해 매우 중요하다.

당신의 자금 포트폴리오의 중요한 부분은 미국 내 모든 기부 활동의 75%를 차지하는 개인 기부자일 것이다. 따라서 당신의 비영리단체는 이들 개인들에게 호소할 수 있는 방법들을 고민해야 한다. 그렇게 하기 위해서는 무엇보다 쉽게 기부할 수 있어야 한다는 점을 명심해야 한다. 복잡한 형태는 선물이나 돈을 기부하려는 누군가의 의지를 쉽게 꺾을 수도 있기 때문이다. 당신이 필요로 하는 시간과 기술에 대해 구체적이어야 한다면 금전적 선물이나 기부도 마찬가지다. 개인 기부자들이 기분 좋게 구입할 수 있는 '기부 선물(giving gifts)'을 생각해보자. 예를 들어 당신이 동물구조 단체를 후원하는 경우라면 일반적인 기부를 요구하기보다는 50달러로 1년 동안 버려진 개를 위해 예방접종과 먹이, 집을 지원할 수 있다거나 1천 달러면 노인들에게 버려진 고양이들을 입양시켜 줄 수도 있다고 강조할 수 있다.

이 때 당신의 웹사이트는 중요한 모금 도구가 될 수 있다. 웹사이트에 당신의 목표 및 성공에 대한 스토리와 지표를 설정하고, 당신이 돕고 있는 사람들의 사진과 비디오를 올려놓았다고 하자. 이를 통해 당신이 하고자 하는 일과 목표가 무엇인지를 설명하고, 당신의 단체가 그들의 삶을 어떻게 바꿔놓고 있는지 보여줄 수 있다. 기부자들이 당신이 하는 일에 대해 더 알게 될수록 그들은 더 많은 기부를 할 것이다. 대부분의 기부자들은 똑같은 마음으로 연결되어 있다. 따라서 어려운 상황에 처한 사람들의 상황을 보여주는 행위는 그들에게 기부 행위의 동기부여를 이끌어내는 강력한 방법이 될 수 있다. 또한 웹사이트에 사람들이 자신의 페이팔(PayPal) 계좌나 신용카드를 통해 기부할 수 있도록 '지금 기부하세요(Donate Now)'를 링크해 놓아야 한다. 웹사이트는 작은 단체들과 잠재적인 기부자를 가장 잘 연결하는 도구이다. 당신이 확보한 기부금들은 상당 부분 개인 기부자들의 자금이 차지하고 있기 때문에 당신은 가능하면서도 가장 강력한 방법으로 그들과 대화해야 한다.

당신이 다른 기부자에게 접근하는 방법도 중요하다. 대다수 기부자들은 나름대로 생각하는 기부금 한도가 있기 때문에 동일한 기부자에게 1년에 두 번 이상 기부를 요구해서는 안 된다. 같은 이유로 기부자가 최근에 큰 규모의 기부금을 제공했다면 추가적인 요청을 자제해야 한다. 당신이 큰 규모의 기부금을 제공한 사람에게 다시 기부금을 요청한다면 그 사람은 다시는 기부를 하고 싶어 하지 않을 수도 있다. 단 한 번의 잘못된 행동이 기부하려는 사람들을 멀어지게 만들 수 있다. 따라서 처음부터 기부자에게 감사를 전할 수 있는 부서를 만드는 것이 좋다. 기부자에게 요청하기 전에 당신이 비슷한 상황이라면 기분이 어떨지 상대방의 입장에서 생각해봐야 할 것이다. 조언, 시간, 또는 돈을 기부한 사람들에게 적절한 감사의 표시가 포함돼야 한다. 당신이 기부금액이 표시된 수표를 받을 때 모금 행위는 시작에 불과할 뿐이다. 기부자들은 자신들의 돈이 사용되는 과정은 물론 당신의 단체가 임무를 향상시키기 위해 하는 일들에 대한 소식을 듣기를 원한다. 이메일이나 온라인 소식지를 통해 기부자에게 알릴 수도 있고, 당신의 활동 사항에 기부자 명단을 포함하거나 그들을 위해 특별한 행사를 개최할 수도 있다. 제3장에서 나는 개인 기부자들이 기부를 고려하고 있는 단체를 어떻게 평가하고 있는지에 대해 자세히 소개했다. 만약 당신이 비영리단체를 설립하여 운영하기를 고려중이라면 기부자들이 당신에게 이런 부분을 기대하고 있다는 사실을 상기할 필요가 있다.

나는 내가 자금을 지원하는 단체가 나에게 감사를 표시하는 방법을 통해 나를 도와주는 기부자들에게 감사하는 방법을 개발했다. 일부 단체들은 기부자들에게 단체의 이름이 새겨진 티셔츠, 메모장, 또는 펜과 같은 선물을 제공한다. 하지만 당신이 운영하는 단체의 소중한 자원을 덜 사용하면서도 보다 뜻 깊은 감사의 표시를 할 수 있는 방법이 있다. 당신 또는 이사회의 이사들이 친필 서한을 보내는 것이다. 당신의 단체에 현재 기부하고 있는 사람들뿐 아니라 기부를 종료한 기부자들에게도 편지나 이메일을 보내 감사의 표시를 전해야 한다. 기부자들에게 감사의 의미가 제대로 전달되면 그들은 친구들에게 당신에 대한 얘기를 해주거나 다시 한 번 기부를 할지도 모른다. 예를 들어 스탠퍼드 병원의 응급실에서 일하는 간호사의 딸들 중 한 명은 손으로 만든 '기부 나무(Giving Tree)'를 제작했다. 나무에 걸려 있는 모든 황금 사과들마다 내가 운영하고 있는 재단의 기부활동이 왜 필요한지가 자세히 쓰여 있었다. 나는 재단 사무실에 이것을 자랑스럽게 걸어 놓았는데 병원에 대한 지속적인 지원을 가능케 하는 감사의 표시였기 때문이기도 했다.

기금 모금에 있어서는 사람들과의 연결고리가 깊지 않더라도 이를 찾는 것은 매우 중요하다. 결국 엘리자베스 마틴은 자신은 모르지만 자신의 아버지가 알고 있는 임원에게 편지를 보냄으로써 처음으로 미국에서 가장 큰 금융기관인 BoA로부터 자금을 확보할 수 있었다. 그녀가 했던 것처럼 당신은 마음에 내키지 않는 상황이더라도 당신의 조직과 단체를 대신해서 스스로를 움직여야 한다. 솔직히 말해서 당신의 단체를 지속적으로 운영하는데 필요한 일을 할 의지가 없다면 당신은 누군가에게 도움을 요청해서는 안 된다.

그러나 당신의 열정이 다른 사람들에게 영감의 원천이 되는 경우라면 이미 당신은 그들에게 시간이나 돈을 요구하고 있다고 볼 수 있다. 엘리자베스 마틴이 WomensLaw.org를 위한 초기 사업 계획에 도움을 줄 수 있는 사람들을 찾아낸 것처럼 당신이 우선적으로 사용할 수 있는 시간을 확보할 수 있다면 그 같은 시간 선물은 결국 돈의 선물로 바뀔 수도 있다. "그들은 결국 자금 제공자가 되었어요. 이미 프로젝트 참여에 시간을 보내고 있었기 때문에 자신이 하고 있는 일에 투자를 하고 있다고 느꼈어요."

알을 깨고 나오는 것을 도와주기

비영리사업을 시작할 때 다른 사람들로부터 조언을 구하는 것은 필요하면서도 조심할 필요가 있다. 왜냐하면 당신의 일과 활동에 대해 알고 있는 누군가는 당신이 아직 생각해보지 않았거나 즉시 대답하기 곤란한 질문들을 할 수 있기 때문이다. 예를 들어 다음과 같은 질문들이다. 당신은 어떤 기반시설이 필요한가? 단체의 본부를 어디에 둘 것인가? 어떤 종류의 사무실을 사용할 것인가? 처음 5년 동안 예상되는 운영비용은 어느 정도인가? 필요한 시설과 장비는? 운영하기 위해 필요한 인원은? 결과적으로 이런 질문들에 대답하는 것은 당신이 올바른 방향으로 나아가고, 더 나은 단체를 설립하는데 도움이 될 것이다. 더욱이 비영리사업을 시작하는 것은 부담스러운 행정적 요구들을 수반한다. 당신이 운영하는 단체의 501(c)(3)를 설정하는 일은 단지 시작에 불과하다. 정관을 작성하고 회계 시스템을 구축하는 것부터 예산을 세우고 이사회를 구성하는 것까지 엄청나게 많은 일들이 기다리고 있다.

이러한 모든 일들은 열렬한 사회적 기업가의 용기를 약하게 할 수 있다. 이런 이유 때문에 멘토를 찾는 것은 매우 중요하다. 특히 자선활동에서 멘토의 역할은 더욱 중요하다. 어떤 멘토들은 지혜와 경험은 물론 당신이 신뢰할 수 있는 사람들의 시각과 전망을 전해줄 것이다. 또한 당신의 일상적인 업무와 떨어져 있는 다른 멘토들은 당신에게 객관적인 조언을 해줄 수도 있다. 가장 먼저 당신이 감탄해 마지않는 기부 전략을 가지고 있는 사람을 찾아야 한다. 당신이 닮고 싶은 직업 경력을 가진 사람뿐만 아니라 다른 직업 경력을 가진 사람들 중에서도 멘토를 선택할 수 있다. 멘토는 당신이 관심을 가지고 있는 사회적 이슈에 관여를 했던 사람일 수도 있고, 아니면 다른 작업에 참여를 했더라도 당신이 존경할 수 있는 경력과 아이디어를 가지고 있는 사람이면 된다. 우선 당신은 한 명의 멘토 또는 여러 명의 멘토를 찾아낸 후 그들로부터 배울 점을 찾아야 한다. 멘토마다 시간적인 여유는 다르겠지만 분기 또는 월 단위로 상담할 수 있다. 당신이 직면하고 있는 상황을 해결할 수 있는 방법에 대해 문의하라. 당신의 단체를 위한 목표를 세우고, 멘토에게 어떻게 목표를 책임감 있게 달성할 수 있는지 문의하라. 멘토들의 전문지식은 소중한 길잡이가 될 수 있기 때문에 기부에 대한 전략을 개발하는 동안 그들의 조언을 적극적으로 받아들여라. 특히 중요한 사항에 관해서는 질문과 요구를 집중해야 한다. 또한 절대로 멘토의 시간이 초과되지 않도록 주의하라. 그리고 무엇보다 중요한 것은 당신이 멘토를 만났을 때 반드시 감사의 표시를 전달하고, 상담이 끝난 후에도 감사의 편지를 전달하는 것이다.

단체를 시작하게 되면 당신은 혼자가 아니라는 점을 기억하라. 예를 들어 당신은 사업 초기에 당신의 회사를 도와줄 학교나 지역 단체를 찾을 수 있을 것이다. 아니면 당신은 사업에 대한 안내를 도와줄 회사, 즉 인큐베이터 회사를 고려해볼 수도 있다. 기존의 인큐베이터 회사들처럼 비영리 인큐베이터 회사는 여러 신생 비영리 회사를 위해 회의실, 전화기, 초고속 인터넷, 복사기, 프린터 등을 제공함으로써 그들의 초기 발전을 도와준다. 때로 인큐베이터 회사는 한 지붕 아래에서 작은 여러 개의 비영리 회사들에게 동시에 도움을 주기도 한다.

처음 SV2를 위한 내 아이디어를 공식화했을 때, 나는 비영리 단체를 운영하는 방법에 대해 잘 알지 못했다. 나는 주로 스탠퍼드 대학의 교실과 제한된 경험을 통해 관련된 지식을 얻을 수밖에 없었다. 다만 나는 사업계획서를 작성하는 방법을 알고 있었다. 나는 사업계획서를 내가 아는 사람들에게 보여주었다. 그리고 벤처 캐피털리스트, 자원봉사자, 비영리단체의 임원, 기업가, 자선활동가, 학부모, 재단의 임원, 그리고 동료 학생들을 만나 귀중한 피드백을 받았다. 이러한 모든 피드백을 통해 나는 계획을 수정하고 강화시킬 수 있는 방법을 찾을 수 있었다. 그들로부터 피드백을 모두 받았을 때, 나는 완전히 압도당하는 느낌을 받았다. 그들이 내게 기반시설, 장비, 회계 시스템, 조직 구성, 기금 조성 등에 대해 던진 질문들이 내 머리 속을 맴돌았다. SV2는 자선활동 분야에서 내가 처음으로 혼자서 하는 모험이었고, 내가 도대체 뭘 어떻게 해야 할지에 대해 전혀 아이디어가 없다는 것을 깨달았다. 그 때 언뜻 내 머리를 친 것이 기존에 잘 알려진 기관들과 제휴를 하는 것이었다. 제휴를 통해 나는 신생 기관들이 훌륭한 지원 프로그램의 도움을 받을 수 있을 것이라는 생각이 들었던 것이다. 나는 기업 형태의 자선활동에 선구자인 피터 히어로(Peter Hero)에게 연락했다. 피터는 다방면에서 그의 이름 그대로 영웅과 같은 존재였다. 1989년에서 2007년 사이에 그는 '실리콘밸리 지역사회재단(Community Foundation of Silicon Valley, CFSV)'의 대표로서 매년 수백만 달러의 기부금을 조성하기 위해 소수의 직원들과 함께 지역 센터를 돌아다녔다.

피터가 처음으로 CFSV에 왔을 때 나는 그를 만났다(그 때 나의 어머니는 CFSV 이사회의 이사로 봉사를 하고 계셨고, 나는 대학에 재학 중이었다). 나는 그가 진행하고 있는 일에 감명을 받았고, 지역사회재단의 매력적인 모델을 발견했다. 나는 피터가 CFSV에 나의 새로운 조직을 포함시키는 것을 고려하고 있는지 알 수 없었다. 확신보다는 강한 낙관론으로 무장한 나는 그에게 만남을 요청했고,

그가 만나지 않겠다고 하지는 않으리라고 믿었다. 나는 그에게 새로운 자선활동의 모델에 기반한 기부 모임을 정식으로 만들 계획을 하고 있으며, 내 계획에 대해 똑 부러지게 설명할 준비가 되어 있다고 말했다. 피터는 자선활동을 추구하기 위한 자신의 철학과 목표, 그리고 혁신을 시도하고자 하는 생각과 일치하는 나의 아이디어에 큰 호응을 보였다. 이에 따라 SV2는 CFSV의 테두리 안에서 태어날 수 있었다.

피터는 초기에 나의 가장 중요한 멘토 중 한 명이었다. 비록 그는 글로벌 지역사회재단을 만드는 것을 돕기 위해 방문과 여행 등 외부에서 많은 시간을 보냈지만, 사무실에 있을 때는 나에게 자문과 지도를 위해 많은 시간을 할애했다. 특히 SV2가 기술적으로는 신생 사내 조직이었지만, 피터는 내게 독립적으로 운영할 수 있는 무제한의 자유를 제공했다. 또한 그는 내게 무엇을 잘 했고, 잘못했는지에 대한 중요한 피드백을 주었다.

또한 피터와 그의 팀은 SV2에게 물리적 공간을 제공해주었을 뿐 아니라 기반시설, 재무 보고 서비스, 운영 전문지식과 복사기와 종이와 같은 기타 물품들을 사용할 수 있도록 해주었다. 이 같은 CFSV와의 협력은 SV2에게 자금의 기반을 구축하는데 필수적인 대중 신뢰의 기반을 마련해주었다.

이 모든 것들은 초기 성공에 필수적이다. 당신이 다른 사람의 후원으로 비영리사업을 시작한다면 당신의 미션, 가치, 그리고 당신이 참여하고 있는 기관의 미션 및 가치와 일치되는 방향으로 접근해야 한다. 혁신에 대해 열린 자세를 가지고 있고, 당신에게 독립적인 분위기를 제공하고, 회계, 보고, 금융 시스템, 명성, 당신의 아이디어를 믿어줄 이사회와 당신과 함께 일을 할 수 있는 경영진을 가지고 있는 기관을 찾아보라. 이 모든 것들을 찾는 것은 많은 작업과 함께 약간의 운도 필요하다. 그러나 내 경우처럼 만약 당신이 모든 조건과 일치하는 경우를 찾는다면 바로 기회를 잡아야 한다. 그런 기회가 결국 당신이 비영리사업을 시작하는데 큰 도움이 될 것이다.

당신의 조직이 발전함에 따라 당신을 받아준 모(母)단체 또는 모(母)인큐베이터도 발전할 것이다. 그러나 모(母)단체에 새로운 경영진이나 이사회가 들어와서 새로운 목표를 만들고 구조조정에 관여한다면 당신의 조직은 더 이상 그 단체와 맞지 않게 될 것이다. 그러면 당신은 새로운 모(母)단체를 찾거나 아니면 스스로 유지할 수 있는 비영리단체가 될 것인가를 결정해야 한다. CFSV가 '실리콘밸리 지역사회재단(Silicon Valley Community Foundation)'으로 이름을 바꾸면서 다른 재단을 합병할 때, 우리는 SV2가 501(c)(3)이 되기로 결정을 내렸다. SV2의 독립은 성장을 위한 큰 전환이 시작되는 것을 의미했고, 새로 발족한 실리콘밸리 지역사회재단은 모든 방면에서 우리의 진화를 지원해주었다.

또한 당신은 다른 조직과 통합하는 것도 고려할 수 있다. 일부 비영리단체는 종종 설립자의 이기심이 보다 더 큰 미션에 앞서면서 합병에 저항하기도 한다. 하지만 당신이 합병을 하는 이유는 사회적인 문제를 해결하기 위해 최대 효과를 내기 위한 것임을 기억해야 한다. 만약 다른 조직과의 통합을 통해 당신이 보다 효과적으로 일할 수 있다면 반드시 합병을 고려해봐야 할 것이다.

이것이 바로 엘리자베스 마틴의 결정이다. 현재 WomensLaw.org

는 '가정 폭력 예방 전국 네트워크(NNEDV)'의 한 부분이다. 그녀는 다른 조직과의 합병이 WomensLaw.org의 목표와 활동을 더 발전시킬 수 있다고 생각했다. "우리는 더 많은 돈을 모금할 수 있고, 규모를 더 키울 수도 있었지만 합병을 통해 다른 곳에 자리를 잡는 것이 훨씬 더 의미가 있다고 믿었어요."

그러나 그녀는 초기에는 다른 조직과의 합병을 위한 준비가 되어 있지 않았다고 생각했다. 당시 그녀는 비영리 인큐베이터 회사인 '뉴욕 블루릿지 재단(Blue Ridge Foundation New York)'으로부터 자금을 지원받았다. "합병이 필요하지 않다고 생각했죠. 뉴욕 블루릿지 재단 덕분에 우리는 안정적으로 빠르게 움직일 수 있었고, 독립적이고 민첩한 조직을 구축할 수 있었습니다. 우리는 관료조직이 필요하지 않았으며, 이는 우리가 빠르게 행동하는데 도움이 된다고 생각했어요. 하지만 관료적인 조직이 없다는 것은 매우 작은 조직을 의미하며, 이는 궁극적으로 성장하는데 한계가 있음을 의미합니다. 우리는 언젠가 더 많은 인프라가 필요하다는 것을 알고 있었으며, 합병하지 않으면서 인프라를 얻을 수 있기를 희망했어요."

그러나 2010년 1월 그녀는 NNEDV와 힘을 합쳐야 하는 시점이란 것을 인식했다. 그녀와 WomensLaw.org는 법률 분야에서 최고의 웹사이트에게 수상하는 '2009 Webby Award'의 대상 등을 통해 전국적인 인정을 받았다. WomensLaw.org는 문제에 처한 여성을 도울 뿐만 아니라 여성에 관련된 지역사회의 워크숍도 개최했다. 2010년 1월 이 웹사이트는 막대한 양의 새로운 정보를 담아 새롭게 디자인하면서 보다 효율적인 핫라인 기술이 여성들에게 매우 안전한 방식으로 조직과 연락할 수 있도록 만들었다. 자신이 해야 할 모든 일을 다 했다고 생각한 엘리자베스 마틴은 NNEDV에 연락해 합병 과정을 준비했다.

산을 옮기기

새로운 기업을 시작하는 것처럼 비영리단체를 시작하는 과정은 롤러코스터를 타는 것과 같다. 당신이 조직을 구축하는데 성공한다면 다루기 힘든 문제를 해결하거나 필요로 하는 지역사회 지원활동을 위해 진정한 공헌을 할 수 있다. 당신의 아이디어를 행동에 옮기고, 조직의 발전을 살펴보며, 헌신적이고 열정적인 동료들과 함께 일을 하고, 당신의 회사가 제공하는 서비스나 지원의 결과로 개선된 이들의 삶을 들여다보라. 당신이 비영리단체를 시작하는 것에 대해 생각할 때 당신 자신에게 스스로 물어봐야 할 질문 중 일부는 개인적인 것이다. 가장 중요한 것 중 하나는 '나는 이 일에 걸리는 시간을 사용할 준비가 되어 있는가?'이다. 조직의 설립 허가까지 걸리는 몇 년간의 기간과 함께 비영리단체를 운영하기 위해 쏟아야 할 매일 매일의 시간을 동시에 고려해야 할 것이다.

힘든 일이 많을 것에도 대비해야 한다. 시작과 함께 당신의 투자가 압도적으로 보일 수 있겠지만 당신은 한 번에 한 걸음씩 진행할 수 있을 뿐이다. 열정은 초기 단계에서 당신을 움직일 것이며, 경험과 지식을 습득함에 따라 일부 영역에서는 당신의 참여도를 높여야겠지만 다른 영역에서는 다른 이들에게 위임해야 한다는 것을 알게 될 것이다. 어떤 기업가와도 마찬가지로 창업 과정은 가장 힘든 낮과 가장 긴 밤도 헤쳐 나가기에 충분한 지적, 물리적 에너지가 필요할 것이다. 또 하나는 당신의 끈기가 필요하다는 점이다. 만약 당신이 다른 일을 하기 전에 이 일이 2년 이상 걸려서 할 일이라고 생각한다면 다시 한 번 생각해보라. 또한 당신이 문제를 해결할 수 있는 새롭고 혁신적인 방법을 발견한 경우에도 시간을 가지고 사전에 신중하게 테스트할 필요가 있다. 그러한 아이디어 또는 방법을 지속가능한 기업으로 바꾸는 것은 10년 또는 그 이상의 시간이 걸릴 수도 있는 과정이다(설립자의 참여나 임원진들의 리더십에 따라 소요되는 시간이 달라질 것이다). 또한 당신은 매우 유연해질 필요가 있다. 만약 어떤 점이 제대로 작동하지 않고 있다면 새로운 아이디어를 제시하고 전략을 바꾸어야 한다. 당신의 실수를 인정하고, 실수로부터 배우는 것을 준비함으로써 앞으로 전진해나가야 한다.

당신이 조직을 관리하고 있는 경우라면 당신은 예산과 회계업무 등 경리 관련 일부터 직원과 자원봉사자들을 관리하는 일까지 수행해야 할 것이다. 뿐만 아니라 새로운 조직에 도움이 될 수 있고, 지속적으로 운영해나갈 수 있는 방법을 알고 있는 사람들과 잠재적인 기부자들에게 당신의 조직을 홍보할 수 있는 좋은 기법을 필요로 한다. 그 가운데서도 가장 중요한 임무 중의 하나는 프로그램을 추진할 비용을 지불할 수 있는 자금을 모으는 것이다.

비영리단체를 만들 때 당신은 감성적인 에너지를 소모하게 된다. 어떤 면에서 비영리단체의 탄생은 당신의 아이의 탄생과 같을 수 있기 때문에 조직의 성공과 봉사하는 사람들에게 감성적으로 대할 필요가 있다. 사실 당신의 열정은 다른 사람들이 참여하고, 기부자들이 기부할 수 있도록 만드는데 필요한 영감을 불어넣어주는 중요한 추진력이다. 더 나아가 당신은 미션에 대한 책임감을 공유하기 위해 다른 사람에게 권한을 나눠주기도 해야 한다. 이는 지속적인 조직을 가능하게 하고, 조직이 소수의 사람에게 의존하게 되는 것을 방지해줄 것이다. 당신의 조직이 발전함에 따라 조직을 위한 일의 부담은 아마도 일반적인 종일근무 직업보다 더 많은 시간을 요구할 것이다. 당신은 힘들고 피곤할 뿐 아니라 때로는 지루한 작업도 해야 한다. 당신의 헌신과 자선활동에 착수하기 전에 이 같은 일들을 시작할 준비가 되어 있는지를 주의 깊게 생각해야 한다. 어떤 관계나 일도 그렇지만 당신의 열정과 지구력이 가장 중요하다.

    SV2를 설립한 후 몇 년 동안 나는 회의 의제를 만들거나 웹사이트에 게시할 내용과 마케팅 자료를 작성하기 위해 매일 밤과 주말마다 일을 하고 있는 내 자신을 발견했다. 나는 내가 하고 싶은 일을 하기보다는 SV2에 적합한 일을 수행해야 했다. 예상치 못한 도전에 직면했지만, 그 같은 도전은 오히려 나의 리더십을 발전시켜 주었다. 나는 종종 실수를 하기도 했지만, 강한 지도자가 되고 조직을 개선할 수 있는 기회를 만들기 위해 부지런히 일을 했다. 때때로 나는 2보 전진하고 1보 후퇴하는 기분이 들기도 했다. 그러나 결국 내가 그랬던 것처럼 당신도 순간순간 깨달음의 조각들이 맞춰지고, 당신의 노력이 남들과 달랐음을 느끼게 될 것이다. SV2에서 나는 기부자나 고객을 방문할 때마다 기부금이 그들의 목적을 달성하는데 어떻게 도움이 되었는지에 대해 비영리단체의 지도자들로부터 직접 들었다. 그러면서 나는 SV2가 그 같은 목표를 위해 힘든 일들을 묵묵히 해냈다는 것을 알았다. 내가 설립했고, 지금은 명예회장이자 활동적인 지도자로서 SV2를 운영했던 지난 10년간을 돌이켜보면 파트너, 기부자, 고객 등 다른 사람들에게 새로운 기술과 희망, 심지어 새로운 삶을 제공했다는 것을 직접 목격하거나 배웠을 때가 가장 큰 즐거움으로 기억에 남아 있다.

떠나기

자선활동이 새로운 것에 대한 기회를 찾는 것이라면 특히 리더십에 잘 들어맞는다. 새 지도자는 새로운 생각과 일을 수행하는 다른 방법을 가지고 온다. 당신이 현재 어떤 조직을 이끌고 있다면 당신이 없는 경우 누가 당신의 업무를 지원해줄 수 있는지, 그리고 궁극적으로는 누가 당신을 대신할 수 있는지에 대해 생각하는 것은 매우 중요하다. 비즈니스의 세계에서는 흔히 '후계자 승계' 또는 '승계 계획'이라 불리며, 이는 비영리 분야에서도 간과해서는 안 된다. 자신이 비즈니스 세계나 자선사업 분야에서 물러난다는 것은 매우 어려운 결정이다. 무엇보다 비영리단체가 기금 모금에서 당신에게 크게 의존하고 있는 상황이리면, 그 비영리단체가 당신 없이 존속할 수 있는지에 대해 우려할 것이다. 당신은 자선활동가로서의 명성과 영향력을 이미 가지고 있어서 당신의 존재 또는 정체성이 당신의 조직과 떼래야 뗄 수 없는 관계에 있다는 사실도 인식하게 될 것이다. 자선단체의 리더가 되는 것은 대단한 열정과 사회적 이슈에 대한 개인적인 참여가 요구되기 때문에 자선단체의 리더를 그만둔다는 것은 감성적으로도 매우 어려운 일이다.

그러나 하나의 단체를 그만둔다는 것, 특히 올바른 방식으로 그만둔다는 것은 그 단체에 오랫동안 영향을 미친다는 점에서 사전에 신중한 계획이 필요하다. 당신이 그만두기 전에 역할을 줄여나가는 등 당신의 사퇴를 충분히 준비할 수 있도록 직원들에게 미리미리 말해야 한다. 특히 기부금 조달에 문제가 없도록 해야 한다. 유능한 팀을 구성해 당신의 자리를 인계받을 수 있는 리더를 찾아라. 새로운 리더를 찾고 영입하는데 많은 시간을 투자해야 한다. 어떤 업종의 기업가든지 리더로서의 당신은 당신 회사 또는 단체의 성공 여부로 판단될 것이다. 특히 당신이 그만둔 다음에는 더욱 그럴 것이다. 설립자로서의 당신이 새로운 리더가 와서 단체를 운영하고, 또 의사결정 시스템을 구축하도록 도와주는 것은 매우 중요한 일이다. '설립자 증후군(Founder's syndrome)'은 그 조직을 만들고 또 긴 기간 동안 이끌어온 사람에 의해 세심하게 관리될 필요가 있다(특히 그들이 CEO 또는 이사회 의장직에서 물러난 다음 이사회에서 계속 일을 하는 경우라면 더욱 더 중요하다). 이는 매우 도전적인 일인 동시에 자유를 느끼는 일이다. 조직의 목표와 문화와 지배구조에 대하여 새로운 생각을 가진 새 지도자의 손으로 조직이 넘어가는 것을 지켜봐야 하기 때문이다. 새로운 리더십을 찾아내고, 또 조직이 새로운 리더십에 흡수되기까지 수

년이 걸리는 이유이기도 하다.

설립자로서 당신은 항상 조직에 강력한 소속감 또는 연계성을 느낄 것이고, 그 단체의 성공에 기여하고 싶을 것이다. 그러나 어떤 비영리단체도 한 명의 개인에게 지나치게 의존해서는 안 된다. 조직의 지속을 위해 요구되는 모든 능력을 한 사람이 모두 다 갖출 수는 없기 때문이다. 당신은 설립자로서 새로운 비영리 또는 자선활동 단체에 대한 비전을 정할 수 있고, 그것을 효과적으로 성장시킬 수 있다. 그러나 다른 어떤 사람들은 시작 과정 이후의 고성장 단계로 진입하는데 보다 더 재능이 있을 수 있다.

사회적 변화를 관찰하기 위한 최고의 조직을 가동하는 데는 한 개의 마을이면 충분하다. 그러나 재정적, 운영적 지속가능성이 장기적으로도 영향을 미치기 위해서는 그 한 마을의 성공 사례가 다른 곳에서도 통할 것이라는 믿음이 필요하다. 엘리자베스 마틴이 WomensLaw.org로부터 물러난다는 것은 WomensLaw.org가 NNEDV의 후원 아래 놓이게 되는 것을 의미했다. NNEDV는 WomensLaw.org가 자체적으로 기금을 조성할 수 없는 경우 주요 연방기금이나 기업의 자선활동에 접촉할 수 있는 큰 조직이다. 2011년 기준으로 8만8천 명의 사용자가 매월 사이트를 방문하고 있다. WomensLaw.org는 이메일 핫라인과 지역사회 워크숍을 통해 5천 명 이상의 개인에게 이혼, 법원의 가처분 명령, 부모에 의한 납치 및 양육권 등의 복잡한 법률 이슈들에 대한 정보를 제공하고 있다. 그녀는 지금도 WomensLaw.org가 필요로 할 때마다 조언자로서 활동하고 있다. "그들은 제가 처음 시작하게 된 원래의 비전과 오랜 기간 동안 개발해온 전문적인 지식을 원하고 있기 때문에 조언자 역할은 저에게 좋은 기회라고 생각해요." 또한 비영리단체를 설립하고 그것을 올바른 조직의 손에 맡긴 것에 대해 그녀는 어느 한 개인이 하나의 아이디어로 시작한 것의 영향력을 극대화시키는 '말 그대로 완벽한 느낌'이라고 표현했다.

우리는 엘리자베스 마틴과 비슷한 일을 성취하는 사람들을 보면 말할 수 없이 기분이 좋아진다. 가정 폭력과 같은 광범위한 문제들에 대한 도전은 극복할 수 없을 것처럼 보인다. 실제로 기부를 어렵게 만드는 가장 큰 장애요인은 바로 이 같은 우리 자신의 공포감이라고 할 수 있다. 하지만 우리의 자선활동을 통해 단 몇 명에 불과할지라도 그들이 보다 나은 삶으로 바뀌는 것을 목격하고 있다. 단지 몇 명의 여성이라도 가정 학대와 폭력으로부터 벗어날 수만 있다면 아무리 다루기 힘든 문제라도 우리는 새로운 방식으로 접근해가야 할 것이다. 결국에는 작은 승리의 경험이 모여 더 큰 중요한 일을 이룰 수 있을 것이다.

실천과제

- **비영리단체를 시작하고자 할 때 스스로에게 물어야 할 항목**
    - 왜 당신은 비영리단체를 설립하고자 하는가?
    - 당신은 비영리단체의 단기·중기·장기적인 성공 여부를 어떻게 측정할 것인가?
- **비영리단체를 시작할 때 다른 사람들에게 물어야 할 사항**
    - 어떤 외부적인 압력이 당신의 사회적인 목표에 걸림돌로 작용하는

가?
- 당신의 아이디어를 추진하기 위해 대중매체를 어떻게 활용할 것인가?

- **멘토를 찾을 때 고려해야 할 사항**
  - 당신이 잘 알고 신뢰할 수 있으며, 또한 당신이 추구하고자 하는 방향에 대한 관심이 많은 사람을 찾아라.
  - 멘토의 기부와 동기 또는 미션이 다르더라도 당신이 존경하는 사람을 선택하라.

- **멘토와 함께 성공적인 결과를 이끌어낼 수 있는 방법**
  - 한 명 이상의 멘토를 선택할 수 있지만, 너무 많은 멘토에 의존하지 않도록 주의해야 한다.
  - 분기별, 반기별, 연간 목표를 설정하고, 당신의 멘토와 함께 목표 달성을 체크할 수 있는 시간을 내라.

- **혁신적 연구: 시험해볼 만한 아이디어**
  - 우선 비영리단체를 먼저 시작한 사람들을 만나 이런 질문을 던져보자. 운영하고자 하는 단체를 성공으로 이끌기 위해 어떠한 함정을 피해야 하고, 핵심 전략을 어떻게 수립해야 하는가?
  - 비영리단체를 시작하기 전에 당신이 관심을 가지고 있는 분야에서 활동하고 있는 단체를 적어도 3군데 이상 찾아가보자. 이러한 만남을 통해 당신이 관심을 가지고 있는 이슈에 대한 이해의 폭을 넓히고, 해당 단체와 협력할 수 있는 기회를 찾아볼 수 있다.

- **기본 항목**
  - 여러 책에서 요구하고 있는 모든 일을 제대로 하고 있는지 확인하기 위해 첫날부터 전문적인 법률 및 재정 조언을 받도록 하자.
  - 단체의 모든 금융 거래가 관리될 수 있도록 먼저 은행 계좌부터 개설하자.

- **기억해두면 좋은 것들**
  - 본격적으로 시작하기 전에 당신 분야에서 당신 자신의 동기부터 다른 사람들이 하고 있는 일까지 모든 조사를 하자.
  - 당신이 교실에서 수업을 받을 때처럼 적극적으로 활동하면 다른 단체나 개인들로부터 많은 도움을 받을 수 있다. 또한 비영리단체를 설립한 이후에도 그 같은 적극성을 지속적으로 유지하자. 다른 사람들로부터 배운 소중한 교훈들은 당신이 보다 효과적으로 일할 수 있도록 도와줄 것이다.

에필로그

지금 바로 나서라

　기부는 여행이고 소명(召命)인 동시에 삶의 한 방식이다. 우리의 삶과 기부는 따로 떼어서 생각할 수 없다. 기부는 당신의 믿음과 가치를 행동과 영향으로 바꾸어주는 삶 그 자체이기 때문이다. 그러나 기부를 하는 행위는 이 여행의 시작일 뿐이다. 당신이 기부할 때마다 당신은 배울 기회를 갖는 것이다. 내가 왜 기부를 하는가, 또는 무엇을 기부할 것인가를 넘어 어떻게 기부할 것인가를 생각해보는 계기가 되는 것이다. 그 같은 생각은 당신의 기부를 기부가 가진 영향과 중요성을 짚어보게 하는 것은 물론 당신이 가진 잠재력을 보다 긍정적인 변화로 이끌어줄 것이다. 이는 또한 당신이 기부하는 돈 이상으로 큰 변화를 얻을 수 있을 뿐 아니라 훨씬 더 큰 개인적 만족도 얻을 수 있게 해줄 것이다. 당신의 기부가 한 여성을 학대에서 벗어나게 하고, 한 어린이가 굶주림을 면하고, 숲이 보호되고, 한 가족이 가난을 벗어나게 한다는 사실보다 더 보람된 일은 없을 것이다. 그 결과 우리가 사는 세상이 좀 더 살기 좋아지고 있다는 점도 빼놓을 수 없다.

그렇다면 당신은 기부에 대한 배움을 어디서부터 시작할 것인가? 다른 많은 기부자들처럼 나도 미래와 감동을 위해 과거를 돌아보았다. 나의 경우 아버지와 돌아가신 어머니라는 좋은 본보기가 있었다. 부모님은 나에게 우리가 기부하는 것은 그것이 무엇이든, 크든 작든 가치가 있다는 것을 가르쳐 주셨다. 또한 기부는 매우 개인적이라는 점도 가르쳐 주셨다. 부모님은 통상적인 기부도 중요하지만 우리가 살고 일하는 지역사회의 변화를 지원하는 것이 매우 중요하다고 생각하셨다. 재정적인 지원이 가능하다는 것을 축복으로 여기면서 자원봉사와 기부활동에 적극적이었던 부모님은 나는 물론 수많은 지역주민들의 롤 모델이었다. 부모님은 성공한 삶이란 자신들이 성취한 개인적 성공뿐 아니라 남을 위해 무엇을 기부할 수 있는가에 의해서도 평가 받아야 한다는 점을 일깨워 주셨다.

이제 과거를 떠나 미래를 내다보자. 이 책을 끝내면서 남편 마크와 나는 우리만의 재단을 설립하는 작업에 착수했다. 이 과정에서 우리는 부모님으로부터 배운 모든 것을 포함시키고자 했다. 지역사회에 대한 봉사와 재단의 경영과 운영, 활동 분야 및 능력 키우기 등에서 부모님께서 보여주신 헌신적 노력을 잘 알고 있다. 물론 우리들만의 새로운 영역도 개척해나갈 것이다. 특히 우리를 보호해주는 사람들, 예를 들어 의사와 경찰, 소방수, 군인 등을 보호하는 프로그램을 만들 것이다. 또한 새 재단은 자선활동을 하는 단체와 모임에 기부를 계속해나가는 것은 물론 개인 기부자들을 대상으로 한 교육에도 노력을 기울일 것이다. '마크 앤 로라 안드레센 재단'을 설립하는 것은 세상을 조금이라도 바꾸어보려는 우리의 시작일 뿐이다. 우리에게 인생은 우리가 받은 이상을 우리가 줄 수 있을 때 의미가 있기 때문이다.

보다 많은 기부를 하고, 보다 효과적으로 기부를 하는 것은 하나의 행위를 넘어서는 의미를 가지고 있다. 우리가 지금까지 성취한 것에 더해 지금까지의 아이디어를 다시 생각하는 동시에 새로운 아이디어를 받아들이는 진정한 진화의 과정을 밟는 것이다. '기부 2.0'은 보다 나은 기부를 위해 끊임없이 배우고 향상을 꾀하는 것을 뜻한다. 내가 수년 동안 배운 교훈 중 가장 필요한 하나만 든다면 우리가 진짜 변하기를 원한다면 현상 유지로는 결코 충분하지 않다는 점이다.

또한 당신의 진화를 위한 노력이 시작되면 당신의 인생에도 변화와 전환이 올 것이라는 점을 기억해야 한다. 새 직장과 새 친구, 출생과 사망, 결혼 등이 모두 새로운 자선의 방향을 제시할 것이다. 어머니의 암이 스탠퍼드 병원에서 우리 가족들의 꾸준한 간호를 필요로 하는 동안 남편 마크와 나는 응급 서비스가 지역사회에서 가장 필요로 하는 서비스이면서도 가장 재정 부족에 시달리고 있다는 사실을 알게 되었다. 이를 계기로 나는 응급 서비스에 대한 기부를 시작했다. 마크 또한 나를 만나지 않았다면 새로운 기부처 발굴과 발굴된 기부처를 위한 기금 모금으로 눈을 돌리지 못했을 것이다.

당신은 다음 골목길을 돌아가면 무엇이 있는지 미리 알지 못한다. 기부할 돈은 있지만 시간이 없거나, 반대로 시간은 있지만 돈이 없는 경우도 있을 것이다. 자선 또는 기부활동은 당신이 사는 지역에서 열리고 있는 스페셜올림픽(Special Olympics)에서 하루 동안 자원봉사를 하는 것처럼 간단할 수도 있다. 아니면 멀리 떨어져 있는 다른 나라에서의 불의와 싸우기 위한 수년간의 시민운동이 될 수도 있다. 그러나 어떤 형태이든 자선과 기부는 일생동안의 긴 여행, 그것도 배우고 개선하면서 보다 큰 영향을 미치기 위해 끊임없이 노력할 기회를 주는 여행이다. 당신이 한 번 이 여행에 발을 들여놓으면 당신이 만나는 사람과 당신이 가는 장소, 당신이 배우는 것들이 당신의 인생을 아름답게 바꿔갈 것이다.

당신은 현재 하고 있는 활동만으로도 차이를 만들어갈 수 있다. 만약 당신이 독서 클럽이나 투자 클럽, 등산 클럽의 회원이라면 그 안에서 '기부 클럽(giving club)'을 만들어보라. 클럽 활동의 하나로 기부를 추가하자고 제안하는 것이다. 가족들과 함께 시간을 보내기로 한다면 당신의 배우자와 아이, 부모님들이 참여하는 기부 프로젝트를 찾거나 만들어보는 것은 어떨까? 이는 결국 당신이 함께 시간을 보내기를 원하는 사람들과 함께 하는 기부활동이라는 점에서 더 바람직한 경우를 찾기는 어려울 것이다. www.giving2.com에 가면 기부 클럽을 만들고 이끌어가기 위해 무엇이 필요한가를 이야기해줄 것이다.

기부는 우리 가슴의 깊숙한 곳에서 시작된다. 기부는 인간에 대한 사랑의 표현이다. 하지만 인간에 대한 사랑의 표현이라는 말은 매우 넓은 의미라고 할 수 있다. 왜냐하면 기부는 개인의 삶에 영향을 미치고 변화를 가져오는 것이기도 하기 때문이다. 모든 기부는 아무리 작은 것이라 하더라도 다른 사람의 삶을 바꾸는 잠재력을 가지고 있다. 하나의 작은 선물이 당신에게 의미가 있다면 다른 사람에게도 역시 의미가 있는 것이다.

기부가 보다 큰 영향을 주기 위해서는 우리의 가슴(hearts)뿐 아니라 우리의 마음(minds)도 얹어줘야 한다. 왜 무엇(why and what)을 주는가를 넘어 어떻게(how) 주는가를 생각하는 것이 엄청나게 중요하다. 당신의 기부와 자선활동을 전략적으로 바꿔가야 한다. 소극적 또는 수동적(reactive) 기부를 넘어 주도적 능동적(proactive)이어야 한다. 당신이 주식을 살 때 지식과 경험으로 무장하고 혁신적으로 생각하는 것처럼 당신의 노력으로 당신의 기부를 매우 힘 있는 도구로 만들 수 있다. 당신이 그간 쌓아온 모든 지식과 경험을 미래의 기부에 적용할 수 있고, 그를 통해 변화를 가져올 수 있는 잠재력 또한 키울 수 있을 것이다.

누구나 나누어줄 수 있는 귀한 자원을 가지고 있다. 긍정적인 변화를 가져올 수많은 새로운 지식과 기술, 지원 시스템, 모델 등이 세상에는 널려 있다. 당신 스스로 현재를 바꾸고 새로운 미래를 만들어갈 수 있다. 전 세계적으로 엄청난 속도와 규모로 변하고 있는 사회에 당신이 직접 들어가서 당신의 열정과 함께 할 다른 사람들과 협력할 수 있는 것이다. 얼마나 멋있는 일인가! 그 같은 노력은 우리의 미래를 위해서도 중요한 일이다. 자원봉사자나 비영리단체를 설립, 운영하는 리더이든지 사회적 기업가이든지 그 누구든 우리 세상은 그런 많은 자선의 영웅들을 필요로 한다. 세상은 너무도 많은 문제를 안고 있다. 노숙사, 가난, 환경 파괴, 폭력, 학대, 전쟁, 질병 등 헤아릴 수 없을 정도가 아닌가? 자연재해는 하룻밤 사이에 수백만 명의 삶을 앗아갈 수 있다. 수많은 사람들이 우리들이 당연시 여기는 혜택, 즉 교육과 깨끗한 물과 안전한 환경을 제대로 받지 못하고 있다.

우리 모두는 이 같은 문제들을 해결하는데 도움을 줘야 한다는 책임감을 가지고 있다. 갖가지 어려움을 겪고 있는 그들은 우리 이웃일 수도 있고, 멀리 떨어진 나라에 살고 있을 수도 있다. 우리 모두는 함께 살고 있는 이 지구의 번영을 위해 보다 많은 공헌을 할 수 있다. 그를 위해서는 당신의 관심을 행동으로 만들고, 당신의 동정심을 열정으로 바꿔가야 한다. 그러려면 지금 바로 배우고, 연결하고, 협력하고, 참여하기 시작해야 한다. 당신의 유일한 한계는 당신의 비전이다. 보다 나은 세상이 어떤 세상일지를 생각해보라. 그리고 그 보다 나은 세상을 위한 걸음을 내디뎌 보라. 보다 의욕적이고, 보다 과감하고, 보다 혁신적이려고 노력해보라. 당신은 보다 나은 내일을 만들 수 있다. 그 같은 노력을 오늘 바로 시작할 수 있다.

옮긴이의 말

"기부? 그냥 주기만 하면 되는 거 아냐? 주는 것만 해도 어디 야?" 하는 생각을 확 바꾸어 주는 책이다. 저자는 할 말이 얼마나 많았던지 머리말만 열두 페이지에 달하고, 본문 길이도 만만치 않다. 미국인답게 했던 말을 또 하지만 구구절절이 맞는 말이다. 기부와 봉사에 대한 조언과 격려가 이어지고 있어서 과감하게 자르고 싶어도 자를 수가 없다.

이 책의 저자 로라 아릴라가 안드레센(Laura Arrillaga-Andreessen)은 기부와 자선활동, 그와 관련한 교육이 직업인 사람이다. 미국의 내로라하는 큰 부자 자선가들이 모두 그녀의 컨설팅을 받았다. 2012년에는 빌 게이츠, 워렌 버핏 등과 함께 〈포브스(Forbes)〉 30주년 기념호의 표지를 장식하기도 했다. 그만큼 미국 자선 분야에서는 모르는 사람이 없는 유명인사지만 우리만 모르고 있을 뿐이다. 남편 마크(Marc Andreessen) 또한 네스케이프의 공동창업자로, 위키피디아에도 나오는 유명한 IT 사업가이자 자선가이다. 부부가 이렇게 한 마음으로 세상을 바꾸는 일에 헌신하는 경우도 흔치 않은 일이다. 두 사람이 함께 기부와 봉사의 현장에 직접 뛰어들어 활동하면서 보고 느끼고 또한 가르치면서 얻은 경험을 이 책에 쏟아 넣었다.

저자의 넓은 오지랖은 알아줄 만하다. 아는 사람도, 아는 것도 많다. 심지어 한국의 속담이라면서 "알게 모르게 남을 도우면 신으로부터 복을 받을 것이다. 도왔으면 걱정도 후회도 하지 마라 (Those who are generous by day and by night, both in secret and openly, will be rewarded by God. They have nothing to fear or regret.)."를 소개하고 있다. 굳이 비슷한 속담을 찾는다면 "착한 일을 하면 복을 받는다."는 뜻의 '적선여경(積善餘慶)'이 아닐까? 어쨌든 번역자로서는 신기하면서도 기분 좋은 일이었다. 또 하나 번역자로서 고개를 끄덕이게 만든 것은 기부한다는 사실 자체를 넘어 그 결과에 대해 반드시 측정하고 피드백을 받아야 한다고 누누이 강조하고 있다는 점이다. 이는 세계 최고의 부자이자 자선가인 빌 게이츠가 주장하는 바이기도 하다. "소아마비 퇴치부터 교육 개혁에 이르기까지 가장 중요한 것은 좋은 측정지표가 필요하다는 점이다. 측정지표가 있다면 우리의 자선과 봉사가 보다 효율적인 성과를 낼 수 있다(월스트리트저널, 2013년 1월 25일자 칼럼)." 마치 게이츠의 입을 빌려 저자 아릴라가 하는 말처럼 들렸다.

1960~70년대 우리는 "잘 살아 보세, 잘 살아 보세, 우리도 한 번 잘 살아 보세"를 외쳤다. '우리'라고 말은 하면서도 '나만이라도, 내 가족만이라도 잘 살아야지' 하는 마음으로 열심히 일했다.

열심히 일한 그들은 대부분 중산층으로 올라섰고, 일부는 큰 부자가 되기도 했다.

하지만 우리나라 사람들은 아직도 '돈, 돈!'하며 살고 있는 것은 아닐까? 얼마 전 SNS에서 나돌았던 나라별 중산층 별곡을 들여다보자. 우리나라 중산층의 기준은 '부채 없이 아파트 30평 이상 소유, 월 급여 500만 원 이상, 자동차 2000cc급 중형차 소유, 예금 잔액 1억 원 이상 보유, 해외여행 매년 1회 이상'이다. 돈과 관련되지 않은 항목이 하나도 없다.

반면 미국과 프랑스, 영국 등 선진국들의 중산층 기준은 '외국어를 하나 정도 할 줄 알아야 한다', '다룰 줄 아는 악기가 있어야 한다', '자신의 주장에 떳떳해야 한다'와 같은 돈 이외의 기본적 소양과 문화 등을 주문하고 있다. 돈과 관련된 항목도 '약자를 돕고 봉사활동을 꾸준히 해야 한다'거나 '약자를 두둔하고 강자에 대응해야 한다'와 같이 가진 사람으로서 마땅히 해야 할 사회적 의무에 관한 것이다.

왜 이런 차이가 날까? 미국 등은 1인당 소득이 4만 달러를 넘어선 반면 우리나라는 2만 달러대에 머물고 있어서 그런 게 아닐까? 아직은 남보다 나 자신이 더 급해서가 아닐까? 하지만 우리나라도 1인당 소득이 3~4년 후인 2017년을 전후해 3만 달러로 올라설 것이 확실시된다. 더욱이 2020년대 중반이면 4만 달러 시대로 진입할 것이라는 예상이다.

그렇다면 이제 우리도 나와 내 가족을 넘어 남들, 즉 내 이웃과 후손들까지 생각하고 껴안아야 하는 시대로 진입하고 있는 것이다. 기업 역시 이익만 많이 내면 되던 시대가 가고 사회적 공헌과

상생(相生)이 화두가 되고 있다. 개인이나 기업이나 나보다 낮은 곳, 보이지 않는 곳을 보고, 심지어 찾아내 도움의 손길을 자의든 타의든 뻗어야 하는 것이다. 이 책이 우리 사회의 없는 계층, 부족한 계층뿐 아니라 어두운 면과 부정적인 면을 돌아보는 기회가 되는 동시에 어떻게 그런 기부와 봉사에 뛰어들 것인가를 고민하게 만드는 계기가 되기를 바란다.

과중한 연구소 업무를 하면서 번외로 번역 작업을 하느라 고생한 김치완, 정하나, 김종욱 세 연구원께 감사드린다. 이번에 해본 가락으로 다음 번역은 더 빠르고 더 완벽하게 할 수 있는 훌륭한 번역가들이 되었으리라. 특히 기부에 관한 책인 만큼 번역료를 좋은 일에 기부하기로 작당한 그들과 함께 한 이번 번역이 즐거운 추억으로 남을 것이다. 그러나 모든 오류는 대표 번역자이자 감수자인 나에게 있다. 우리 사회에 유익한 책을 번역할 기회를 주고 처음부터 끝까지 내용을 꼼꼼하게 읽으면서 멋진 책을 만들어준 'W미디어'의 박영발 사장께 감사드린다.

마지막으로 사족 한 마디. 이 책의 제목 'Giving 2.0'을 '기부 2.0'으로 번역하면서 우리 말 '기부(寄附)'와 영어 '기브(give)'가 의미뿐 아니라 발음까지 비슷하다는 점을 새삼 깨달았다. "아하! 남에게 뭔가를 줄 때 느끼는 마음처럼 그 말도 세계 공통이구나!" 억지로 갖다 붙이는 것이라고 해도 그럴듯하지 않은가!

2013년 3월

최성환(한화생명 은퇴연구소장)

기부 2.0

지은이　로라 아릴라가 안드레센
옮긴이　최성환, 김치완, 정하나, 김종욱
펴낸이　박영발
펴낸곳　W미디어
1쇄 발행　2013년 4월 5일

등록　제2005-000030호
주소　서울 양천구 목동 907 현대월드타워 1905호
전화　6678-0708 / **팩스**　6678-0309
e-메일　wmedia@naver.com

ISBN 978-89-91761-63-6 03300

값 15,000원